全国水利水电高职教研会规划教材

公路勘测设计

主编　胡晓敏　李燕飞　严超群
主审　钟汉华

中国水利水电出版社
www.waterpub.com.cn
·北京·

内 容 提 要

本书按照最新公路设计规范及高等职业教育人才培养目标要求进行编写，全面培养学生的综合素质，主要包括专业素质能力及非专业素质能力，即全面提升学生提出问题、分析问题、解决问题的能力，重点培养学生的实践操作能力。本书的主要内容包括绪论、公路平面设计、公路纵断面设计、公路横断面设计、公路选线、公路定线、公路交叉设计、公路外业勘测、公路现代测设技术。

本书可作为高等职业教育交通土建类专业、道路桥梁工程技术专业人才的培养教材，也可作为市政专业或其他相关专业人才培养、专升本或自考本科的学习用书。

图书在版编目（CIP）数据

公路勘测设计 / 胡晓敏，李燕飞，严超群主编. -- 北京：中国水利水电出版社，2018.4
全国水利水电高职教研会规划教材
ISBN 978-7-5170-6391-9

Ⅰ．①公… Ⅱ．①胡… ②李… ③严… Ⅲ．①道路测量－高等职业教育－教材②道路工程－设计－高等职业教育－教材 Ⅳ．①U412

中国版本图书馆CIP数据核字(2018)第076726号

书　　名	全国水利水电高职教研会规划教材 **公路勘测设计** GONGLU KANCE SHEJI
作　　者	主编　胡晓敏　李燕飞　严超群　主审　钟汉华
出版发行	中国水利水电出版社 （北京市海淀区玉渊潭南路1号D座　100038） 网址：www.waterpub.com.cn E-mail：sales@waterpub.com.cn 电话：(010) 68367658（营销中心）
经　　售	北京科水图书销售中心（零售） 电话：(010) 88383994、63202643、68545874 全国各地新华书店和相关出版物销售网点
排　　版	中国水利水电出版社微机排版中心
印　　刷	天津嘉恒印务有限公司
规　　格	184mm×260mm　16开本　14.25印张　338千字
版　　次	2018年4月第1版　2018年4月第1次印刷
印　　数	0001—2000册
定　　价	**39.50元**

凡购买我社图书，如有缺页、倒页、脱页的，本社营销中心负责调换
版权所有·侵权必究

前言

为全面贯彻国家高职教育改革及发展规划，在对道路桥梁工程专业技术的人才培养模式和课程体系改革发展充分分析和调研的基础上，按照最新公路设计规范及高等职业教育人才培养目标要求进行编写了本教材。

本书旨在全面培养学生的综合素质，主要包括专业素质能力及非专业素质能力，即全面提升学生提出问题、分析问题、解决问题的能力，重点培养学生的实践技能。本书在内容设置上突出对学生职业能力的培养，理论知识紧密围绕解决工程实践问题进行设置，突出职业技术能力与职业创新能力的培养，体现了高职教育的实践性和职业性，符合高职教育人才培养目标要求。

本书共9章，主要包括：第1章绪论、第2章公路平面设计、第3章公路纵断面设计、第4章公路横断面设计、第5章公路选线、第6章公路定线、第7章公路交叉设计、第8章公路外业勘测、第9章公路现代测设技术。本书在内容编排上将理论知识与实践技能知识紧密结合起来，理论知识主要为路线的几何设计及公路的结构设计；实践技能知识主要包括平面桩号计算、平面坐标计算、横断面超高计算、纵断面标高计算、土石方工程量计算及调配、公路的选线定线设计及公路勘测设计等。

本书的编写情况如下：第1、第3章由山东水利职业学院的李燕飞老师编写，第2章由杨凌职业技术学院严超群老师编写，第4章由黄河水利职业技术学院张晓磊老师编写，第5、第6章由湖北水利水电职业技术学院胡晓敏老师编写，第7章由湖北水利水电职业技术学院王敏老师编写，第8、第9章由杨凌职业技术学院谢李老师编写。本书由胡晓敏、李燕飞、严超群老师共同主编，由王敏、张晓磊、谢李老师任副主编，并由湖北水利水电职业技术学院钟汉华教授任主审，感谢以上人员在本书编写中的辛勤付出。

本书可作为高等职业教育交通土建类专业、道路桥梁工程技术专业人才培养教材，也可作为市政专业或其他相关专业人才培养、专升本或自考本科的学习用书。

限于编者的水平，书中难免有不妥与疏漏之处，恳请广大读者批评指正。同时，在本书的编写过程中，编者参考和引用了参考文献中的相关内容，在此谨向参考文献的作者们表示深深的谢意。

编　者

2017.12

目　　录

前言

第1章　绪论 …………………………………………………………………… 1
　1.1　我国公路发展概况及规划 ………………………………………………… 1
　1.2　公路的分级与技术标准 …………………………………………………… 4
　1.3　公路勘测设计的依据 ……………………………………………………… 7
　1.4　公路勘测设计的阶段与任务 …………………………………………… 13
　思考题及习题 …………………………………………………………………… 16

第2章　公路平面设计 ………………………………………………………… 17
　2.1　公路平面线形 ……………………………………………………………… 17
　2.2　直线 ………………………………………………………………………… 19
　2.3　圆曲线 ……………………………………………………………………… 21
　2.4　缓和曲线 …………………………………………………………………… 25
　2.5　曲线超高与加宽 …………………………………………………………… 32
　2.6　路线中桩坐标计算 ………………………………………………………… 44
　2.7　行车视距 …………………………………………………………………… 48
　2.8　公路平面线形设计方法 …………………………………………………… 56
　2.9　公路平面设计成果 ………………………………………………………… 60
　思考题及习题 …………………………………………………………………… 64

第3章　公路纵断面设计 ……………………………………………………… 67
　3.1　概述 ………………………………………………………………………… 67
　3.2　纵坡及坡长设计 …………………………………………………………… 68
　3.3　竖曲线 ……………………………………………………………………… 73
　3.4　爬坡车道、变速车道与避险车道 ……………………………………… 77
　3.5　公路平面与纵断面线形组合 …………………………………………… 79
　3.6　纵断面设计方法 …………………………………………………………… 82
　3.7　纵断面设计成果 …………………………………………………………… 86
　思考题及习题 …………………………………………………………………… 89

第4章　公路横断面设计 ……………………………………………………… 90
　4.1　路基横断面组成 …………………………………………………………… 90
　4.2　公路建筑限界与公路用地范围 ………………………………………… 92

4.3 行车道、路肩与中间带设计 …… 94
4.4 路拱、边坡及边沟设计 …… 99
4.5 横断面设计方法 …… 101
4.6 路基土石方数量计算及调配 …… 104
4.7 横断面设计成果 …… 108
思考题及习题 …… 111

第 5 章 公路选线 …… 113
5.1 概述 …… 113
5.2 平原地区选线 …… 118
5.3 山岭区选线 …… 123
5.4 丘陵区选线 …… 139
思考题及习题 …… 142

第 6 章 公路定线 …… 143
6.1 纸上定线 …… 144
6.2 直接定线 …… 154
6.3 航测定线 …… 158
思考题及习题 …… 162

第 7 章 公路交叉设计 …… 163
7.1 公路交叉口设计概述 …… 163
7.2 公路与公路平面交叉 …… 165
7.3 公路与公路立体交叉 …… 169
7.4 公路与其他路线交叉 …… 188
思考题及习题 …… 191

第 8 章 公路外业勘测 …… 193
8.1 概述 …… 193
8.2 公路初测 …… 193
8.3 公路定测 …… 198
思考题及习题 …… 208

第 9 章 公路现代测设技术 …… 209
9.1 公路路线 CAD 技术 …… 209
9.2 数字地形模型 …… 213
9.3 公路透视图 …… 214
9.4 "3S"技术在公路勘测设计中的应用 …… 215
思考题及习题 …… 218

参考文献 …… 219

第1章 绪 论

【学习目标】
(1) 了解我国公路发展概况与规划。
(2) 掌握公路的分级与技术标准。
(3) 掌握公路勘测设计的依据。
(4) 熟悉公路勘测设计的阶段与任务。

【技能目标】
(1) 可根据技术指标划分公路技术等级。
(2) 能描述公路勘测设计的依据和程序。

1.1 我国公路发展概况及规划

1.1.1 交通运输系统的构成

交通运输是国民经济的命脉,它把国民经济各领域和各个地区联系起来,担负着国家建设中原材料与产品的集散、城乡间的物质交流运输任务,并满足人们在物质文化生活上的需要,是联系工业和农业、城市和乡村、生产和消费的纽带。在国家的政治、经济、军事、文化建设中,在社会物质财富的生产和分配过程中,在广大人民的生活中具有重要的作用。

1. 国家综合运输系统的构成

现代交通运输由铁路、公路、水运、航空以及管道五种运输方式组成,这些运输方式构成了国家综合运输系统。

铁路运输适用于远程的大宗货物及旅客运输,具有运输能力大、车速较高、受气候和自然条件影响较小的特点,特别是高速铁路的出现,使铁路运输能力得到进一步提高,但由于铁路运输需多次转运,装卸费用和货损率较高,不能实现"门对门"运输,因此一般只在远距离运输上占有优势。

公路运输适用于乘客及货物的各种运距的批量运输,这种运输方式灵活性强,可以采取"门到门"运输形式,也可作为其他运输方式的衔接手段。

水路运输是通航地区最廉价的运输方式,但速度慢,受气候等自然因素制约大;运输方式包括内河及海洋(近海、远洋)运输。

航空运输适用于快速运送旅客、紧急物资及邮件等,速度快,但成本也高。

管道运输适用于液态、气态及散装粉状材料运输的专用方式。

2. 公路运输的特点及其在国民经济中的地位

(1) 公路运输与其他运输方式比较,具有如下优点:

1）机动灵活，适于各种距离的运输，能迅速集中和分散货物，做到直达运输，不需中转，可以实现"门到门"的直接运输，节约时间和减少中转费用，减少货损。

2）受交通设施限制少，是最广泛的一种运输方式，可伸展到任何山区、农村、机关、单位。

3）公路可作为其他运输方式的衔接手段。易于衔接铁路、水路以及航空运输，有利于疏通商品，是综合运输体系的重要组成部分，是物资集散的有效工具。

4）适应性强，服务面广，时间上随意性强，可适于小批量运输和大宗运输。

5）公路运输投资少，资金周转快，经济效益和社会效益显著。

（2）与铁路、水运比较，公路运输也有不足之处：

1）汽车燃料价格高，服务人员多，单位运量小，所以在长途运输中，其运输成本偏高。

2）汽车单车运量有限，不适宜大批量运输。

3）汽车在行驶过程中产生的尾气和噪声等污染环境。

4）汽车易发生事故，是事故率最高的交通工具。

由于公路运输的这些特点，使公路得以快速发展。特别是随着高速公路的迅速发展，汽车制造技术的不断改进，运输管理水平的不断提高，这些不足正在逐步得到改善。目前，公路运输在各种运输方式中起了主导作用，特别是现代高速公路的出现，使公路运输在经济建设中发挥着更加重要的作用，是我国综合运输体系中最活跃的一种运输方式，并显示出广阔的发展前景。

1.1.2 我国公路发展现状与规划

1.1.2.1 我国公路发展史

早在公元前 2000 年前，就有了可以行驶牛、马车的道路。秦始皇统一六国后，大修驰道，颁布了"车同轨"法令，使得道路建设得到了一个较大的发展。

1886 年，第一辆汽车在德国问世，开始了汽车运输的新纪元。20 世纪初（1902 年）汽车输入我国，通行汽车的公路开始发展起来。从 1904 年在广西友谊关修建第一条公路开始，到 1949 年年底，全国公路通车里程仅有 8.1 万 km。

改革开放后的几十年，公路建设迅速发展。1978 年年底公路通车里程达 88 万 km；1994 年年底公路通车里程达到 110 万 km，并实现了县县通公路，97%的乡及 78%的村通了汽车。截至 2017 年年底，实现了改建农村公路 127.5 万 km，全国约 99.2%的乡镇和 98.3%的建制村通上了沥青路、水泥路。2017 年年底，我国公路总里程达 464 万 km；高速公路通车里程也超过了 13.1 万 km，位居世界第一。

1981 年，原国家计划委员会、国家经济委员会和交通部印发的《国家干线公路网（试行方案）》明确：国道由"12 射、28 纵、30 横"共 70 条路线组成，总规模约 11 万 km。

1992 年，交通部提出了《国道主干线系统规划》。国道主干线系统由"五纵七横"12 条国道主干线和公路主枢纽及信息系统构成，是全国公路网的主骨架，总里程约 3.5 万 km，主要连接直辖市、各省省会（自治区首府）城市、经济特区以及重要的交通枢纽和对外开放口岸。2008 年，国道主干线基本建成。在国道主干系统规划的指导下，我国高速公路从无到有，实现了持续、快速和有序的发展。高速公路的快速发展，极大地提高了我国公路网的整体技术水平，优化了交通运输结构，对缓解交通运输的"瓶颈"制约发挥了重要作用，有力地促进了我国经济发展和社会进步。

2004年，交通部推出《国家高速公路网规划》，采用放射线与纵横网格相结合的布局方案，形成由中心城市向外放射以及横贯东西、纵贯南北的大通道，由7条首都放射线、9条南北纵向线和18条东西横向线组成，简称为"7918网"，总规模约8.5万km。到2012年年底，我国高速公路总里程达9.6万km，超过美国的9.2万km，居世界第一位；截至2017年年末，全国公路通车里程、高速公路里程分别达到464万km、13.1万km，国家高速公路网已基本建成。

1.1.2.2 我国公路建设存在的问题

随着我国经济建设的飞速发展，我国公路建设有了较大的改观，公路建设质量也有了质的飞跃。特别是21世纪以来，我国基础建设投资力度不断加大，公路建设获得了前所未有的发展，使"全面紧张"的交通状况在近几年得到根本改变。虽然我国公路建设取得了巨大成就，但是与国际上发达国家相比，仍有很大的差距，远不能满足新形势下对公路运输的要求。我国公路建设主要存在如下几方面的问题：

1. 公路里程少、密度低

近年来，我国公路通车里程虽然以每年10万km的速度递增，但经济建设的需求和汽车运输能力的上升，使公路交通面临着新的压力，主要存在公路数量少、运输设备落后、运输能力低、运输能力缺口大等问题。大量公路处于超负荷运行状态，运能紧张、拥堵严重，不能适应交通量快速增长的需求。到2017年年底，我国东部公路网密度已达118km/百km^2，超越美国的71km/百km^2，西部地区公路网密度仅为27km/百km^2，存在较大的差距，未来西部地区公路建设投资具有较大的空间。

2. 公路建设不均衡、通达深度不够

我国东西部公路建设不均衡，平原区和山区差别大，东部地区交通运输网络密度大，而西部地区交通运输网络密度较小，很多地区的经济发展仍受到交通的制约。国家公路网覆盖不全面，全国还有900多个县没有国道连接，有18个新增的城镇人口在20万人以上的城市和29个地级行政中心未实现与国家高速公路相连接。

3. 高等级公路建设缺口大

我国公路路网建设等级低、质量差。2014年，在全国公路通车总里程中，高速公路仅占2.5%。从高速公路密度看，目前我国高速公路密度远低于发达国家水平；从连通城市看，美国、德国已连通国内所有人口在5万人以上的城镇，日本已连通所有人口在10万人以上的城镇，而我国目前仅连通人口在50万人以上的城镇，力争到2020年连通所有人口在20万人以上城镇；从便捷性和通畅性看，我国高速公路建设初期以连接主要城市为主，最近两年转向大规模跨省贯通，目前仍存在大量的"断头路"，国家高速公路网络尚未形成，规模效益难以发挥。

4. 网络效率不高，通行能力低

普通国道路线不连续、不完整，国家公路与其他运输方式之间、普通国道和国家高速公路之间的衔接协调不够，网络效益和效率难以发挥。由于我国二级以上公路所占比重较小，仅占12%，在公路几何条件、路面质量、交通组成和汽车行驶环境等条件影响下，公路通行能力普遍偏低。

5. 服务水平低

公路服务水平由汽车行驶速度、交通密度、交通中断情况、车辆行驶舒适度等来衡量，反映了公路的交通负荷状况，用以评价公路交通的运行质量。总体上看，我国的公路服务水平还较低，还不能完全达到人民群众对公路运输服务水平的要求。

1.1.2.3 我国公路发展规划

1. 发展方向

由于我国公路总量仍然偏少，今后很长一段时间还必须坚持提高公路质量、公路等级及加大公路密度并重的原则。积极新建公路，连通断头路，加速国道主干线高速公路网建设与旧路的技术改造。

2. 发展规划

2013年发布的《国家公路网规划》（以下简称《规划》），规划期限为2013—2030年。《规划》指出：未来我国公路网总规模约580万km，其中国家公路40万km，占总规模的7%；省级公路占9%；乡村公路占84%。到2030年将建成布局合理、功能完善、覆盖广泛、安全可靠的国家干线公路网线，实现首都辐射省会、省际多线连通、地市高速通达、县县国道覆盖。《规划》是公路交通基础设施的中长期布局规划，体现了国家发展综合交通运输的战略方针，是指导国家公路长远发展的纲领性文件。

国家公路包括普通国道和国家高速公路，共40万km。

（1）普通国道网。普通国道网由12条首都放射线、47条南北纵线、60条东西横线和81条联络线组成，总规模约26.5万km。由1981年划定的10.9万km、70条普通国道调增到26.5万km；普通国道新建路段8000km，另有10万km原路升级改造。按照"主体保留、局部优化、扩大覆盖、完善网络"的思路，调整拓展普通国道网：保留原国道网主体，优化路线走向，恢复被高速公路占用的普通国道路段；补充连接地级行政中心和县级节点、重要的交通枢纽、物流节点城市和边境口岸；增加可有效提高路网运行效率和应急保障能力的部分路线；增设沿边沿海路线，维持普通国道网相对独立。

（2）国家高速公路网。国家高速公路由7条首都放射线、11条南北纵线、18条东西横线，以及地区环线、并行线、联络线等组成，约11.8万km，另规划远期展望线约1.8万km。以2004年《国家高速公路网规划》确定的8.5万km高速公路为基础，待建路段2.5万km。按照"实现有效连接、提升通道能力、强化区际联系、优化路网衔接"的思路，补充完善国家高速公路网：保持原国家高速公路网规划总体框架基本不变，补充连接新增20万以上城镇人口城市、地级行政中心、重要港口和重要国际运输通道；在运输繁忙的通道上布设平行路线；增设区际、省际通道和重要城际通道；适当增加有效提高路网运输效率的联络线。

1.2 公路的分级与技术标准

1.2.1 公路分类与等级选用

1.2.1.1 公路的分类

公路是主要供汽车行驶并具备一定技术标准和设施，是连接城市之间、城乡之间、乡村与乡村之间和工矿基地之间，按照国家技术标准修建的，由公路主管部门验收认可的道路，但不包括田间或农村自然形成的小道。

1. 按行政等级分类

按照行政等级，公路可分为国家公路、省公路、县公路、乡公路（简称为国道、省道、县道、乡道）以及专用公路五个等级。一般把国道和省道称为干线，县道和乡道称为支线。

国道是指具有全国性政治、经济意义的主要干线公路，包括重要的国际公路，国防公路，连接首都与各省、自治区、直辖市首府的公路，连接各大经济中心、港站枢纽、商品生产基地和战略要地的公路。

省道是指具有全省（自治区、直辖市）政治、经济意义，并由省（自治区、直辖市）公路主管部门负责修建、养护和管理的公路干线。

县道是指具有全县（县级市）政治、经济意义，连接县城和县内主要乡（镇）、主要商品生产和集散地的公路，以及不属于国道、省道的县际间公路。县道由县、市公路主管部门负责修建、养护和管理。

乡道是指主要为乡（镇）村经济、文化、行政服务的公路，以及不属于县道以上公路的乡与乡之间及乡与外部联络的公路。乡道由乡人民政府负责修建、养护和管理。

专用公路是指专供或主要供厂矿、林区、农场、油田、旅游区、军事要地等与外部联系的公路。专用公路由专用单位负责修建、养护和管理，也可委托当地公路部门修建、养护和管理。

2. 按照交通功能分类

公路按照交通功能分为干线公路、集散公路和支线公路三类。干线公路分为主要干线公路和次要干线公路，集散公路分为主要集散公路和次要集散公路。公路功能分类的量化指标包括路网服务指数、期望速度和出入控制等，规定见表1.1。

表 1.1　　　　　　　　　　　公 路 功 能 分 类 指 标

分类指标	功 能 分 类				
	主要干线公路	次要干线公路	主要集散公路	次要集散公路	支线公路
适应地域与路网连续性	人口20万人以上的大中城市	人口10万人以上重要的市县	人口5万人以上的县城或连接干线公路	连接干线公路与支线公路	直接对应于交通发生源
路网服务指数	≥15	10~15	5~10	1~5	<1
期望速度	80km/h以上	60km/h以上	40km/h以上	30km/h以上	不要求
出入控制	全部控制出入	部分控制出入或接入管理	接入管理	视需要控制横向干扰	不控制

1.2.1.2　公路的技术等级

公路的技术等级反映公路的通行能力和技术水平，公路应分等级建设。交通运输部2014年9月颁布实行的国家行业标准《公路工程技术标准》（JTG B01—2014）（以下简称《标准》）将公路根据功能和适应的交通量分为五个等级，即高速公路、一级公路、二级公路、三级公路和四级公路。

1. 高速公路

高速公路为专供汽车分向、分车道行驶并应全部控制出入的多车道公路。高速公路的年平均日交通量宜在15000辆小汽车以上。

2. 一级公路

一级公路为供汽车分向、分车道行驶，并可根据需要控制出入的多车道公路。一级公路的年平均日交通量宜在15000辆小汽车以上。

一级公路是连接高速公路或是某些大城市的城乡结合部、开发区经济带及人烟稀少地区的干线公路。它实际上有两种不同的任务和功能：一种是具有干线功能，部分控制出入；另一种是采用可以平交的距离不长的连接线。一级公路强调必须分向、分车道行驶，《标准》规定一级公路一般应设置中央分隔带。当受特殊条件限制时，必须设置分隔装置，不允许用画线代替。

3. 二级公路

二级公路为供汽车行驶的双车道公路。二级公路的年平均日交通流量宜为5000～15000辆小客车。

二级公路为中等以上城市的干线公路或者是通往大工矿区、港口的公路。为保证汽车的行驶速度和交通安全，在混合交通量大的路段，可设置慢车道供非汽车交通行驶。

4. 三级公路

三级公路为供汽车、非汽车交通混合行驶的双车道公路。三级公路的年平均日交通量宜为2000～6000辆小客车。

5. 四级公路

四级公路为供汽车、非汽车交通混合行驶的双车道或单车道公路。双车道四级公路的年平均日交通量宜在2000辆小客车以下；单车道四级公路的年平均日交通量宜在400辆小客车以下。

三级、四级公路"供汽车、非汽车交通混合行驶"，是指公路应按汽车行驶的要求设计，同时也允许拖拉机、畜力车、人力车等非汽车交通使用车道，其混合交通特征明显。

1.2.2 公路技术标准

公路技术标准是指一定数量的车辆在车道上以一定的设计速度行驶时，对路线和各项工程的设计要求。公路技术标准是法定的技术要求，公路设计时必须遵守。

1. 各级公路的主要技术指标

各级公路的具体标准是由各项技术指标来体现的，主要技术指标包括设计速度、行车道数及宽度、路基宽度、最大纵坡、平曲线最小半径、行车视距等。其中，设计速度是最重要的指标，对工程费用和运输效率的影响最大。路线在公路网中具有重要的经济、国防意义，在交通量较大或地形平坦时，一般规定较高的设计速度；反之则规定较低的设计速度。

《标准》规定的各级公路主要技术指标见表1.2。

1.3 公路勘测设计的依据

表 1.2　　各级公路主要技术指标

公路等级		高速公路、一级公路								二级、三级、四级公路				
设计速度/(km/h)		120			100			80		60	80	60	40	30	20
车道数		8	6	4	8	6	4	6	4	4	2	2	2	2	2（1）
车道宽度		3.75	3.75	3.75	3.75	3.75	3.75	3.75	3.75	3.50	3.75	3.50	3.50	3.25	3.00（单车道时为3.50）
路基宽度/m	一般值	45.00	34.50	28.00	44.00	33.50	26.00	32.00	24.50	23.00	12.00	10.00	8.50	7.50	6.50（单车道时为4.50）
	最小值	42.00	—	26.00	41.00	—	24.50	—	21.50	20.00	10.00	8.50	—	—	—
极限最小半径/m		650			400			250		125	250	125	60	30	15
停车视距/m		210			160			110		75	110	75	40	30	20
最大纵坡/%		3			4			5		6	5	6	7	8	9
汽车荷载等级		公路-Ⅰ级									公路-Ⅱ级				

2. 公路等级选用的基本原则

《标准》指出，公路建设应按地区特点、交通特性、路网结构等综合分析确定公路的功能，根据功能结合交通量、地形条件等选用技术等级和主要技术指标。

公路技术等级的选用应根据路网规划、公路功能，并结合交通量论证确定。主要干线公路应选用高速公路；次要干线公路应选二级及二级以上公路；主要集散公路宜选用一级、二级公路；次要集散公路宜选用二级、三级公路；支线公路宜选用三级、四级公路。

3. 公路分期修建基本要求

公路分期修建必须遵照统筹规划、总体设计、分期实施的原则，使前期工程在后期仍能充分利用。高速公路整体式断面路段不得横向分割分期修建。高速公路分离式断面路段可采用分幅分期修建，先期建成的一幅按双向交通通车时，应按二级公路通车条件进行管理。

1.3 公路勘测设计的依据

1.3.1 设计车辆

公路上行驶的车辆主要是汽车。对于混合交通的公路还有一部分非机动车。汽车的行驶特性及公路上车辆的组成对于公路几何设计有决定性意义，因此选择有代表性的车辆作为设计的依据（即设计车辆）是必要的。

1. 设计车辆

设计车辆是公路几何设计所采用的代表车型，其外廓尺寸、载质量和动力性能是确定公路几何参数的主要依据。研究公路路幅组成、弯道加宽、交叉口的设计、纵坡、视距等都与设计车辆的外廓尺寸有着密切的关系。汽车的种类很多，按使用的目的、结构或发动机的不同分成各种类型，而作为公路设计依据的汽车可分为五类，即小客车、大型客车、铰接客车、载重汽车和铰接列车。汽车外廓尺寸限界即对汽车的总高、总宽、总长的限制规定。公路设计所采用的设计车辆外廓尺寸见表 1.3。

表 1.3　　　　　　　　　　设计车辆外廓尺寸　　　　　　　　　　单位：m

车辆类型	总长	总宽	总高	前悬	轴距	后悬
小客车	6	1.8	2	0.8	3.8	1.4
大型客车	13.7	2.55	4	2.6	6.5+1.5	3.1
铰接客车	18	2.5	4	1.7	5.8+6.7	3.8
载重汽车	12	2.5	4	1.5	6.5	4
铰接列车	18.1	2.55	4	1.5	3.3+11	2.3

注　铰接列车的轴距为（3.3+11）m，3.3 为第一轴至铰接点的距离，11m 为铰接点至最后轴的距离。

铰接客车和铰接列车均为公路上的大型车辆，其各部分尺寸如图 1.1 所示。

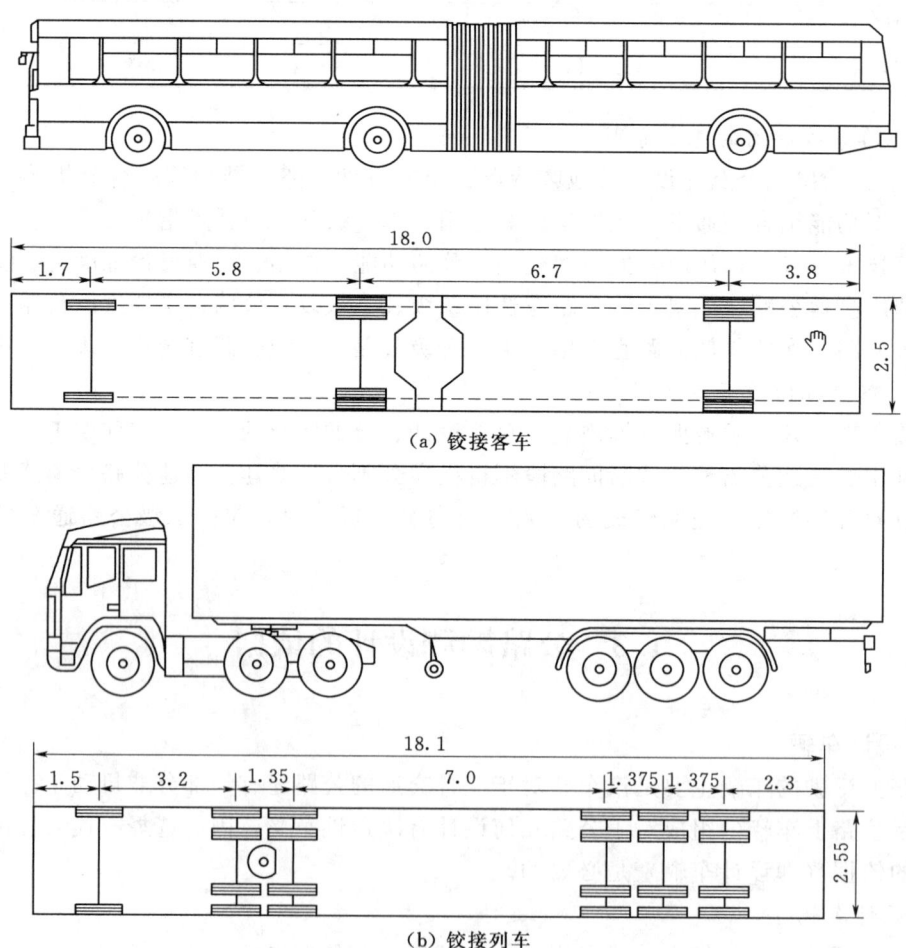

(a) 铰接客车

(b) 铰接列车

图 1.1　代表车型的外廓尺寸（单位：m）

调研表明，当前运营车辆的外廓尺寸有较多车辆达到 18m、20m 甚至 26m 的超长车辆，在实际使用中要根据公路功能、设施类型及交通组成情况综合确定设计车型。

2．交通量换算

公路上行驶的汽车有各种不同车型，特别是在我国的二级、三级、四级公路上，还有着相当大比例的非机动车。各种车辆的折算系数与车辆的行驶速度和该车种行车时占用公路净空有关，《标准》规定交通量换算采用小客车为标准车型。确定公路等级的各汽车代表车型与车辆折算系数规定见表 1.4。

表 1.4　　　　　　　　各汽车代表车型与车辆折算系数

汽车代表类型	车辆折算系数	说　　　明
小客车	1.0	不多于 19 座的客车和载质量≤2t 的货车
中型车	1.5	多于 19 座的客车和 2t＜载质量≤7t 的货车
大型车	2.5	7t＜载质量≤20t 的货车
汽车列车	4.0	载质量＞20t 的货车

（1）畜力车、人力车、自行车等非机动车按路侧干扰因素计。

（2）公路上行驶的拖拉机每辆折算为 4 辆小客车。

（3）公路通行能力分析所要求的车辆折算系数应针对路段、交叉口等形式，按不同的地形条件和交通需求，采用相应的折算系数。

1.3.2　设计速度

评价一条公路首先要看它在客、货运输方面是否方便。这些是和运行速度及交通安全直接相关的。在驾车行驶中，驾驶人员采用的速度，除了其本身的驾驶技术和汽车的性能以外，还取决于公路及其路侧的外部特征、气候、其他车辆的存在以及限速标志或设施四个基本条件。当交通量与气候条件良好时，公路的外部特征（包括公路本身的道路条件）基本上决定着驾驶人员采用的速度。

1．设计速度的定义

所谓设计速度是指在气候条件良好，交通量正常，汽车行驶只受公路本身条件影响时，驾驶员能够安全、舒适驾驶车辆行驶的最大速度。

根据国内外观测研究，当设计速度高时，运行速度低于设计速度；而当设计速度低时，运行速度高于设计速度。这也说明设计速度与运行安全有关。

设计速度是确定公路设计指标并使其相互协调的设计基准速度，是公路设计时确定其几何线形的最关键参数。技术标准根据车辆动力性能和地形条件，确定了不同等级公路的设计速度指标。设计速度是确定公路几何设计指标并使其相互协调的基本要素。设计速度一经选定，公路的所有相关要素如平曲线半径、视距、超高、纵坡、竖曲线半径等指标均与其配合，以获得均衡设计。

公路设计应采用运行速度进行检验。相邻路段运行速度之差应小于 20km/h，同一路段运行速度与设计速度之差宜小于 20km/h。

2．设计速度的规定

设计速度的选用应根据公路的功能与技术等级，结合地形、工程经济、预期的运行速度和沿线土地利用性质等因素综合论证确定。

（1）设计速度的最大值。根据汽车性能，并参考国内外的实际经验，从节约能源以及人在感官上的感觉出发，设计速度的最大值宜采用120km/h。

（2）设计速度的最低值。考虑我国实际的地形条件、土地利用和投资的可能性，确定设计速度的最低值为20km/h。

各级公路的设计速度见表1.5。

表 1.5　　　　　　　　　各级公路的设计速度

公路等级	高速公路			一级公路			二级公路		三级公路		四级公路	
设计速度/(km/h)	120	100	80	100	80	60	80	60	40	30	30	20

3. 设计速度的选用

（1）高速公路设计速度不宜低于100km/h，受地形、地质等条件限制时，可以选用80km/h。

（2）作为干线公路的一级公路时，设计速度宜采用100km/h；受地形、地质等条件限制时，可以选用80km/h。作为集散的一级公路，设计速度宜采用80km/h；受地形、地质等条件限制时，可以选用60km/h。

（3）高速公路和作为干线的一级公路的特殊困难局部路段，且因新建工程可能诱发工程地质病害时，经论证，该局部路段的设计速度可采用60km/h，但长度不宜大于15km，或仅限于相邻两互通式立体交叉之间的路段。

（4）作为干线的二级公路，设计速度宜采用80km/h；受地形、地质等条件限制时，可以选用60km/h。作为集散的二级公路，设计速度宜采用60km/h；受地形、地质等条件限制时，可以选用40km/h。

（5）三级公路设计速度采用40km/h；受地形、地质等条件限制，可以选用30km/h。

（6）四级公路设计速度采用30km/h；受地形、地质等条件限制，可以选用20km/h。

1.3.3　交通量

交通量是指单位时间内通过公路某断面的交通流量（即单位时间通过公路某断面的车辆数目）。交通量的具体数值由交通调查和交通预测确定。交通调查、分析和交通预测是公路建设项目可行性研究阶段进行现状评价、综合分析建设项目的必要性和可行性的基础，也是确定公路建设项目的建设规模、技术等级、工程设施、经济效益评价及公路几何线形设计的主要依据。

1. 设计交通量的预测

设计交通量是指公路设计年限末期的交通量，是确定公路技术等级的重要依据。新建和改扩建公路项目的设计交通量预测应符合下列规定：

（1）高速公路和一级公路设计交通量预测年限为20年；二级、三级公路设计交通量预测年限为15年；四级公路可根据实际情况确定。

（2）设计交通量预测年限的起算年为该项目可行性研究报告中的计划通车年。

2. 年平均日交通量

公路设计交通量是指拟建公路到达交通预测年限时能达到的年平均日交通量（辆/

d)。它在确定公路技术等级,论证公路的计划费用或各项结构设计等方面有重要作用,但直接用于几何设计却不适宜。因为在1年中的每月、每日、每小时的交通量都会变化,在某些季节、某些时段可能会高出年平均日交通量数倍,因而不宜作为具体设计的依据。

计划通车年的年平均日交通量以公路使用功能及性质,根据历年交通观测资料推算求得。一般按年平均增长率累计计算确定。

$$N_d = N_0(1+y)^{n+1} \tag{1.1}$$

式中 N_d——预测年的平均日交通量,辆/d;

N_0——起始年的平均日交通量,辆/d,包括现有交通量和道路建成后从其他道路吸引过来的交通量;

y——预测的年平均增长率,%;

n——远景设计年限。

3. 设计小时交通量

设计小时交通量(辆/h)是以小时为计算时段的交通量,是确定公路等级、评价公路运行状态和服务水平的重要参数,是确定车道数和车道宽度的依据。交通量调查表明,在一天以及全年时间,每小时交通量的变化量是相当大的。如果用一年中最大的高峰小时交通量作为设计依据,会造成浪费,但如果采用日平均小时交通量则不能满足实际需要,造成交通拥挤,甚至阻塞。

为了设计交通量的取值既保证交通安全畅通,又使工程造价经济、合理,可借助一年中交通量小时变化曲线来确定适合于设计使用的小时交通量。方法如下:

将一年中所有小时的交通量按其占年平均日交通量百分数的大小顺序排列起来并绘成曲线如图1.2所示。从该图中可以看出在30~50位小时交通量附近曲线急剧变化,从此向右曲线明显变缓,而在它的左侧,曲线坡度则急剧加大。据此,设计小时交通量的合理取值,应选在第30~50位小时的范围以内。如以第30位小时交通量作为设计依据,意味着在一年中有29个小时超过设计值,将发生拥堵,占全年小时数的0.33%,而能顺利通过的保证率达99.67%。

《标准》规定,公路设计小时交通量宜采用年第30位小时交通量,也可根据项目特点与需求,取当地年第20~40位小时交通量为设计小时交通量。

如图1.2所示,对于各种不同年份、不同地区的公路都能绘出相应的曲线。虽然各条曲线的弯曲程度和上下位置有所差别,但曲线的基本图形都是类同的。在确定设计小时交通量时,应绘制各路线交通量变化图。有平时观测资料的公路,必须使用观测资料,没有观测资料的,可参考性质相似、交通情况相仿的其他公路观测资料进行推算。

1.3.4 公路服务水平

服务水平是驾驶员感受公路交通

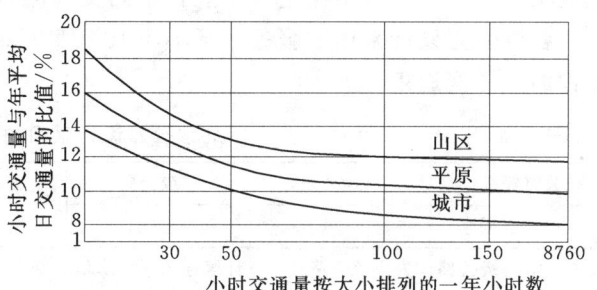

图1.2 年平均日交通量与小时交通量关系曲线

流运行状况的质量指标，通常用平均行驶速度、行驶时间、驾驶自由度和交通延误等指标表征。公路上交通量少，行车自由度就大，反之就会受到限制。为了说明公路交通负荷状况，以交通流状态为划分条件，定性地描述交通流从自由流、稳定流到饱和流和强制流的变化阶段。

我国《标准》采用 v/c 值来衡量拥挤程度，作为评价服务水平的主要指标，同时采用小客车实际行驶速度与自由流速度之差作为次要评价指标，将公路服务水平划分为六级，分别代表一定运行条件下驾驶员的感受。其中，v/c 值是在基准条件下，最大服务交通量与基准通行能力之比。基准通行能力是五级服务水平条件下对应的最大小时交通量。

各级服务水平的含义如下：

一级服务水平，交通流处于完全自由流状态。交通量小，速度高，行车密度小，驾驶员能自由地按照自己的意愿选择所需速度，行驶车辆不受或基本不受交通流中其他车辆的影响。在交通流内驾驶的自由度很大，为驾驶员、乘客或行人提供的舒适度和方便性非常优越。较小的交通事故或行车障碍的影响容易消除，在事故路段不会产生停滞排队现象，很快就能恢复到一级服务水平。

二级服务水平，交通流处于相对自由流状态。驾驶员基本上可按照自己的意愿选择行驶速度，但可以注意到交通流内有其他使用者，驾驶人员身心舒适水平很高，较小交通事故或行车障碍的影响容易消除，在事故路段的运行服务情况比一级差些。

三级服务水平，交通流状态处于稳定流的上半段，车辆间的相互影响变大，选择速度受到其他车辆的影响，变换车道时驾驶员要格外小心，较小交通事故仍能消除，但事故发生路段的服务质量大大降低，严重阻塞交通，形成排队车流，造成驾驶员心情紧张。

四级服务水平，交通流处于稳定流范围下限，车辆运行明显地受到交通流内其他车辆的影响，速度和驾驶的自由度受到明显限制。交通流稍有增加就会导致服务水平的显著降低，驾驶人员身心舒适水平降低，即使较小的交通事故也难以消除，会形成很长的排队车流。

五级服务水平，为交通拥堵流的上半段，其下是达到最大通行能力时的运行状态。对于交通流的任何干扰，例如车流从匝道驶入或车辆变换车道，都会在交通流中产生一个干扰波，交通流不能消除它，任何交通事故都会形成长长的排队车流，车流行驶灵活性极端受限，驾驶人员身心舒适水平很差。

六级服务水平，是拥堵流的下半段，是通常意义上的强制流或阻塞流。这一服务水平下，交通设施的交通需求超过其允许的通过量，车流排队行驶，队列中的车辆出现停停走走现象，运行状态极不稳定，可能在不同交通流状态间发生突变。

各级公路设计采用的服务水平不应低于表 1.6 的规定。与每一级服务水平相应的交通量称为服务交通量。

表 1.6　　　　　　　　　各级公路设计采用的服务水平

公路等级	高速公路	一级公路	二级公路	三级公路	四级公路
服务水平	三级	三级	四级	四级	—

注　1. 一级公路作为集散公路时，设计服务水平可降低一级。
　　2. 长隧道及特长隧道路段、非机动车及行人密集路段、互通式立体交叉的分合流区段、匝道以及交织区段，设计服务水平可降低一级。

1.3.5　公路勘测设计的技术依据

1. 公路勘测设计主要的技术依据

《公路工程技术标准》（JTG B01—2014）；

《公路路线设计规范》（JTG D20—2006）；

《城市道路工程设计规范》（CJJ 37—2012）。

2. 公路勘测设计相关的技术依据

《公路勘测规范》（JTG C10—2007）；

《工程测量规范》（GB 50026—2007）；

《公路工程基本建设项目设计文件编制办法》（交公路发〔2007〕358号）。

1.4　公路勘测设计的阶段与任务

1.4.1　工程可行性研究

工程可行性研究是基本建设前期工作的一项重要内容，是建设程序的组成部分，是建设项目决策和编制计划任务书的科学依据，其主要工作内容是论证工程项目技术上的可行性和经济上的合理性，并论证何时修建或分期修建，提供业主决策，保证工程的经济效果。

公路建设必须严格遵守国家规定的基本建设程序。所有大中型项目应根据批准的项目建议书（或委托书），进行可行性研究，可行性研究工作完成后应进行评估。经过综合分析，提出投资少、效益好的建设方案。

可行性研究工作是交通建设综合管理的手段，必须从运输生产的目的出发。研究技术可行性必须与经济效益相结合，研究经济效益必须考虑采用新技术的可能，重视运输领域的综合效益。

可行性研究应附有必要的图表，其中包括路线方案（及比较方案）图、历年工农业总产值与客货运量统计表、公路客货运量、交通量预测表、效益计算表等。

在可行性研究的同时，应进行环境影响分析，以工程性质、路线位置、资源利用、环境影响等为依据。同时，可行性研究还应对工程进行宏观分析，确定项目是否成立。在计划任务书下达后，进行初步设计的同时，应编制环境影响评价书，即根据预测工程对环境的影响，提出对环境污染、破坏的防治措施以及综合整治的方法。

1.4.2　设计任务书

公路勘测设计工作是根据批准的设计任务书进行的。设计任务书一般由提出计划的主管部门下达或由下级单位编制后报批。

设计任务书应包括下列内容：

（1）建设的依据和意义。

（2）路线的建设规模和修建性质。

（3）路线的基本走向和主要控制点。

（4）工程技术等级和主要技术标准。

(5) 勘测设计的阶段划分及各阶段完成的时间。

(6) 建设期限，投资估算，需要钢、木、水泥的数量。

(7) 施工力量的原则安排。

(8) 路线示意图等。

在计划任务书实施过程中，如对建设规模、期限、技术等级标准及路线走向等重大问题有变更时，应报原批准机关审批同意。

1.4.3 勘测设计的阶段及任务

根据《公路工程基本建设项目设计文件编制办法》（交公路发〔2007〕358号），公路工程基本建设项目可以采用一阶段设计、两阶段设计和三阶段设计。

1. 一阶段设计

一阶段设计适用于技术简单、方案明确的小型公路工程，即施工图设计。根据批复的可行性研究报告、测设合同和定测、详勘资料编制。采用一阶段设计的建设项目，按施工图设计编制施工图预算。

2. 两阶段设计

公路工程基本建设项目一般采用两阶段设计，即初步设计和施工图设计。高速公路、一级公路必须采用两阶段设计。初步设计应根据批复的可行性研究报告、测设合同和初测、初勘资料编制。施工图设计应根据批复的初步设计、测设合同和定测、详勘（含补充定测、详勘）资料编制。采用两阶段设计的建设项目，按初步设计编制设计概算，按施工图设计编制施工图预算。

3. 三阶段设计

技术复杂、基础资料缺乏和不足的建设项目或建设项目中的特大桥、长隧道、大型地质灾害治理等，必要时采用三阶段设计，即初步设计、技术设计和施工图设计。技术设计应根据批复的初步设计、测设合同和定测、详勘资料编制；施工图设计应根据批复的技术设计、测设合同和补充定测、补充详勘资料编制。采用三阶段设计的建设项目，按初步设计编制设计概算，按技术设计编制修正概算，按施工图设计编制施工图预算。

1.4.4 设计文件的组成

公路工程设计文件是安排建设项目、控制投资、编制招标文件、组织施工和竣工验收的重要依据。其表达形式有文字说明、设计图和表格三种，每个阶段设计文件的组成、内容和要求随设计阶段不同而异。

1. 初步设计文件

由总体设计、路线、路基和路面、桥梁和涵洞、隧道、路线交叉、交通工程及沿线设施、环境保护与景观设计、其他工程、筑路材料、施工方案、设计概算共12篇和附件组成。

2. 技术设计文件

技术设计应根据初步设计批复意见、测设合同和需要解决的技术问题进行设计，并满足下列有关要求：

(1) 对初步设计所定方案详加研究，进一步补充和修改。

（2）补充必要的地质、水文、气候、地震和地质钻探资料，以及土工、材料、结构或模型试验结果。

（3）提出科学试验成果、专题报告。

（4）提出修正的施工方案。

（5）编制修正概算。

技术设计文件应根据技术设计的目的与要求以及工程需要解决的技术问题，参照初步设计等文件相关要求编制。对于公路工程建设项目中的特大桥、互通式立体交叉、隧道、交通工程及沿线设施的技术设计文件，还必须对整个建设项目的总体设计情况予以补充说明，对总概算加以修正。

3. 施工图设计文件

由总体设计、路线、路基和路面、桥梁和涵洞、隧道、路线交叉、交通工程及沿线设施、环境保护与景观设计、其他工程、筑路材料、施工组织设计、施工图预算共 12 篇和附件组成。

4. 设计文件格式

各阶段的设计文件幅面尺寸应采用 297mm×420mm（横式），也可采用 210mm×297mm（立式）。设计文件应装订成册，每册不宜过厚或过薄，以便于保管和使用。

各种设计图纸的幅面尺寸一般采用 297mm×420mm。必要时可增大幅面，其尺寸应符合国家现行《道路工程制图标准》（GB 50162—1992）的规定。送审的图纸应按 297mm×420mm 折叠，也可按 210mm×297mm 折叠；交付施工的图纸可不折叠。

设计文件每册封面上一般应列出公路路段或独立工程名称（或工程代号）及里程全长、设计阶段及设计文件名称、册数（第××册共××册）、测设单位名称等。

设计文件每册扉页的内容应包括公路路段或独立工程名称（或工程代号）及里程全长、设计阶段及设计文件名称、册篇组成、主办单位、勘察设计证书等级及编号、各级负责人签署、参加测设人员（技术员以上）姓名及职务、职称及工作项目或内容、设计文件编制年月。

设计文件每册应有目录。

设计文件中的图表均应经设计人员签署。

送审的设计文件封面颜色为：初步设计为淡绿色，技术设计为粉红色，施工图设计为奶油白色或象牙白色。

路线平纵面缩图、路线平面图、路线纵断面图等的起讫方向均应从左到右，里程桩号由小到大，标注的字头向上，但地形图的标注仍按测绘标注不变。

设计文件中的计量单位应采用《中华人民共和国法定计量单位》；公路工程名词应采用《公路工程技术标准》（JTG B01—2014）、《公路工程名词术语》（JTJ 002—87）、《道路工程术语标注》及有关技术规范、规程所规定的名词，无规定的可采用习惯使用的名词。

所有重要的、有价值的试验资料，设计计算资料，以及按保密法划分为密级以上的原始资料均不附入文件中，但应整理归档备查。

设计文件报送主管部门或委托单位的份数为：两阶段（或三阶段）初步设计第一篇

16份、其他各篇10份,技术设计10份,施工图设计8份;一阶段施工图设计14份。如需要增加份数可与设计单位协商解决。

思考题及习题

1. 简述《国家公路网规划(2013—2030年)》的主要内容。
2. 公路按功能分哪几类?
3. 我国公路是如何分级的?公路等级选用的基本原则是什么?
4. 我国《公路工程技术标准》(JTG B01—2014)将设计车辆分为哪几类?
5. 设计交通量的预测是如何规定的?为什么采用第30位小时交通量?
6. 公路服务水平是如何划分的?
7. 公路勘测设计的阶段如何划分?各阶段的主要任务有哪些?
8. 说明我国公路设计文件的内容及格式要求。
9. 查阅资料,说明我国各等级公路的命名规则。

第 2 章　公 路 平 面 设 计

【学习目标】
(1) 了解公路平面线形的组成。
(2) 掌握公路平曲线的要素组成及计算方法。
(3) 掌握公路平面线形设计的计算方法及步骤。
(4) 掌握公路路线中桩坐标的计算方法。
(5) 熟悉公路加宽与超高的过渡方式,掌握其计算。
(6) 熟悉行车视距的计算。

【技能目标】
(1) 能对公路进行超高和加宽平面设计及计算。
(2) 能对路线中桩坐标进行计算。
(3) 能对公路进行平面线形设计,并整理成相应图表。

2.1　公 路 平 面 线 形

2.1.1　公路路线基本概念

　　道路是一条三维空间的实体。它是由路基、路面、桥梁、涵洞、隧道和沿线设施所组成的线形构造物。一般所说的路线,是指道路中线的空间位置。
　　路线设计是指确定路线空间位置和各部分几何尺寸的工作。为研究方便,把它分为路线平面设计、路线纵断面设计和横断面设计,三者是相互关联的,既分别进行,又综合考虑。
　　路线平面图:路线在水平面上的投影称作路线的平面。
　　路线纵断面图:沿道路中线的竖向剖面图,再行展开即是路线的纵断面。
　　路线横断面图:道路中线上任意一点的法向切面是道路在该点的横断面。
　　在路线平面图上研究道路的基本走向及确定线形的过程,称为路线平面设计;在路线纵断面图上研究道路纵坡及坡长的过程,称为路线纵断面设计;在路线横断面图上研究路基断面形状的过程,称为路线横断面设计,如图 2.1 所示。
　　无论是公路还是城市道路,其路线位置受社会经济、自然地理和技术条件等因素的制约。设计者的任务就是在调查研究、掌握大量材料的基础上,设计出一条有一定技术标准、满足行车要求、工程费用最省的路线来。在设计的顺序上,一般是在尽量顾及纵、横断面平衡的前提下先定平面,沿这个平面线形进行高程测量和横断面测量,取得地面线和地质、水文及其他必要的资料后,再设计纵断面和横断面。力求线形的均衡和土石方数量的节省,必要时再修改平面,这样经过几次修改,即可得到一个满意的设计。路线设计的

第2章 公路平面设计

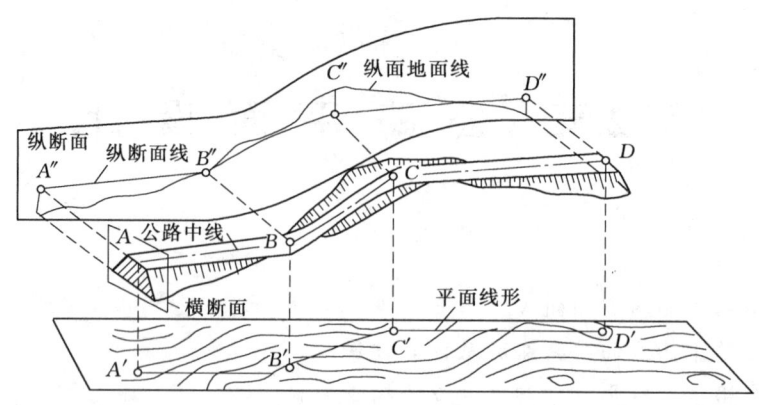

图 2.1 路线的平面、纵断面和横断面

范围只限于路线的几何性质,不涉及结构。

2.1.2 平面线形设计的基本要求

现代道路是供汽车行驶的,所以研究汽车行驶规律是道路设计的基本课题,而在路线的平面设计中,主要考察汽车行驶轨迹。只有当平面线型与这个轨迹相符合或相接近时,才能保证行车的顺适与安全,特别是在高速行驶的情况下,对行驶轨迹的研究更显其重要。

经过大量的观测研究表明,行驶中的汽车,其轨迹在几何性质上有以下特征:

(1)轨迹连续。这个轨迹是连续、圆滑的,即在任何一点上下不会出现错头和破折。

(2)曲率连续。其曲率是连续的,即轨迹上任一点不会出现两个曲率值。

(3)曲率变化连续。其曲率的变化率是连续的,即轨迹上任一点不出现两个曲率变化率的值。

公路平面线形应与汽车轨迹相拟合。

同时满足特征(1)、(2)的路线如图 2.2 所示,但其曲率的变化率是不连续的,即不满足特征(3)的要求。现代高等级道路一般采用如图 2.3 类型的平面线形,它与汽车的行驶轨迹偏离不大,虽不是完全可循的,但实践证明却是较实用的线形。

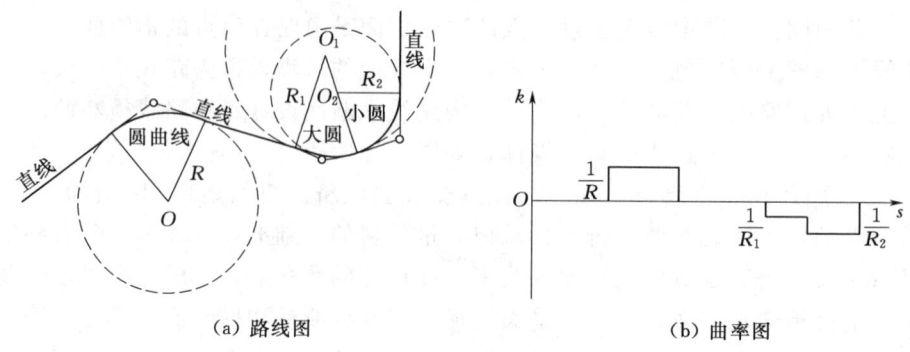

(a) 路线图   (b) 曲率图

图 2.2 曲率变化不连续的路线

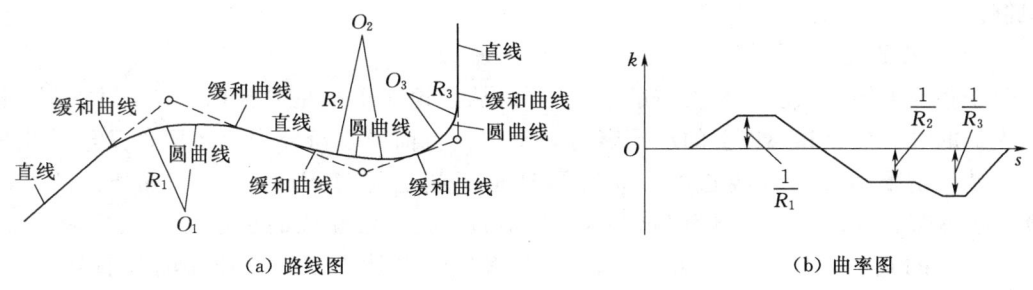

(a) 路线图　　　　　　　　　　　(b) 曲率图

图 2.3　曲率变化连续的路线

2.1.3　平面线形要素

行驶中的汽车其导向轮旋转面与车身纵轴之间有下列三种关系：

(1) 角度为零：汽车行驶轨迹线为直线。

(2) 角度为常数：圆曲线。

(3) 角度为变数：缓和曲线。

现代道路平面线形正是由上述三种基本线形构成的，称为平面线形三要素。

对于低等级道路，为简化设计，也可只使用直线和圆曲线两种要素，如四级公路、山岭重丘区三级公路及特殊困难路段。近代一些高速公路也有只用曲线而不用直线的，说明三要素是基本组成，各要素所占比例及使用频率并无规定。各要素应使用合理、配置得当，并满足汽车行驶要求。至于各要素的参数则要视地形情况和人的视觉、心理、道路技术等级来确定。

2.2　直　　线

2.2.1　直线的特点

直线是平面线形设计的基本要素之一，具有距离短、易布设等特点，在公路中使用最为广泛。两点之间以直线最短，给人以短捷、直达的良好印象，加之汽车在直线上行驶受力简单，方向明确，驾驶操作简易。但直线线形缺乏灵活性，大多难与地形、地物相协调；两地间强定直线，往往造成工程量大，破坏自然条件。过长的直线易使驾驶人员感到单调、疲倦，难以目测前后车间距离，易产生尽快驶出直线的急躁情绪。长直线还容易导致高速行驶，危及交通安全。

下述路段适宜采用直线：

(1) 不受地形、地物限制的平坦地区或山间的开阔谷地。

(2) 市镇及其近郊，或规划方正的农耕区等以直线条划分的地区。

(3) 长大桥梁、隧道等直线构造物路段。

(4) 路线交叉点前后。

(5) 双车道公路提供超车的路段。

2.2.2　直线长度限制

在设计中，过长和过短的直线都不是好的线形。因此对直线的最大和最小长度都要加以限制。

1. 直线的最大长度

关于直线的极限长度（最大与最小长度），从理论上求解是非常困难的，主要应根据驾驶人员的视觉效果和心理上的承受能力来确定，目前尚在研究中。各国都从经验出发，通过调查确定限制最大直线长度。如德国规定不超过计算行车速度（km/h）的20倍（m），苏联规定为8km，美国为3mile（4.83km）。我国已建成的位于平原微丘区的十多条高速公路的直线长不超过3200m；沈大高速公路多处出现5～8km的长直线，最大13km。据国内外调查研究结果，最大直线长度以汽车按计算行车速行驶70s左右的距离控制为宜。

经过对不同路段，按100km/h的行驶车速对驾驶人员和乘客调查其心理反应和感受，有如下结果：

（1）位于城市附近的道路，作为城市干道的一部分，由于路旁高大建筑和多彩的城市风光，无论路基高低均被纳入视线范围，驾驶员和乘客无直线过长希望驶出的不良反应。

（2）位于乡间平原区的公路，随季节和地区不同，驾驶人员有不同反应。北方的冬季，植被枯萎，景色单调，太长的直线使人情绪受到影响。夏天稍有改善，但驾驶人员加速行驶希望尽快驶完直线的心理普遍存在。

（3）位于大戈壁，大草原的公路，直线长度可达数十公里，司乘人员极度疲劳。车速超过设计速度很多。但在这种特殊的地形条件下，直线为最好的选择，人为设置弯道不但不能改善其单调，反而增加路线长度。

由此看来，直线的最大长度，在城镇附近或其他景色有变化的地点大于20倍行车速度是可以接受的；在景色单调的地点最好控制在20倍行车速度以内；而在特殊的地理条件下应特殊处理。直线的最大长度应与地形相适应，与景观相协调，不强定长直线，也不硬性设置不必要的曲线。

当采用长的直线形时，为弥补景观单调的缺陷，应结合沿线具体情况采取相应的技术措施并注意下述问题：在长直线上纵坡不宜过大，因长直线再加下陡坡行驶更易导致高速度；长直线与大半径，凹形竖曲线组合为宜，这样可以使生硬呆板的直线得到一些缓和；道路两侧地形过于空旷时，宜采取种植不同树木或设置建筑雕塑及广告牌等措施，以改善单调的景观；长直线或长下坡尽头的平曲线，除曲线半径、超高、视距等必须合规定外，还必须采取设置标志、增加路面抗滑能力等安全措施。

2. 直线的最小长度

考虑到线形的连续和驾驶的方便，相邻两曲线之间应有一定长度的直线。

（1）同向曲线间的直线最小长度。互相通视的同向曲线间若插以短直线，容易产生把两个曲线看成是一个曲线的错觉，破坏了线形的连续性，易造成驾驶员操作的失误，设计中应尽量避免。由于这种线形组合所产生的缺陷是来自驾驶员的错觉，所以若将两曲线拉开，也就是限制中间直线的最短长度，使同向曲线在驾驶员的视觉以外则可以避免上述缺点。大量的观测资料证明，行车速度越高，司机越是注视远处的目标，这个距离在数值上大约是计算行车速度 V（km/h）的 6 倍（m），所以同向曲线间的最短直线长度以不小于 $6V$ 为宜，如图2.4（a）所示。这种要求在车速较高的道路（$V \geqslant 60$km/h）上宜尽可能保证,而对于低速道路（$V \leqslant 40 \text{km/h}$）,以 $2V$ 为宜。在受到条件限制时,宜在同向曲线间插入大半径曲线或将两曲线作成复曲线、卵形曲线或 C 形曲线。

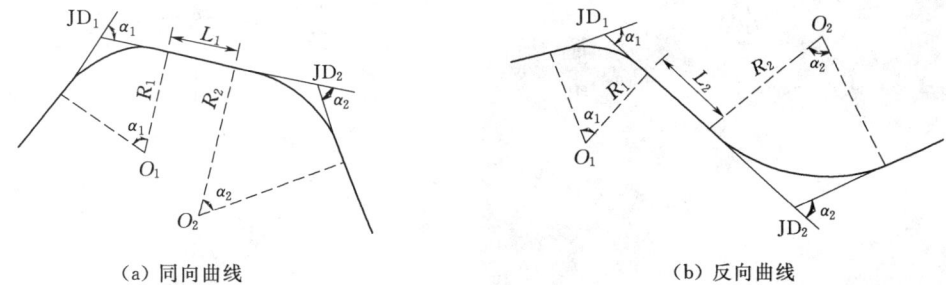

图 2.4 曲线间的直线

（2）反向曲线间的直线最小长度。两相反圆曲线之间,考虑到设置超高和加宽缓和的需要以及驾驶人员转向操作的需要,其间的直线最小长度（m）以不小于计算行车速度（km/h）的 2 倍为宜,如图 2.4（b）所示。当直线两端设有缓和曲线时,可直接相连构成 S 曲线,即两个反向圆曲线用缓和曲线直接相连。

三级、四级公路上,两相邻反向曲线无超高、无加宽时,可径相衔接;无超高、有加宽时,中间应设有长度不小于 10m 的加宽缓和段。工程难度较大的山岭重丘区,三级、四级公路设置超高时,中间直线长度不得小于 15m。

（3）相邻回头曲线间的直线最小长度。回头曲线是指山区公路为克服高差在同一坡面上回头展线时所采用的曲线,如图 2.5 所示。两回头曲线间,由一个回头曲线的终点到下一个回头曲线起点的距离,在二级、三级、四级公路上应分别不小于 200m、150m 和 100m。

图 2.5 回头曲线

2.3 圆 曲 线

在平面线形中,圆曲线也是常用的基本线形,它在路线遇到障碍或地形需要改变方向时设置。各级公路和城市道路,不论转角大小均应设置圆曲线,如图 2.6 所示。圆曲线具有易与地形相适应、可循性好、线形美观、易于测设等优点,使用十分普遍。

图 2.6 圆曲线

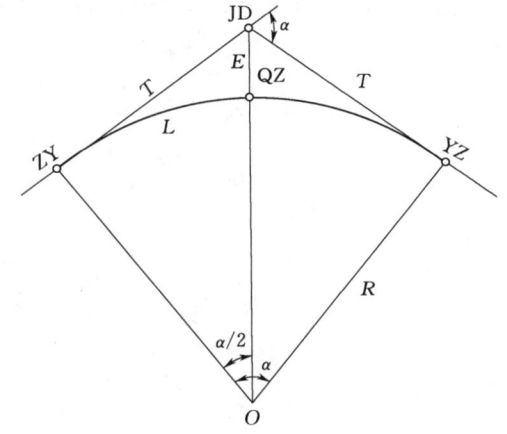

图 2.7 圆曲线的几何要素

2.3.1 圆曲线的几何要素

要认识圆曲线,我们可以通过主要的桩点来了解它的几何要素(图 2.7)。直圆点(ZY)或者圆直点(YZ)与交点(JD)之间的距离为切线长 T,直圆点(ZY)与圆直点(YZ)之间的距离为曲线长 L,交点(JD)与曲中点(QZ)点之间的距离为外距 E,切线总长与曲线长之间的差值为超距 J。

圆曲线的几何要素计算公式为

$$T = R \tan \frac{\alpha}{2} \tag{2.1}$$

$$L = \frac{\pi}{180} \alpha R = 0.01745 \alpha R \tag{2.2}$$

$$E = R \left(\sec \frac{\alpha}{2} - 1 \right) \tag{2.3}$$

$$J = 2T - L \tag{2.4}$$

式中　　T——切线长,m;

　　　　L——曲线长,m;

　　　　E——外距,m;

　　　　J——超距(校正数),m;

　　　　R——圆曲线半径,m;

　　　　α——转角,(°)。

基点为交点里程桩号,记为 JD,则各主要桩点的桩号按下式计算:

$$\text{直圆点:} ZY = JD - T \tag{2.5}$$

$$\text{圆直点:} YZ = ZY + L \tag{2.6}$$

$$\text{曲中点:} QZ = YZ - L/2 \tag{2.7}$$

$$\text{交点:} JD = QZ + J/2 \text{(校核)} \tag{2.8}$$

2.3.2 圆曲线半径计算

行驶在圆曲线上的汽车将受到离心力的作用。离心力的大小与曲线半径密切相关,半径越小,离心力越大,汽车行驶的稳定性越差。所以在选择圆曲线半径时,应尽可能选用较大的值,只有在地形或其他条件受到限制时,才使用较小的曲线半径。为了行车的安全与舒适,《标准》规定了圆曲线半径在不同情况下的最小值。

圆曲线半径计算公式如下:

$$R = \frac{V^2}{127(\mu + i_h)} \tag{2.9}$$

式中　V——行车速度,km/h;
　　　μ——横向力系数;
　　　i_h——横向超高坡度。

在车速 V 一定的条件下,最小曲线半径 $R_{\min}$ 决定于容许的最大横向力系数 $\mu_{\max}$ 和最大横向超高坡度 $i_{h(\max)}$。下面分别加以讨论。

1. 横向力系数 μ

横向力的存在对汽车行驶产生种种不利的影响,μ 值越大越不利,主要表现在以下几个方面:

(1) 危及行车安全。汽车能在弯道上行驶的基本前提是轮胎不在路面上滑移,这就要求横向力系数 μ 低于轮胎与路面之间的横向摩擦系数 f,即:

$$\mu \leqslant f \tag{2.10}$$

横向摩擦系数 f 与车速、路面及轮胎状况有关。一般在干燥路面上约为 0.4~0.8;在潮湿路面上约为 0.25~0.4;路面结冰或积雪时,降到 0.2 以下;在光滑的冰面上可降到 0.06。

(2) 增加驾驶操作的困难。弯道上行驶的汽车,在横向力的作用下,轮胎会产生横向变形,使轮胎的中间平面与轮迹前进方向形成一个横向偏移角,如图 2.8 所示。横向偏移角的存在增加了汽车在方向控制上的困难,特别是在高速行驶时。如果横向偏移角超过 5°,一般司机就不易保持驾驶方向上的稳定。

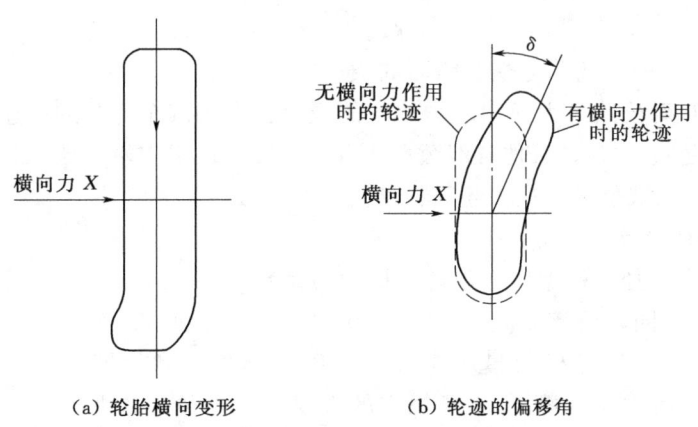

(a) 轮胎横向变形　　(b) 轮迹的偏移角

图 2.8　汽车轮胎的横向偏移角

(3) 增加燃料消耗和轮胎磨损。横向力的存在,使汽车的燃油消耗和轮胎磨损增加,表 2.1 是实测的增加百分比。

(4) 体感不舒适。若横向力系数 μ 值过大，在曲线半径小的弯道上司机尽量大回转，因而容易离开车道而发生事故。另外，对司机和乘客来说，横向力系数 μ 值增大，会感到不舒服。根据体感试验测试，乘客随 μ 值的变化其体感反应如下：

当 $\mu<0.10$ 时，感觉不到有曲线存在，很平稳；

当 $\mu=0.15$ 时，稍感到有曲线存在，尚平稳；

当 $\mu=0.20$ 时，已感到有曲线存在，稍感不稳定；

当 $\mu=0.35$ 时，感到有曲线存在，不稳定；

当 $\mu>0.40$ 时，非常不稳定，车辆有侧翻的危险性。

表 2.1　　　　　　　横向力系数 μ 与燃料消耗、轮胎磨损关系

横向力系数 μ	燃料消耗/%	轮胎磨损/%
0	100	100
0.05	105	160
0.10	110	220
0.15	115	300
0.20	120	390

综上所述，μ 值的采用关系到行车的安全、经济与舒适。为计算圆曲线半径，应考虑各方面因素采用一个合适的 μ 值。研究结果表明，$\mu=0.11\sim0.16$ 较为合适。

2. 最大横向超高坡度 $i_{h(\max)}$

在车速较高的情况下，为平衡离心力要采用较大的超高。但道路上行驶车辆的速度并不一样，特别是在混合交通的道路上，不仅要照顾快车，也要考虑到慢车的安全。在个别情况下，因故（如前方路段冲坏、交通堵塞、交通事故等）暂停在弯道上的车辆，其离心力为零。如超高率过大，超出轮胎与路面间的横向摩擦系数，车辆有沿着路面最大合成坡度下滑的危险，因此必须满足：

$$i_{h(\max)} \leqslant f \tag{2.11}$$

式中　f——取一年中天气恶劣季节路面的横向摩擦系数。

我国《标准》对公路最大横向超高坡度的规定：专供汽车行驶的高速公路、一级公路的超高横坡度不超过 10%，其他各级公路不超过 8%；在积雪寒冷地区，最大超高横坡度不超过 6%，城镇区域公路，最大超高横坡度可采用 4%。

3. 最小半径的计算

(1) 极限最小半径。根据以上叙述，横向力系数 $\mu=0.11\sim0.16$，最大横向超高坡度视道路的不同而不同，公路 $i_{h(\max)}=0.1, 0.08, 0.06$，城市道路 $i_{h(\max)}=0.06, 0.04, 0.02$，按式 (2.9) 可计算极限最小半径。我国《标准》和《城市道路工程设计规范》(CJJ 37—2012)（简称《城规》）中所规定的极限最小半径是考虑了我国的具体情况，并参照国外资料，取适当的最大横向力系数 $\mu_{\max}$ 和最大横向超高坡度 $i_{h(\max)}$ 进行计算，将其结果取整、归纳而得出的。极限最小半径是路线设计中的最小极限值，只有在特殊条件下，才可以采用这一数值进行设计。

(2) 一般最小半径。圆曲线的最小半径，一方面要考虑旅客有充分的舒适感和安全

感,另一方面也要注意到在地形比较复杂的情况下不会过多地增加工程量。为此,《标准》和《公路路线设计规范》(JTG D20—2006)(简称《规范》)规定了"一般最小半径"横向力系数 μ 和最大横向超高坡度 $i_{h(\max)}$ 的取值。查得 μ 和最大横向超高坡度 $i_{h(\max)}$ 后,便可按式(2.9)计算一般最小半径。在线路设计时,圆曲线半径采用大于"一般最小半径"较为合理。

(3) 不设超高的最小半径。所谓不设超高的最小半径是指道路曲线半径较大、离心力较小时,汽车沿双向路拱外侧行驶的路面摩擦力足以保证汽车行驶安全稳定所采用的最小半径。路面上不设超高,对于行驶在曲线外侧车道上的车辆来说是"反超高",其横向超高坡度为负值,大小与路拱坡度相同。我国《标准》中所规定的"不设超高最小半径"是取 $\mu=0.035$, $i_{h(\max)}=-0.015$,按式(2.9)计算并取整得来的。

在表2.2中,列出了我国《标准》所规定的一般最小半径、极限最小半径和不设超高最小半径,设计时可以参考。

表 2.2　　　　　　　　圆曲线的最小半径

设计速度/(km/h)		120	100	80	60	40	30	20
极限最小半径/m		650	400	250	125	60	30	15
一般最小半径/m		1000	700	400	200	100	65	30
不设超高的最小半径/m	路拱≤2%	5500	4000	2500	1500	600	350	150
	路拱>2%	7500	5250	3350	1900	800	450	200

4. 圆曲线最大半径

如前所述,选用圆曲线半径时,在与地形等条件相适应的前提下,应尽可能采用大半径。但半径大到一定程度时,其几何性质与行车条件已与直线无太大区别,容易给驾驶员造成判断上的错误,反而带来不良的后果。所以,《规范》规定圆曲线最大半径以不超过10000m为宜。

2.4　缓　和　曲　线

当汽车从直线进入圆曲线时,司机应逐渐改变前轮的转向角,使其适应相应半径的圆曲线。在直线上半径为无限大,在进入圆曲线后半径为 R,从直线过渡到圆曲线,汽车的行驶曲率半径是不断变化的,这一曲率半径变化路段即为缓和曲线段。

缓和曲线也是道路平面线形主要要素之一,它是设置在直线和圆曲线之间的一种曲率连续变化的曲线。《标准》规定,除四级公路可不设缓和曲线外,其余各级公路都应设置缓和曲线。在现代高速公路上,有时缓和曲线所占比例超过了直线和圆曲线,成为平面线形的主要组成部分。在城市道路上,缓和曲线也被广泛地使用。

2.4.1　缓和曲线的作用

(1) 曲率连续变化,便于车辆遵循。汽车在转弯行驶过程中,存在一条曲率连续变化的轨迹线,无论车速高低这条轨迹线都是客观存在的,它的形式及长度与汽车构造、汽车行驶速度、司机转动方向盘的快慢等因素有关。在汽车低速行驶时,司机尚可利用路面的富余宽度把汽车保持在车道范围之内,缓和曲线似乎没有必要。但在高速行驶或曲率急变时,汽车有可能越出自己的车道而驶出一条很长的过渡性轨迹线,这种情况是绝对不允许的。因此,从安全的角度出发,有必要设置一条司机易于遵循的路线,这便是缓和曲线。同时,缓和曲线的设置不仅使线路顺畅,而且能构成美观与视觉协调的最佳线形。

(2) 离心加速度逐渐变化,旅客感到舒适。汽车在直线上行驶时,无离心力作用。在曲线上行驶时,要产生离心力,其大小与曲率半径成正比。汽车由直线驶入圆曲线或由圆曲线驶入直线时,由于曲率的突变而带来离心力的突变,对旅客产生侧向冲击力;使旅客有不舒适的感觉。所以应设置缓和曲线以缓和离心加速度的变化。

(3) 横向超高坡度逐渐变化,行车平稳。行车道从直线过渡到圆曲线有两个显著变化:由直线上的双坡断面变为圆曲线上的单坡断面;由直线上的正常宽度变为圆曲线上的加宽宽度。上述两个变化要在缓和曲线段完成,使横向超高坡度逐渐变化,避免车辆在行驶中左右摇摆。

(4) 与圆曲线配合得当,保证线形美观。如图 2.9 所示,不设缓和曲线的路线扭曲,设置缓和曲线后路线变得平顺美观。

(a) 不设缓和曲线的路线扭曲　　　　　　　　(b) 设置缓和曲线后路线变得平顺美观

图 2.9　直线和曲线的连接效果

2.4.2　缓和曲线的性质

考察汽车由直线进入圆曲线的行驶轨迹,先假定汽车是等速行驶,司机匀速转动方向盘,则汽车的行驶轨迹可近似推算出来。当方向盘转动角度为 φ 时,前轮相应转动角度为 Φ,它们之间的关系为

$$\Phi = k\varphi \tag{2.12}$$

其中

$$\varphi = \omega t \tag{2.13}$$

式中　k——小于 1 的系数;
　　　ω——方向盘转动的角速度,rad/s;
　　　t——方向盘转动时间,s。

则汽车前轮的转向角为

$$\Phi = k\omega t \tag{2.14}$$

如图 2.10 所示,设汽车前后轮轴距为 d,前轮转动 Φ 后,汽车的行驶轨迹曲线半径为 r,则

$$r = \frac{d}{\tan\Phi}$$

由于 Φ 值很小，$\tan\Phi \approx \Phi$，则

$$r \approx \frac{d}{\Phi} = \frac{d}{k\omega t} \quad (2.15)$$

汽车以 v(m/s) 等速行驶，经时间 t(s) 以后，其行驶距离（弧长）为 l，则

$$l = vt \quad (2.16)$$

由式（2.15），得

$$t = \frac{d}{k\omega r}$$

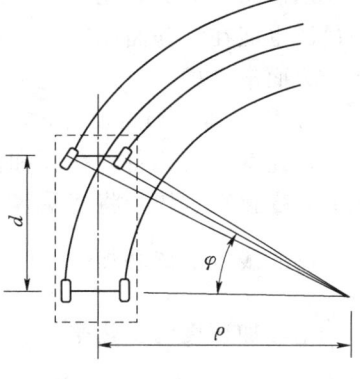

图 2.10 汽车的转弯行驶

代入式（2.16），得

$$l = v\frac{d}{k\omega r} \quad (2.17)$$

式中 v、d、k、ω 均为常数，令

$$\frac{vd}{k\omega} = C$$

则

$$rl = C \quad (2.18)$$

式中 l——汽车自直线终点开始转弯，经 t(s) 后行驶的距离，m；
r——汽车行驶 t(s) 后在 l 处的曲率半径，m；
C——常数。

上式说明，汽车匀速从直线进入圆曲线（或从圆曲线进入直线），其行驶轨迹的弧长与曲率半径之积为一常数，这一性质正好与回旋线相符。

回旋线是公路路线设计中最常用的一种缓和曲线。我国《标准》规定缓和曲线采用回旋线。回旋线的基本公式为

$$rl = A^2 \quad (2.19)$$

式中 r——回旋线上某点的曲率半径，m；
l——回旋线上某点到原点的曲线长，m；
A——回旋线的参数。

由于 rl 的单位是长度的二次方（m²），为使量纲一致，故令轨迹曲线中的常数 $C = A^2$，A 表征回旋线曲率变化的缓急程度。A 越大，曲率变化越平缓；反之，则变化越急。在回旋线的任意点上，r 是随 l 的变化而变化的，但在缓和曲线的终点处，$l = L_s$，$r = R$，则上式可写作：

$$RL_s = A^2 \quad (2.20)$$

式中 R——回旋线所连接的圆曲线半径，m；
L_s——回旋线的缓和曲线长度，m。

2.4.3 缓和曲线的技术标准

由于车辆要在缓和曲线上完成不同曲率的过渡行驶，所以要求缓和曲线有足够的长

度,以使司机能从容地打方向盘,乘客感觉舒适,线形美观流畅,圆曲线上的超高和加宽的过渡也能在缓和曲线内完成。所以,应规定缓和曲线的最小长度,其计算可以按照以下几个方面来考虑:

1. 按照离心加速度变化率计算

以速度 v 匀速行驶在缓和曲线上的汽车,其离心加速度将随着缓和曲线的变化而变化,若变化得过快,将使乘客有不适的感觉。

圆曲线上的离心加速度为
$$a = \frac{v^2}{R} \tag{2.21}$$

离心加速度的变化率为
$$a_s = \frac{\Delta a}{t} = \frac{v^2}{Rt} \tag{2.22}$$

式中　v——汽车行驶速度,m/s;
　　　t——汽车在缓和曲线上的行驶时间,s;
　　　R——圆曲线半径,m。

在等速行驶的情况下,$t = \dfrac{L_s}{v}$ \hfill (2.23)

故有:
$$a_s = \frac{v^3}{RL_s} \tag{2.24}$$

从行车舒适的观点出发,取一个保证乘客舒适的最大的 a_s,可得到在一定的车速和一定圆曲线半径下的最短缓和曲线长度,此时的 a_s 称作"缓和系数",公路上取值 $a_s \leqslant 0.6 \mathrm{m/s^3}$。

由此可推出缓和曲线的最小长度:
$$L_{s(\min)} = \frac{v^3}{a_s R} = 0.036 \frac{V^3}{R} \tag{2.25}$$

式中　V——汽车的行驶速度,km/h。

设计中可根据实际情况选用不同的 a_s 值。设计车速较高的道路取较小值,设计车速较低的道路取较大值;平原区取较小值,山岭区取较大值;直通路取较小值,交叉口取较大值。

2. 驾驶员的操作及反应时间

在汽车从直线进入圆曲线的转向行驶过程中,驾驶员需要逐渐把方向盘转动一个角度,这一操作过程需要一定的时间,也就是不能因为车辆在缓和曲线上的行驶时间过短而使司机驾驶操作过于匆忙。一般认为汽车在缓和曲线上的行驶时间至少应有 3s,于是得到:
$$L_{s(\min)} = vt = \frac{V}{3.6} \times 3 = \frac{V}{1.2} \tag{2.26}$$

3. 超高渐变率

在超高过渡段上,路面外侧逐渐抬高,从而形成一个附加坡度,这个附加坡度称作超高渐变率。若超高渐变率太大则不利于行车,若其太小又对排水不利。《规范》规定了超高渐变率,由此可导出一个计算缓和段最小长度的公式:
$$L_{s(\min)} = \frac{B\Delta i}{p} \tag{2.27}$$

式中　B——旋转轴至行车道（设路缘带时为路缘带）外侧边缘的宽度，m；

　　　Δi——超高坡度与路拱坡度代数差，%；

　　　p——超高渐变率，即旋转轴线与行车道外侧边缘线之间的相对坡度。

4. 视觉条件

从视觉连续性的角度出发，希望随着曲线半径的增大，缓和曲线也相应地增长。尤其是当圆曲线半径较大、车速较高时，应特别注意选择适宜的缓和曲线长度，调整线形以适应地形与景观要求，使视觉更为舒适，为此对回旋线参数的最小允许值应作出相应的规定。

根据国外经验，当使用回旋线作为缓和曲线时，回旋线参数 A 和所连接的圆曲线应保持的关系式一般为

$$\frac{R}{3} \leqslant A \leqslant R \tag{2.28}$$

需要说明的是这种关系只适用于 R 在某种范围之间。根据经验，当 R 在 100m 左右时，通常取 $A=R$；如果 R 小于 100m，则选择 A 等于 R 或大于 R。反之，在圆曲线较大时，可选择 A 在 $R/3$ 左右，如 R 超过了 3000m，A 可以小于 $R/3$。

一般情况下 $R/3 \leqslant A \leqslant R$ 均成立，将式子两端同时平方，得

$$\frac{R^2}{9} \leqslant A^2 \leqslant R^2 \tag{2.29}$$

把 $A^2 = RL_s$ 代入并简化后，可以得到

$$\frac{R}{9} \leqslant L_s \leqslant R \tag{2.30}$$

考虑上面各项因素的影响，取满足上述各项要求的最大值（取 5 的整倍数）就得到了缓和曲线的最小长度 $L_{s(\min)}$。但值得注意的是，该值只是满足各项要求的最小值，在设计中还应综合考虑缓和曲线与相邻平面线形的协调性、与对应的纵面线形的组合关系以及与地形、地物等自然环境的相适应，确定一个更为合理的缓和曲线长度作为设计值，而不应在一条路线上大量采用甚至是全线采用 $L_{s(\min)}$ 作为设计结果。

5. 根据平面线形的组合要求来确定

$$L_s = \frac{\alpha}{2} R \frac{\pi}{180} \tag{2.31}$$

我国现行《标准》就是按 3s 行程制定了各级公路缓和曲线最小长度指标，见表 2.3。

表 2.3　　　　　　　　　　缓和曲线最小长度

设计速度/(km/h)	120	100	80	60	40	30	20
最小长度/m	100	85	70	50	35	25	20

2.4.4　缓和曲线参数

设置缓和曲线后，圆曲线半径减小，使圆曲线内移，与缓和曲线相切。设置缓和曲线后，圆曲线对应的圆心角减小到 $(\alpha - 2\beta_0)$。因而设置缓和曲线应满足的条件为：$\alpha \geqslant 2\beta_0$。当 $\alpha = 2\beta_0$ 时，两条缓和曲线直接相连；当 $\alpha < 2\beta_0$ 时，不能设置规定的缓和曲线（图 2.11）。

设：切线增值为 q、内移值为 p，则有：

切线角：
$$\beta_0 = \frac{L_s}{2R} \tag{2.32}$$

内移值：
$$p = \frac{L_s^2}{24R} - \frac{L_s^4}{2384R^2} \approx \frac{L_s^2}{24R} \tag{2.33}$$

切线增值：
$$q = \frac{L_s}{2} - \frac{L_s^3}{240R^2} \tag{2.34}$$

切线长：
$$T_h = (R+p)\tan\frac{\alpha}{2} + q \tag{2.35}$$

曲线长：
$$L_h = (\alpha - 2\beta_0)\frac{\pi}{180}R + 2L_s = \frac{\pi}{180}R\alpha + L_s \tag{2.36}$$

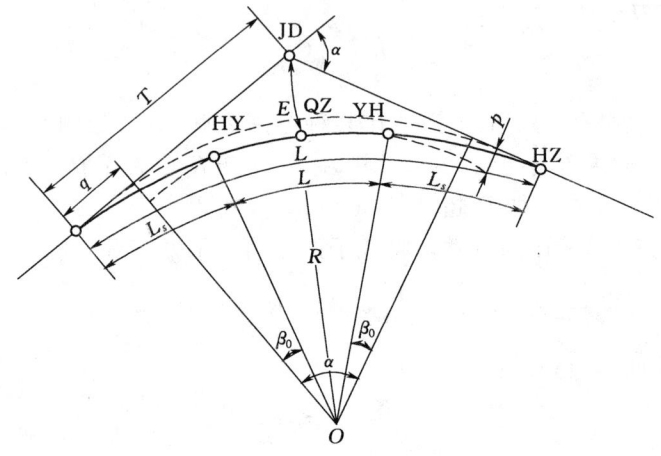

图 2.11 缓和曲线与圆曲线的衔接

外距：
$$E_h = (R+p)\sec\frac{\alpha}{2} - R \tag{2.37}$$

超距：
$$J_h = 2T_h - L_h \tag{2.38}$$

由交点桩号和缓和曲线各要素，计算平曲线各主点的桩号：

直缓点：
$$ZH = JD - T_h \tag{2.39}$$

缓圆点：
$$HY = ZH + L_s \tag{2.40}$$

圆缓点：
$$YH = HY + (L_h - 2L_s) \tag{2.41}$$

缓直点：
$$HZ = YH + L_s \tag{2.42}$$

曲中点：
$$QZ = HZ - \frac{L_h}{2} \tag{2.43}$$

交点：
$$JD = QZ + \frac{J_h}{2} \quad (\text{校核}) \tag{2.44}$$

【例 2.1】 某平原区二级公路（新建）上，有一弯道 $R=250$m，与之相对应的 $\Delta i = i_b = 0.06$，$B=7.5$m，$p=1/150$。交点桩号为 JD=K17+568.38，偏角 $\alpha=38°30'00''$，已知设计车速 $V=80$km/h，试计算该曲线上设置缓和曲线后五个主点里程桩号。

解：1. 确定缓和曲线长度

（1）根据离心加速度变化率计算：

2.4 缓 和 曲 线

$$L_s = 0.036 \frac{V^3}{R} = 0.036 \times \frac{80^3}{250} = 73.73(\text{m})$$

(2) 根据驾驶员操作及反应时间计算：

$$L_s = \frac{V}{1.2} = \frac{80}{1.2} = 66.67(\text{m})$$

(3) 根据超高渐变率计算：
根据以上条件，计算可得：

$$L_s = \frac{B\Delta i}{p} = \frac{7.5 \times 0.06}{\frac{1}{150}} = 67.50(\text{m})$$

(4) 根据视觉条件确定缓和曲线长度：

$$L_s = \frac{R}{9} = \frac{250}{9} = 27.78(\text{m})$$

(5) 根据线形组合的要求：

$$L_s = \frac{\alpha}{2} R \frac{\pi}{180} = \frac{38°30'00''}{2} \times 250 \times \frac{\pi}{180} = 83.99(\text{m})$$

综上，取 $L_s = 80\text{m} > 70\text{m}$

2. 测设要素计算
曲线内移值 p 与切线增值 q：

$$p = \frac{L_s^2}{24R} = \frac{80^2}{24 \times 250} = 1.067(\text{m})$$

$$q = \frac{L_s}{2} - \frac{L_s^3}{240R^2} = \frac{80}{2} - \frac{80^3}{240 \times 250^2} = 39.966(\text{m})$$

切线长：$T_h = (R+p)\tan\frac{\alpha}{2} + q = (250+1.067)\tan\frac{38°30'00''}{2} + 39.966 = 127.64(\text{m})$

总曲线长：$L_h = \frac{\pi}{180} R\alpha + L_s = \frac{\pi}{180} \times 250 \times 38°30'00'' + 80 = 247.99(\text{m})$

外距：$E_h = (R+p)\sec\frac{\alpha}{2} - R = (250+1.067)\sec\frac{38°30'00''}{2} - 250 = 15.94(\text{m})$

超距：$J_h = 2T_h - L_h = 2 \times 127.64 - 247.99 = 7.29(\text{m})$

3. 主点桩号推算

ZH = JD − T_h = K17+568.38 − 127.64 = K17+440.74

HY = ZH + L_s = K17+440.74 + 80 = K17+520.74

YH = HY + (L_h − 2L_s) = K17+520.74 + (247.99 − 2×80) = K17+608.73

HZ = YH + L_s = K17+608.73 + 80 = K17+688.73

QZ = HZ − $\frac{L_h}{2}$ = K17+688.73 − $\frac{247.99}{2}$ = K17+564.735

JD = QZ + $\frac{J_h}{2}$ = K17+564.735 + $\frac{7.29}{2}$ = K17+568.38（计算无误）

总结主点桩号的计算步骤：
(1) 确定缓和曲线长度。

(2) 计算曲线要素（要求写出相关计算公式）。

(3) 计算主点桩号（要求写出相关计算公式）。

2.4.5 缓和曲线设置与省略

在直线和圆曲线间设置缓和曲线后，圆曲线产生了内移，其位移值为 p，由上式可知，在 L_s 一定的情况下，p 与圆曲线半径成反比，当 R 大到一定程度时，p 值将会很小。这时缓和曲线的设置与否，线形上已经没有多大差异。即使直线与圆曲线径相连接也能完成缓和曲线的行驶。一般认为当 $p=0.10\sim0.20$ 时，即可忽略缓和曲线。

考虑到缓和曲线还有完成超高和加宽的作用，《标准》规定，以不设超高的最小半径作为设置缓和曲线的临界半径。即在下列情况下可不设缓和曲线：

(1) 在直线和圆曲线间，当圆曲线半径大于或等于《标准》规定的"不设超高的最小半径"时。

(2) 半径不同的同向圆曲线间，当小圆半径大于或等于"不设超高的最小半径"时。

(3) 半径不同的圆曲线间，小圆半径大于表 2.4 所列半径，且符合下列条件之一时：

表 2.4　　　　　　　　　　缓 和 曲 线 最 小 长 度

设计速度/(km/h)	120	100	80	60	40	30
临界圆曲线半径	2100	1500	900	500	250	130

1) 小圆曲线按规定设置相当于最小回旋线长的回旋线时，其大圆与小圆的内移值之差不超过 0.10m。

2) 计算行车速度≥80km/h 时，大圆半径（P_1）与小圆半径（P_2）之比小于 1.5。

3) 计算行车速度＜80km/h 时，大圆半径（P_1）与小圆半径（P_2）之比小于 2。

2.5　曲线超高与加宽

2.5.1　曲线的超高设计

1. 超高及其作用

为抵消车辆在平曲线路段上行驶时所产生的离心力，将路面做成外侧高内侧低的单向横坡形式，称为平曲线超高。

合理地设置超高可以全部或部分抵消离心力，提高汽车在曲线上行驶的稳定性与舒适性。当汽车等速行驶时圆曲线上所产生的离心力是常数，超高横坡度应是与圆曲线半径相适应的全超高。而在缓和曲线上曲率是变化的，其离心力也是变化的，因此，在缓和曲线上超高是逐渐变化的。

2. 超高率的确定

由汽车在曲线上行驶的力的平衡方程式，可得超高率的计算公式为

$$i_h = \frac{V^2}{127R_h} - \mu \tag{2.45}$$

只要将相应的车速 V、半径 R_h 和横向力系数 μ 代入式（2.45），即可求得路面超高

2.5 曲线超高与加宽

率，具体计算结果见表 2.5。

表 2.5 圆曲率半径与超高率

设计速度 /(km/h)	120			100			80			60			
最大超高率/%	10	8	6	10	8	6	10	8	6	10	8	6	4
超高率/% 2	5500(7550)~2950	5500(7550)~2860	5500(7550)~2730	4000(5250)~2180	4000(5250)~2150	4000(5250)~2000	2500(3350)~1460	2500(3350)~1410	2500(3350)~1360	1500(1900)~900	1500(1900)~870	1500(1900)~800	1500(1900)~610
3	2950~2080	2860~1990	2730~1840	2180~1520	2150~1480	2000~1320	1460~1020	1410~960	1360~890	900~620	870~590	800~500	610~270
4	2080~1590	1990~1500	1840~1340	1520~1160	1480~1100	1320~920	1020~770	960~710	890~600	620~470	590~430	500~320	270~150
5	1590~1280	1500~1190	1340~970	1160~920	1100~860	920~630	770~550	710~550	600~400	470~360	430~320	320~200	—
6	1280~1070	1190~980	970~710	920~760	860~690	630~440	610~500	550~420	400~270	360~290	320~240	200~135	
7	1070~910	980~790	—	760~610	690~530		500~410	420~320		290~240	240~170		
8	910~790	790~650	—	640~540	530~400		410~340	320~250		240~190	170~125		
9	790~680	—		540~450			340~280			190~150			
10	680~570			450~360			280~220			150~115			

设计速度 /(km/h)	40				30				20			
最大超高率/%	8	6	4	2	8	6	4	2	8	6	4	2
超高率/% 2	600(800)~470	600(800)~410	600(800)~330	600(800)~75	350(450)~250	350(450)~230	350(450)~150	350(450)~40	150(200)~140	150(200)~110	150(200)~70	150(200)~20
3	470~310	410~250	330~130	—	250~170	230~80	150~60	—	140~90	110~70	70~30	—
4	310~220	250~150	130~70		170~120	140~80	60~35		97~70	70~40	30~15	
5	220~160	150~90	—		120~90	80~50			70~50	40~30	—	
6	160~120	90~60			90~60	50~35			50~40	30~15		
7	120~80				60~40				40~30			
8	80~55				40~30				30~15			

33

3. 超高过渡段

从直线上的双向横坡渐变到圆曲线上的单向横坡的路段，称作超高过渡段。四级公路不设回旋线，单曲线上若设有超高，从构造的角度也应有超高过渡段。

（1）超高的过渡形式。超高在超高过渡段上的过渡形式应根据地形、公路等级、车道数、中间带宽度而定。超高率应根据有利于路面排水、路面与地面或构造物的协调以及路容美观等因素而定。

1）无中间带公路（二级、三级、四级公路）的超高过渡。若超高横坡度等于路拱横坡度，则路面由直线上双向倾斜路拱形式过渡到曲线上具有超高的单向倾斜形式时，只需将行车道外侧绕路基中心线逐渐抬高，内侧不动，直至外侧与内侧横坡相等为止，如图 2.12 所示。

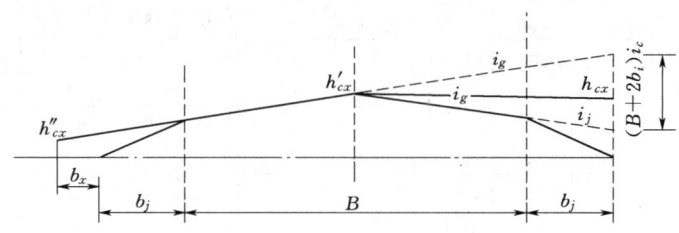

图 2.12 超高横坡度等于路拱横坡度时的过渡

当超高横坡度大于路拱横坡度时，可采用以下 3 种过渡方式：

a. 绕内边轴旋转。先将外侧行车道绕路基中心线旋转，内侧不动，达到与内侧行车道构成单向横坡，此时的断面成为临界断面；然后整个断面再绕未加宽的内侧车道边线旋转至超高坡度为止，如图 2.13 所示。

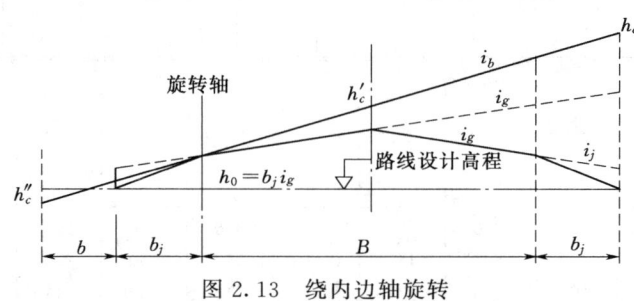

图 2.13 绕内边轴旋转

b. 绕中轴旋转。先将外侧行车道绕路基中心线旋转，内侧不动，达到与内侧车道构成单向横坡，此时的断面仍称为临界断面；然后整个断面绕路基中心线旋转至超高横坡度位置，如图 2.14 所示。

c. 绕外边轴旋转。先将外侧行车道绕外侧车道边缘旋转，与此同时，内侧车道随中线的降低而相应降低，待达到单向横坡后，整个断面仍绕外侧车道边缘旋转至超高横坡度为止，如图 2.15 所示。

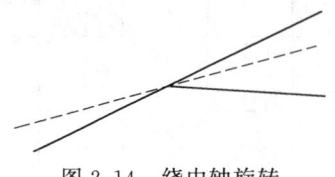

图 2.14 绕中轴旋转

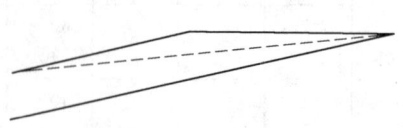

图 2.15 绕外边轴旋转

2.5 曲线超高与加宽

在上述方法中，绕内边轴旋转时由于行车道内侧不降低，有利于路基纵向排水，因此一般在新建工程中多用此法；绕中轴旋转可保持中线标高不变，且在超高横坡度一定的情况下外侧边缘的抬高值较小，因此多用于旧路改造工程；绕外边轴旋转是一种比较特殊的设计，仅在路基外缘标高限制或路容美观有特殊要求时采用。

2) 有中间带公路（高速公路、一级公路）的超高过渡。

a. 绕中间带的中心线旋转。先将外侧行车道绕中央分隔带边缘旋转，待到达与内侧行车道构成单向横坡后，整个断面一同绕中心线旋转直至超高横坡度值。此时中央分隔带呈倾斜状，如图2.16所示。当中间带宽较窄（不大于4.5m）且具有中等超高率时可采用此法。

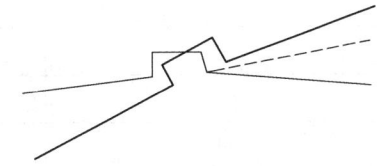

图 2.16 绕间心带的中心线旋转

b. 绕中央分隔带边缘旋转。将两侧行车道分别绕中央分隔带边缘旋转，使各自成为独立的单向超高断面，此时中央分隔带维持原水平转台，如图2.17所示。各种宽度的中间带都可采用此法。

c. 绕各自行车道中线旋转。将两侧车道分别绕各自的中心线旋转，使各自成为独立的单向超高断面，中央分隔带两边缘分别升高与降低成为倾斜断面，如图2.18所示。车道数大于4的公路可采用此法。

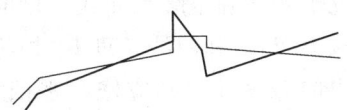

图 2.17 绕中央分隔带边缘旋转　　　图 2.18 绕各自行车道中线旋转

分离式断面的道路由于其上、下行车道是各自独立的，因此其超高的设置及过渡可按两条独立的道路分别处理。

(2) 超高过渡段的长度。为了保证行车的舒适、路容的美观和排水的顺畅，必须设置一定长度的超高过渡段，超高的过渡是在超高过渡段的全范围内进行的。双车道公路最小超高过渡段长度为

$$L_c = \frac{B\Delta i}{p} \tag{2.46}$$

式中　L_c——最小超高过渡段长度，m；

　　　B——旋转轴至行车道（设路缘带时为路缘带）外侧边缘的宽度，m；

　　　Δi——超高横坡度与路拱横坡度的代数差，%；

　　　p——超高渐变率，即旋转轴线与行车道（设路缘带时为路缘带）外侧边缘线之间的相对坡度。

超高渐变率是指在超高缓和段上由于弯道外侧路基抬高，使外侧路缘纵坡与原来设计纵坡增加了一个附加纵坡。在考虑超高过渡段长度时，应将超高渐变率控制在一定的数值范围内。若超高渐变率太高，则路容不美观，乘客不舒适；若超高渐变率太低，则纵向排水困难。其最大值见表2.6。

表 2.6　　　　　　　　　　　　最大超高渐变率

设计速度/(km/h)	超高旋转轴位置	
	中轴	边轴
120	1/250	1/200
100	1/225	1/175
80	1/200	1/150
60	1/175	1/125
40	1/150	1/100
30	1/125	1/75
20	1/100	1/50

根据式（2.46）计算的超高过渡段长度，应凑成5m的整数倍，并小于10m。

为了行车的舒适，超高过渡段应不小于按式（2.46）计算的长度。从利于排除路面降水考虑，横坡度由−2%（或−1.5%）过渡到2%（或1.5%）路面的超高渐变率不得小于1/330。即超高过渡段不能设置的太长，所以，在确定超高过渡段长度 L_c 时应考虑以下几点。

一般情况下，在确定缓和曲线长度时已经考虑了超高过渡段所需的最短长度，故一般取超高过渡段 L_c 与缓和曲线长度 L_s 相等，即 $L_c=L_s$。

若计算出的 $L_c>L_s$，则应修改平面线形。无法修改时，可将超高过渡点前移，即超高过渡在缓和曲线起点前的直线路段开始，路面外侧以适当的超高渐变率抬高，使横断面在 ZH（或 HZ 点）渐变为向内倾斜的单向路拱横坡（临界断面）。

若 L_s 大于计算出的 L_c，只要超高渐变率 $p \geqslant 1/330$，仍可取 $L_c=L_s$。

在高级公路设计中，因照顾线形的协调性，在平曲线中一般配置较长的缓和曲线。为了避免在缓和曲线全长范围内均匀过渡超高而造成路面横向排水不畅，超高过渡可采取以下措施。

1）超高的过渡仅在缓和曲线的某一区内进行。即超高过渡起点从缓和曲线起点（$R=\infty$）至缓和曲线上不设超高的最小半径之间的任意一点开始至缓和曲线终点结束。

2）超高过渡在缓和曲线全长范围内按照两种超高渐变率分段进行。即第一段从缓和曲线起点由双向路拱横坡以超高渐变率1/330过渡到单向路拱横坡，第二段由单向路拱横坡过渡到缓和曲线终点处的超高横坡。

四级公路不设缓和曲线，但若圆曲线上设有超高，则应设置超高过渡段，超高过渡段在直线和圆曲线上各分配一半。

4. 超高值的计算

平曲线上设置超高以后，路基中线及内、外侧边线标高与设计标高之差 h 称为超高值，对该值应予以计算并填写于"路基设计表"中，以便于施工。

（1）不设中间带的公路。不设中间带的公路超高值的计算公式列于表 2.7 和表 2.8

中，超高过渡方式如图 2.19 所示。

表 2.7　　　　　　　　　绕内边轴旋转的超高值计算公式

超高位置		计 算 公 式		备　注
		$x \leqslant x_0$	$x > x_0$	
圆曲线上	外缘 h_c	$b_j i_j + (b_j + B) i_h$		1. 计算结果均为设计高之差； 2. 临界断面距过渡段起点： $x_0 = \dfrac{i_g}{i_h} L_c$ 3. x 距离处的加宽值： $b_x = \dfrac{x}{L} b$
	中线 h_c'	$b_j i_j + \dfrac{B}{2} i_h$		
	内缘 h_c''	$b_j i_j + (b_j + b) i_h$		
过渡段上	外缘 h_{cx}	$b_j(i_j - i_g) + [b_j i_g + (b_j + B) i_h] \dfrac{x}{L_c}$（或 $\approx \dfrac{x}{L_c} h_c$）		
	中线 h_{cx}'	$b_j i_j + \dfrac{B}{2} i_g$	$b_j i_j + \dfrac{Bx}{2L_c} i_h$	
	内缘 h_{cx}''	$b_j i_j - (b_j + b_x) i_g$	$b_j i_j - (b_j + b_x) \dfrac{x}{L_x} i_h$	

表 2.8　　　　　　　　　绕中轴旋转的超高值计算公式

超高位置		计 算 公 式		备　注
		$x \leqslant x_0$	$x > x_0$	
圆曲线上	外缘 h_c	$b_j(i_j - i_g) + \left(b_j + \dfrac{B}{2}\right)(i_g + i_h)$		1. 计算结果均为设计标高之差； 2. 临界断面距过渡段起点： $x_0 = \dfrac{2 i_g}{i_g + i_h} L_c$ 3. x 距离处的加宽值： $b_x = \dfrac{x}{L} b$
	中线 h_c'	$b_j i_j + \dfrac{B}{2} i_g$		
	内缘 h_c''	$b_j i_j + \dfrac{B}{2} i_g - \left(b_j + \dfrac{B}{2} + b\right) i_h$		
过渡段上	外缘 h_{cx}	$b_j(i_j - i_g) + (b_j + B)(i_g + i_h) \dfrac{x}{L_c}$（或 $\approx \dfrac{x}{L_c} h_c$）		
	中线 h_{cx}'	$b_j i_j + \dfrac{B}{2} i_g$（定值）		
	内缘 h_{cx}''	$b_j i_j - (b_j + b_x) i_g$	$b_j i_j - \dfrac{B}{2} i_g - \left(b_j \dfrac{B}{2} + b_x\right) \dfrac{x}{L_x} i_h$	

注　表中：B 为路面宽度，m；b_j 为路肩宽度，m；i_g 为路拱坡度，%；i_j 为路肩坡度，%；i_h 为超高横坡度，%；L_c 为超高过渡段长度（或回旋线长度），m；x_0 为与路拱同坡度的单向超高点到超高过渡段起点的距离，m；x 为超高过渡段中任一点至起点的距离，m；h_c 为路肩外缘最大超高值，m；h_c' 为路基中线最大超高值，m；h_c'' 为路基内缘最大超高值，m；h_{cx} 为 x 距离处路基外缘超高值，m；h_{cx}' 为 x 距离处路基中线超高值，m；h_{cx}'' 为 x 处距离处路基内缘超高值，m；b 为圆曲线全加宽值，m；b_x 为 x 距离处路基加宽值，m。

（2）设有中间带的公路。设有中间带公路的超高方式有 3 种，即绕中央分隔带边缘旋转、绕各自行车道中心旋转、绕中间带中心旋转。在实际设计中应用较多的是绕中央分隔带边缘旋转，即在超高过程中，内外侧同时从超高缓和段起点开始绕各自旋转轴旋转，外侧逐渐抬高，内侧逐渐降低，直至到达全超高。计算公式见表 2.9，设分隔带公路路面超高值计算如图 2.20 所示。

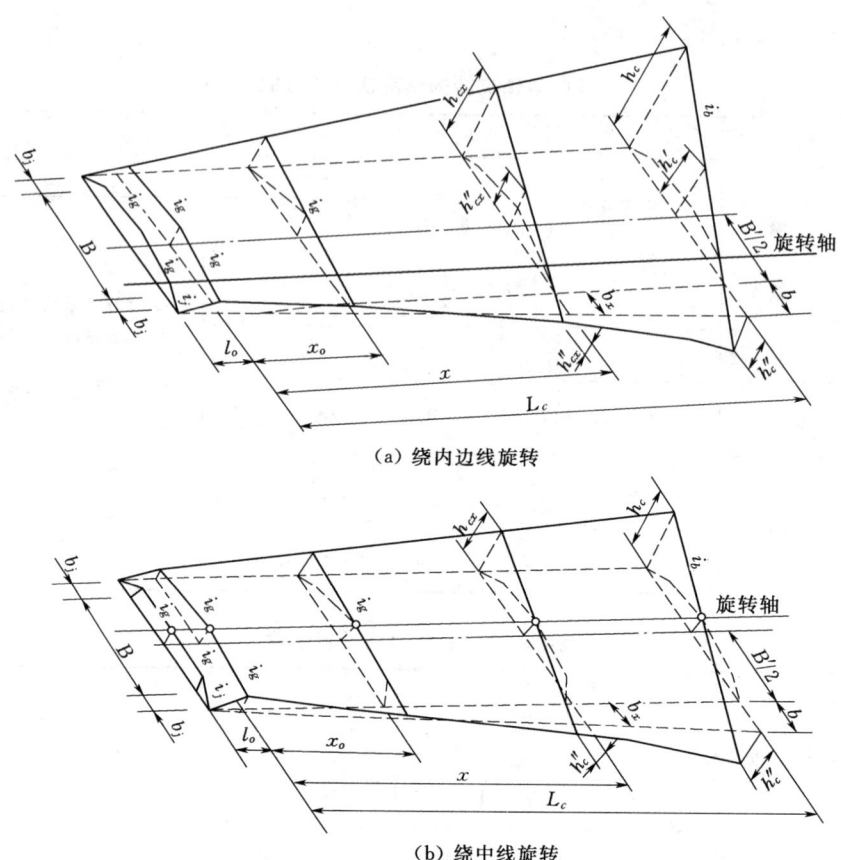

(a) 绕内边线旋转

(b) 绕中线旋转

图 2.19 超高过渡方式

表 2.9 设分隔带公路的超高值计算公式

超高位置			超高值计算公式		
			行车道外边缘	硬路肩外边缘	土路肩外边缘
双坡阶段 $x \leqslant x_o$	曲线内侧		$h_{i1} = -(b_1+b_x)i_1$	$h_{i2} = h_{i1}-b_2i_2$	$h_{i3} = h_{i2}-b_3i_3$
	曲线外侧		$h_{o2} = \left(2\dfrac{x}{x_o}-1\right)b_1i_1$	$h_{o2} = \left(2\dfrac{x}{x_o}-1\right)(b_1+b_2)i_1$	$h_{i3} = h_{i2}-b_3i_3$
旋转阶段 $x \geqslant x_o$	曲线内侧	$i_x \leqslant 3\%$	$h_{i1} = -(b_1+b_x)i_x$	$h_{i2} = h_{i1}-b_2i_2$	$h_{i3} = h_{i2}-b_3i_3$
		$i_x > 3\%$			$h_{i3} = h_{i2}-b_3i_x$
	曲线外侧		$h_{o1} = b_1i_x$	$h_{o2} = h_{o1}+b_2i_x$	$h_{o3} = h_{o2}-b_3i_3$
全超高阶段	曲线内侧	$i_x \leqslant 3\%$	$h_{i1} = -(b_1+b)i_h$	$h_{i2} = h_{i1}-b_2i_h$	$h_{i3} = h_{i2}-b_3i_h$
		$i_x > 3\%$			$h_{i3} = h_{i2}-b_3i_3$
	曲线外侧		$h_{o1} = b_1i_h$	$h_{o2} = h_{o1}+b_2i_h$	$h_{o3} = h_{o2}-b_3i_3$
中间变量	x_o		$x_o = \dfrac{2i_1}{i_1+i_h}L_c$		
	i_x		$i_x = \dfrac{x}{L_c}i_h$		
	b_x		高次抛物线过渡:$b_x = (4k^3-3k^4)b$		

2.5 曲线超高与加宽

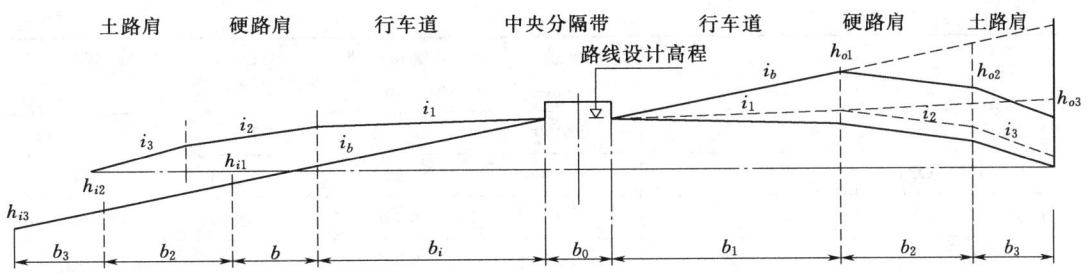

图 2.20 设分隔带公路路面超高值计算

【例 2.2】 山岭重丘区某新建三级公路,设计速度为 40km/h,其中一平曲线半径 $R=150$m,缓和曲线 $L_s=70$m,路面宽度 $B=7$m,路肩宽度为 0.75m,路拱坡度 $i_g=2\%$,路肩坡度 $i_j=3\%$,该曲线的主点桩号分别为:ZH=K1+028.665,HY=K1+098.665,QZ=K1+131.659,YH=K1+164.653,HZ=K1+234.653。试计算各主点桩号以及下列桩号:K1+040,K1+070,K1+180,K1+210 处横断面上内外侧和路中线三点的超高值(设计高为路基边缘)。

解:(1)确定超高缓和段长度。

根据公路等级、设计速度和平曲线半径查表得圆曲线的超高值 $i_b=5\%$,新建公路一般采用绕内边轴旋转,超高渐变率 $p=1/100$,所以超高缓和段长度为

$$L_c = \frac{B\Delta_i}{p} = \frac{7\times 5\%}{1/100} = 35(\text{m})$$

而缓和曲线 $L_s=70$m,先取 $L_c=L_s=70$m,然后检查横坡从路拱坡度(−2%)过渡到超高横坡(2%)时的超高渐变率

$$p = \frac{3.5\times[2\%-(-2\%)]}{x_0} = \frac{3.5\times 4\%}{28} = \frac{1}{200} > \frac{1}{330}$$

因此,取 $L_c=L_s=70$m。

(2)技术临界断面 x_0。

$$x_0 = \frac{i_g}{i_b}L_c = \frac{2\%}{5\%}\times 70 = 28(\text{m})$$

(3)计算各桩号处的超高值。

超高起点为 ZH(HZ)点,分别计算出 x 值,然后分别代入计算公式中,加宽过渡采用比例过渡,加宽值 $b=1.0$m。土路肩在超高起点前 1m 变成与路面相同的横坡,且在整个超高过渡段保持与相邻行车道相同的横坡。计算结果见表 2.10。

表 2.10 超高值计算结果表

桩 号	x/m	加宽值 b_x/m	外侧超高值/m	中线超高值/m	内侧超高值/m
K1+028.665(ZH)	$0.000 < x_0 = 28$	0.000	0.008	0.093	0.008
+040	$11.335 < x_0 = 28$	0.162	0.076	0.093	0.004
+070	$41.335 > x_0 = 28$	0.591	0.251	0.126	−0.017

第 2 章 公 路 平 面 设 计

续表

桩 号	x/m	加宽值 b_x/m	外侧超高值/m	中线超高值/m	内侧超高值/m
+098.665（HY）		1.000	0.410	0.198	−0.065
+131.659（QZ）		1.000	0.410	0.198	−0.065
+164.653（YH）		1.000	0.410	0.198	−0.065
+180	54.653＞x_0=28	0.781	0.325	0.159	−0.037
+210	24.653＜x_0=28	0.352	0.157	0.093	0.000
+234.653（HZ）	0.000＜x_0=28	0.000	0.008	0.093	0.008

5. 超高方式图

超高方式图是指路面横断面沿路线纵向的变化图。该图是以旋转轴为横坐标轴，用以表征超高沿路线的过渡；纵坐标为横坡度，用以表征道路横坡度（路拱坡度与超高坡度）的变换及超高渐变率的变化。为使超高更加清晰，纵坐标是被放大了的，如图 2.21 所示。

作图步骤如下：

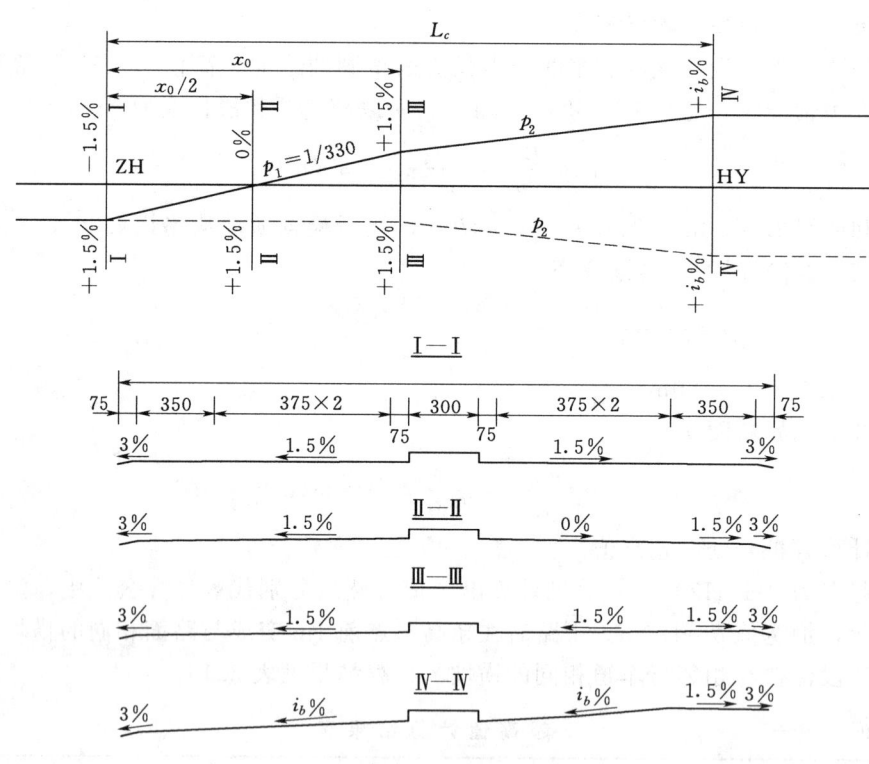

图 2.21 超高方式

（1）按比例绘制一条水平线基线代表路中心线，并认为基线的路面横坡度为零。

（2）绘制两侧路面边缘线。用实线绘出路线前进方向右侧路面边缘线，用虚线绘出左侧路面边缘线。若路面边缘高于路中线，则绘于基线上方，反之，绘于下方。路边缘线离开基线的距离代表横坡度的大小（比例尺不同于基线）。

(3) 标注路拱横坡度。向前进方向右侧倾斜的路拱坡度为正,向左倾斜为负。

2.5.2 曲线加宽设计

1. 设置加宽原因

《标准》规定,平曲线半径等于或小于 250m 时应在平曲线内侧加宽,原因有以下两点。

(1) 汽车在曲线上行驶时,每个车轮走过的轨迹是不一样的。后轴内轮行驶轨迹的半径很小且偏向曲线内侧,前轴外轮的轨迹半径最大。因此,汽车在曲线上行驶要比在直线上行驶多占用一部分宽度,这个多出的宽度就是加宽值。为了汽车在曲线上和在直线上具有同样的富余宽度,弯道上的路面部分必须要加宽,如图 2.22 所示。

(2) 汽车在曲线上行驶时有较大的横向摆动偏移。

2. 加宽值计算

假定汽车从圆曲线起点到圆曲线终点的车轮转角是保持不变的,那么在圆曲线上路面的加宽值就是一个定值。从弯道要加宽的两个原因可知,加宽值与圆曲线半径、车型及行车速度有关。

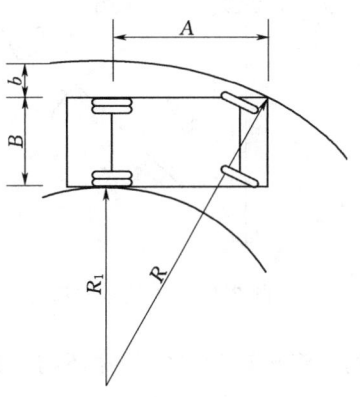

图 2.22 普通车的加宽

(1) 不考虑车速影响时汽车所需加宽值。

1) 普通车。普通汽车的加宽值可由图 2.22 所示的几何关系求得

$$b = R - (R_1 + B)$$

而

$$R_1 + B = \sqrt{R^2 - A^2} = R - \frac{A^2}{2R} - \frac{A^4}{8R^3}$$

故

$$b = \frac{A^2}{2R} + \frac{A^4}{8R^3} + \cdots$$

上式第二项以后的数值极小,可省略不计,故一条车道的加宽值为

$$b_{单} = \frac{A^2}{2R} \tag{2.47}$$

式中 A——汽车后轴至前保险杠的距离,m;

R——圆曲线半径,m。

对于有 N 个车道的行车道,加宽值为

$$b = \frac{NA^2}{2R} \tag{2.48}$$

2) 半挂车。半挂车的加宽值由图 2.23 所示的几何关系求得

$$b_1 = \frac{A_1^2}{2R}$$

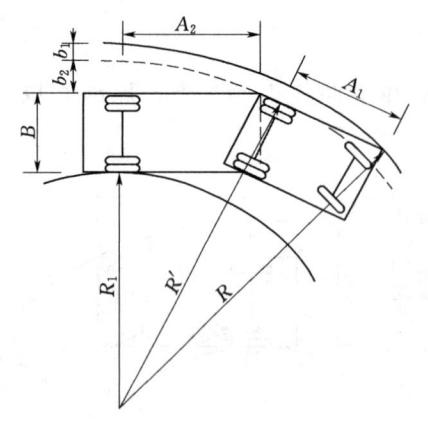

图 2.23 半挂车的加宽

$$b_2 = \frac{A_2^2}{2R'}$$

式中 b_1——牵引车的加宽值，m；
b_2——拖车的加宽值，m；
A_1——牵引车保险杠至第二轴的距离，m；
A_2——第二轴至拖车最后轴的距离，m。

其余符号如图 2.23 所示。

由于 $R' = R - b_1$，而与 R 相比甚微，故可取 $R' \approx R$，于是半挂车的加宽值为

$$b = b_1 + b_2 = \frac{A_1^2 + A_2^2}{2R} \tag{2.49}$$

令 $A_1^2 + A_2^2 = A^2$，式（2.49）仍可归纳为式（2.47）的形式。

（2）不同车速时汽车摆动偏移的加宽值。据实测，汽车转弯时的加宽还与车速有关。

一个车道摆动加宽值的计算经验公式为

$$b' = \frac{0.05V}{\sqrt{R}} \tag{2.50}$$

多车道摆动加宽值的计算经验公式为

$$b' = N\frac{0.05V}{\sqrt{R}} \tag{2.51}$$

式中 V——汽车转弯时的速度，km/h。

（3）总加宽值。考虑车速的影响，曲线上路面的加宽值为

$$b = N\left(\frac{A^2}{2R} + \frac{0.05V}{\sqrt{R}}\right) \tag{2.52}$$

根据 3 种不同的标准车型轴距，其轴距加前悬的长度分别为 5m、8m 和 (5.2+8.8)m，分别计算并对计算结果进行整理，可得出不同半径所对应的 3 类加宽值。《规范》规定的双车道路面加宽值见表 2.11。

表 2.11　　　　　　　　双车道路面加宽值

加宽类型	汽车轴距加前悬/m	圆曲线半径/m							
		250~200	200~150	150~100	100~70	70~50	50~30	30~25	25~20	20~15
1	5	0.4	0.6	0.8	1.0	1.2	1.4	1.8	2.2	2.5
2	8	0.6	0.7	0.9	1.2	1.5	2.0	—	—	—
3	5.2+8.8	0.8	1.0	1.5	2.0	2.5	—	—	—	—

四级公路和设计速度为 30km/h 的三级公路采用第 1 类加宽值；其余各级公路采用第 3 类加宽值；对不经常通行集装箱半挂车的公路可采用第 2 类加宽值。

单车道路面加宽值按表列数值的 1/2 采用。有 3 条以上车道构成的行车道，其加宽值应另外计算。对于分道行驶的公路，当圆曲率半径较小时其内侧车道的加宽值应大于外侧

车道的加宽值,设计时应通过计算确定其差值。

各级公路的路面加宽后,路基也应相应加宽,当四级公路路基采用 6.5m 以上宽度时,若路面加宽后剩余的路肩不小于 0.5m,则路基可不予加宽;若小于 0.5m,则应加宽路基以保证路肩加宽不小于 0.5m。

3. 加宽过渡段

当路面从直线上的正常宽度过渡到圆曲线上设置加宽后的宽度时,需要设置一段加宽过渡段使路面完成加宽的逐渐变化。

(1) 加宽过渡段的逐渐变化。对于设置有缓和曲线的平曲线,超高过渡段应采用与缓和曲线相同的长度。对于不设缓和曲线,但设置有超高过渡段的平曲线,可采用与超高过渡段相同的长度设置缓和曲线。对于不设缓和曲线又不设超高的平曲线,其加宽过渡段应在 ZY(或 YZ)点前的直线上按 1∶15 的渐变率确定,且长度不小于 20m 并是 5m 的整倍数。对于复曲线的大圆和小圆之间设有缓和曲线的加宽过渡段也可以按上述方法处理。

(2) 加宽过渡方法。在加宽过渡段上路面具有逐渐变化的宽度。加宽过渡的设置应该根据道路的性质和等级采用不同的方法。

1) 比例过渡。在加宽过渡段全长范围内按其长度成正比例逐渐加宽,如图 2.24 所示。加宽过渡段内任意点的加宽值为

$$b_x = \frac{x}{L} b \tag{2.53}$$

式中　x——任意点距过渡起点的距离,m;

　　　L——加宽过渡段长,m;

　　　b——圆曲线上的全加宽,m。

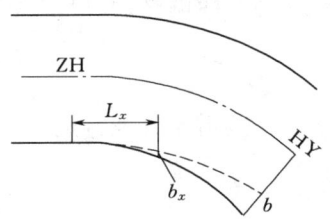
(a) 设缓和曲线的弯道比例过渡

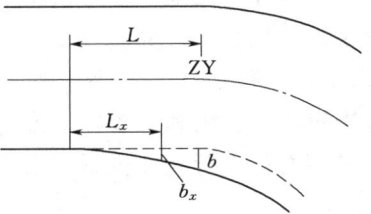
(b) 不设缓和曲线的弯道比例过渡

图 2.24　比例过渡

比例过渡简单易算,但经加宽后的路面内侧与行车轨道不符,过渡段的起始点出现破折,也不利于路容的美观,这种方法可用于二级、三级、四级公路。

2) 高次抛物线过渡。在加宽过渡段上插入一条高次抛物线,抛物线上任一点的加宽值为

$$b_x = (4k^3 - 3k^4) b \tag{2.54}$$

其中　　　　　　　　　　　$k = L_x / L_c$

用这种方法处理后的路面内侧边缘圆滑、美观,适用于对路容有一定要求的高速公路和一级公路。

3) 回旋线过渡。在过渡段上插入回旋线后,不但使中线上是回旋线,而且加宽后的

路面边线也是回旋线，这样会与行车轨迹相符，保证行车的舒适与线型的美观，该方法适用于高速公路和一级、二级公路的下列路段。

　　a. 位于大城市近郊的路段。
　　b. 桥梁、高架桥、挡土墙、隧道等构造物处。
　　c. 设置各种安全防护设施的路段。

　　上面介绍的各种方法有的对线型的顺滑美观有利，但计算和测量设计较繁琐，有的则相反。需强调的是，对高等级公路和人工构造物的地段应尽量采用对线型有利的方法，因为这些地方即使增加计算的工作量也是值得的，尤其是当今社会对计算机和光电类测量仪器的普遍使用，使得测设和计算变得容易，故不论是高等级公路还是低等级公路都宜先考虑采用有利于线型的加宽过渡方法。

2.6　路线中桩坐标计算

2.6.1　测量坐标系统

1. 大地坐标系统

在大地坐标系中，地面点在地球表面上的投影位置用大地经度和大地纬度来表示，地面点的大地坐标是根据大地测量数据由大地坐标原点推算而得，我国大地坐标原点位于陕西泾阳县永乐镇境内，在西安市以北约40km处。

2. 高斯3°平面直角坐标系统

我国从1952年开始采用高斯投影系统，以高斯投影的方法建立了高斯直角坐标系统。地面点的高斯平面坐标与大地坐标可以相互转换。高速公路的勘测设计和施工放样都采用高斯平面直角坐标系统。

3. 平面直角坐标系统

在测量范围较小、三级和三级以下公路、独立桥梁隧道及其他构造物时，可以把该测区的球面当作平面看待进行直接投影，采用平面直角坐标系统。

2.6.2　中桩坐标计算

1. 计算导线点坐标

采用两阶段勘测设计的公路或一阶段设计但遇地形困难的路段，一般都要先作平面控制测量，而路线的平面控制测量多采用导线测量的方法，在有条件时可优先采用全球定位系统（GPS）测量的方法。导线测量的方法又分经纬仪导线法、光电测距仪法和全站型电子速测仪法。其中全站仪可以直接读取导线点的坐标，其他方法可以在测得各边边长及其夹角后，用坐标增量法逐点推算其坐标。用 GPS 定位技术观测，则可在测站之间不通视的情况下，高精度、高效率地获得测点的三维坐标，这是今后公路勘测中控制测量的发展方向。

　　坐标增量法坐标计算公式如下：

$$X_{i+1} = X_i + D\cos A_i \tag{2.55}$$

$$Y_{i+1} = Y_i + D\sin A_i \tag{2.56}$$

式中　D——两导线点间的水平距离，m。

2.6 路线中桩坐标计算

2. 计算交点坐标

当导线点的精度满足要求并经平差后,即可展绘在图纸上测绘地形图(纸上定线),或以导线点为依据在现场直接测得路线各交点的坐标(直接定线)。纸上定线的交点坐标可以在图纸上量取,而直接定线的交点坐标若是用全站仪测量也可以很方便地获得。

(1) 未设缓和曲线的单圆曲线坐标计算。

1) 圆曲线起、终点坐标计算。JD_i 的坐标为 $(X_{JD_i}、Y_{JD_i})$,交点前后直线边的方位角分别为 A_{i-1}、A_i,圆曲线的半径为 R,平曲线切线长为 T_i,曲线起、终点的坐标可用下式计算:

圆曲线起点的坐标:$X_{ZY_i} = X_{JD_i} - T_i \cos A_{i-1}$ $Y_{ZY_i} = Y_{JD_i} - T_i \sin A_{i-1}$ (2.57)

圆曲线终点的坐标: $X_{YZ_i} = X_{JD_i} + T_i \cos A_i$ $Y_{YZ_i} = Y_{JD_i} + T_i \sin A_i$ (2.58)

2) 圆曲线任意点坐标计算。

ZY~QZ 段(YZ~QZ 段)的坐标计算以曲线起点 ZY(曲线终点 YZ)为坐标原点,切线为 X' 轴,法线为 Y' 轴,建立直角坐标系:

$$X' = R\sin\left(\frac{l'}{R} \cdot \frac{180}{\pi}\right) \quad Y' = R - R\cos\left(\frac{l'}{R} \cdot \frac{180}{\pi}\right) \quad (2.59)$$

式中 l'——圆曲线上任意点至 ZY(YZ)点的弧长,m。

ZY~QZ 段的各点坐标:

利用上述公式计算出以 ZY 为坐标原点圆曲线段内各加桩 X'、Y' 的值,则 ZY~QZ 段的各点的坐标和方位角为

$$X = X_{ZY_i} - X'\cos A_{i-1} - \zeta Y'\sin A_{i-1} \quad Y = Y_{ZY_i} + X'\sin A_{i-1} + \zeta Y'\cos A_{i-1} \quad (2.60)$$

YZ~QZ 段的各点坐标:

利用上述公式计算出以 YZ 为坐标原点圆曲线段内各加桩 X'、Y' 的值,则 YZ~QZ 段的各点的坐标为

$$X = X_{YZ_i} - X'\cos A_i - \zeta Y'\sin A_i \quad Y = Y_{YZ_i} - X'\sin A_i + \zeta Y'\cos A_i \quad (2.61)$$

式中 ζ——路线转向,右转角时 $\zeta=1$,左转角时 $\zeta=-1$,以下各式同。

(2) 设缓和曲线的单圆曲线坐标计算(图 2.25)。

1) 曲线起、终点坐标计算。JD_i 的坐标为 $(X_{JD_i}、Y_{JD_i})$,交点前后直线边的方位角分别为 A_{i-1}、A_i,圆曲线的半径为 R,缓和曲线长度 L_s,平曲线切线长为 T_{H_i},曲线起、终点的坐标可用下式计算:

$X_{ZH_i} = X_{JD_i} - T_{H_i} \cos A_{i-1}$ $Y_{ZH_i} = Y_{JD_i} - T_{H_i} \sin A_{i-1}$ (2.62)

$X_{HZ_i} = X_{JD_i} + T_{H_i} \cos A_i$ $Y_{HZ_i} = Y_{JD_i} + T_{H_i} \sin A_i$ (2.63)

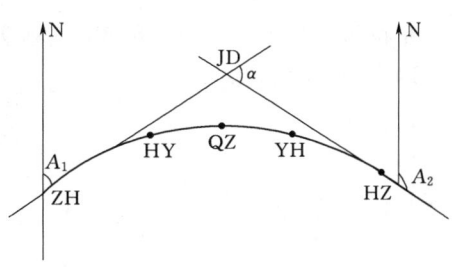

图 2.25 中桩坐标计算示意

2) 曲线任意点坐标计算。ZH~QZ 段的坐标计算以曲线起点 ZH 为坐标原点,切线为 X' 轴,法线为 Y' 轴建立直角坐标系。

缓和曲线段 X'、Y':$X' = l - \dfrac{l^5}{40R^2L_s^2}$ $Y' = \dfrac{l^3}{6RL_s} - \dfrac{l^7}{336R^3L_s^3}$ (2.64)

圆曲线段 X'、Y'：$X'=R\sin\left(\beta+\dfrac{l'}{R}\cdot\dfrac{180}{\pi}\right)+q$ $Y'=R-R\cos\left(\beta+\dfrac{l'}{R}\cdot\dfrac{180}{\pi}\right)+p$

(2.65)

利用上述公式计算出缓和段内各加桩和圆曲线段内各加桩 X'、Y' 的值，则 ZH～QZ 段的各点的坐标为

$$X=X_{ZH_i}+X'\cos A_{i-1}-\zeta Y'\sin A_{i-1}\quad Y=Y_{ZH_i}+X'\sin A_{i-1}+\zeta Y'\cos A_{i-1}\quad (2.66)$$

QZ～HZ 段的坐标计算：

以曲线终点 HZ 为坐标原点，切线为 X'、法线为 Y' 建立直角坐标系，可以计算出缓和曲线和圆曲线段内各点的 X'、Y' 的坐标，则 QZ～HZ 段的各点的坐标为

$$X=X_{HZ_i}-X'\cos A_i-\zeta Y'\sin A_i\quad Y=Y_{HZ_i}-X'\sin A_i+\zeta Y'\cos A_i\quad (2.67)$$

（3）直线段中桩坐标的计算。位于 ZH 之前或 HZ 点之后的直线段可利用 JD 点的坐标或 ZH、HZ 点的坐标与该点的距离计算出该点的坐标。

【例 2.3】 某高速公路，路线 JD_2 的坐标 $X_{JD_2}=2588711.270\text{m}$，$Y_{JD_2}=20478702.88\text{m}$，路线 JD_3 的坐标 $X_{JD_3}=2591069.056\text{m}$，$Y_{JD_3}=20478662.850\text{m}$；路线 JD_4 的坐标 $X_{JD_4}=2594145.875\text{m}$，$Y_{JD_4}=20481070.75\text{m}$；$JD_3$ 的里程桩号 K6+790.306；圆曲线半径 $R=2000\text{m}$，缓和曲线长度 $L_s=100\text{m}$，试计算该平曲线的主点桩号及按整桩号（20m）确定平曲线各主点和加桩的坐标。

解：（1）计算路线转角：

$$\tan A_{32}=\left|\dfrac{Y_{JD_2}-Y_{JD_3}}{X_{JD_2}-X_{JD_3}}\right|=\left|\dfrac{+40.030}{-2357.786}\right|=0.016977792$$

$$A_{32}=180°-0°58'21.6''=179°01'38.4''$$

$$\tan A_{34}=\dfrac{Y_{JD_4}-Y_{JD_3}}{X_{JD_4}-X_{JD_3}}=\dfrac{+2407.90}{+3076.819}=0.78259397$$

$$A_{34}=38°02'47.5''$$

右角 $\beta=179°01'38.4''-38°02'47.5''=140°58'50.9''$

$\beta<180°$，为右转角

左转角 $\alpha=180°-140°58'50.9''=39°01'09.1''$

1) 缓和曲线常数：

$$\beta=\dfrac{L_s}{2R}\dfrac{180}{\pi}=1°25'56.6''$$

$$p=\dfrac{L_s^2}{24R}=0.208(\text{m})$$

$$q=\dfrac{L_s}{2}-\dfrac{L_s^3}{240R^2}=49.999(\text{m})$$

2) 平曲线要素：

$$T_H=(R+p)\tan\dfrac{\alpha}{2}+q=758.687(\text{m})$$

$$L'=(\alpha-2\beta)\dfrac{\pi}{180}R=1262.027(\text{m})$$

$$L_H=(\alpha-2\beta)\dfrac{\pi}{180}R+2L_s=1462.027(\text{m})$$

2.6 路线中桩坐标计算

$$E_H = (R+p)\sec\frac{\alpha}{2} - R = 122.044 \text{(m)}$$

$$D_H = 2T_H - L_H = 55.347 \text{(m)}$$

3）主点桩桩号：

	JD₃	K6+790.306
−	T_H	758.687
	ZH	K6+031.619
+	L_s	100
	HY	K6+131.619
+	L'	1262.027
	YH	K7+393.646
+	L_s	100
	HZ	K7+493.646
−	$L_H/2$	713.014
	QZ	K6+762.632
+	$D_H/2$	27.674
	JD₃	K6+790.306

(2) 中桩坐标及方位角：

ZH 点的坐标：$A_{23} = A_{32} + 180° = 359°01'38''$

$$X_{ZH_3} = X_{JD_3} - T_H \cos A_{23} = 2590310.479 \text{(m)}$$

$$Y_{ZH_3} = Y_{JD_3} - T_H \sin A_{23} = 20478675.729 \text{(m)}$$

ZH～HY 第一缓和曲线上的中桩坐标的计算：如桩号 K6+100

$$l = 6100 - 6031.619 = 68.381 \text{(m)}$$

$$X' = l - \frac{l^5}{40R^2 L_s^2} = 68.380 \quad Y' = \frac{l^3}{6RL_s} = 0.266$$

$$X = X_{ZH_3} + X'\cos A_{23} - Y'\sin A_{23} = 2590378.854$$

$$Y = Y_{ZH_3} + X'\sin A_{23} + Y'\cos A_{23} = 20478674.834$$

HY 点的坐标计算：$l = 6131.619 - 6031.619 = 100 \text{(m)}$

$$X' = l - \frac{l^5}{40R^2 L_s^2} = 99.994 \quad Y' = \frac{l^3}{6RL_s} = 0.833$$

$$X = X_{ZH_3} + X'\cos A_{23} - Y'\sin A_{23} = 259041.473$$

$$Y = Y_{ZH_3} + X'\sin A_{23} + Y'\cos A_{23} = 20478674.864$$

HY～QZ 圆曲线部分的中桩坐标计算：如桩号 K6+500

$$l' = 6500 - 6131.619 = 368.381$$

$$X' = R\sin\left(\beta + \frac{l'}{R}\frac{180}{\pi}\right) + q = 465.335$$

$$Y' = R - R\cos\left(\beta + \frac{l'}{R}\frac{180}{\pi}\right) + p = 43.809$$

$$X = X_{ZH_3} + X'\cos A_{23} - Y'\sin A_{23} = 2590776.491$$

$$Y = Y_{ZH_3} + X'\sin A_{23} + Y'\cos A_{23} = 20478711.632$$

QZ 点的坐标计算：$l' = 6762.632 - 6131.619 = 631.013$

$$X' = R\sin\left(\beta + \frac{l'}{R}\frac{180}{\pi}\right) + q = 717.929$$

$$Y' = R - R\cos\left(\beta + \frac{l'}{R}\frac{180}{\pi}\right) + p = 115.037$$

$$X = X_{ZH_3} + X'\cos A_{23} - Y'\sin A_{23} = 291030.257$$

$$Y = Y_{ZH_3} + X'\sin A_{23} + Y'\cos A_{23} = 20478778.562$$

ZH 点的坐标计算：$A_{34} = 38°02'47.5''$

$$X_{HZ_3} = X_{JD_3} + T_H \cos A_{34} = 2591666.530$$

$$Y_{HZ_3} = Y_{JD_3} + T_H \sin A_{34} = 20479130.430$$

ZH～HY 第二缓和曲线上的中桩坐标计算：如 K7+450 点的坐标

$$l = 7493.646 - 7450 = 43.646$$

$$X' = l - \frac{l^5}{40R^2 L_s^2} = 43.646$$

$$Y' = \frac{l^3}{6RL_s} = 0.069$$

$$X = X_{HZ_3} - X'\cos A_{34} - Y'\sin A_{34} = 2591632.116$$

$$Y = Y_{HZ_3} - X'\sin A_{34} + Y'\cos A_{34} = 20479103.585$$

HY 点的坐标：$l = 100$

$$X' = l - \frac{l^5}{40R^2 L_s^2} = 99.994 \qquad Y' = \frac{l^3}{6RL_s} = 0.833$$

$$X = X_{HZ_3} - X'\cos A_{34} - Y'\sin A_{34} = 2591587.270$$

$$Y = Y_{HZ_3} - X'\sin A_{34} + Y'\cos A_{34} = 20479069.460$$

QZ～YH 点的坐标计算：如 K7+400

$$l' = 7493.646 - 7400 = 93.646$$

$$X' = R\sin\left(\beta + \frac{l'}{R}\frac{180}{\pi}\right) + q = 193.612$$

$$Y' = R - R\cos\left(\beta + \frac{l'}{R}\frac{180}{\pi}\right) + p = 5.371$$

$$X = X_{HZ_3} - X'\cos A_{34} - Y'\sin A_{34} = 2591510.764$$

$$Y = Y_{HZ_3} - X'\sin A_{34} + Y'\cos A_{34} = 20479015.32$$

直线上中桩坐标的计算：如 K7+600

$$D = 7600 - 7493.646 = 106.354$$

$$X = X_{HZ_3} + D\cos A_{34} = 2591750.285$$

$$Y = Y_{HZ_3} + D\sin A_{34} = 20479195.976$$

2.7 行 车 视 距

为了行车安全，驾驶人员应能看到汽车前面相当远的一段路程，一旦发现前方路面上有障碍物或迎面来车，能及时采取措施，避免相撞，这一必需的最短距离称为行车视距。

行车视距能否得到保证，直接关系到行车的安全，它是道路使用质量的重要指标之一。

行车视距不足主要发生在下述几种场合：

（1）道路平面上的暗弯，即处于挖方路段的弯道和内侧有障碍物的弯道，如图2.26（a）所示。

（2）纵断面上的凸形竖曲线，如图2.26（b）所示。

（3）下穿式立体交叉的凹形竖曲线，如图2.26（c）所示。

（4）凹形竖曲线半径过小时，夜间行驶车辆前灯照射范围小，如图2.26（d）所示。

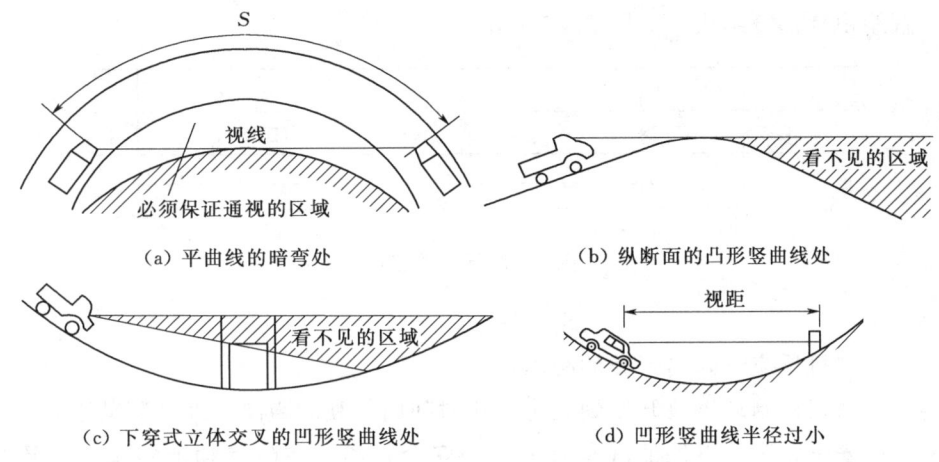

(a) 平曲线的暗弯处　　　　　(b) 纵断面的凸形竖曲线处

(c) 下穿式立体交叉的凹形竖曲线处　　(d) 凹形竖曲线半径过小

图2.26　影响行车视距的地段

2.7.1　视距的种类与要求

驾驶员发现障碍物或迎面来车，根据所采取的措施不同，行车视距可分为如下几种类型：

（1）停车视距：汽车行驶时，自驾驶人员看到前方障碍物时起到安全停车所需的最短距离。

（2）会车视距：在同一车道上两对向汽车相遇，从相互发现并同时采取措施时起，到两车安全停止所需的最短距离。

（3）错车视距：在没有明确划分车道线的双车道路上，两对向行驶汽车相遇，发现后即采取减速避让措施，达到安全错车所需的最短距离。

（4）超车视距：在双车道公路上，后车超越前车时，从开始驶离原车道之处起，至可见逆行车并能超车后安全驶回原车道所需的最短距离。

上述4种视距中，前3种属于对向行驶，第4种属于同向行驶。第4种所需距离最长，需要单独研究。而前3种视距中，以会车视距最长，只要道路能保证会车视距，停车视距和错车视距也就能得到保证。又知会车视距约为停车视距的两倍，故只需计算停车视距就可以了。

视距的计算中要明确"目高"与"物高"，目高是指驾驶员眼睛距地面的高度，规定以小客车为标准，采用1.2m。物高是指路面上的物体至路面的垂直距离。物高曾采用以下几种方法，如果单从安全方面考虑，物高应为0，这样势必在纵断面设计中要加大凸型竖曲线的半径，是不经济的；如果单从经济方面考虑，取汽车顶部的高度，则因看不见比汽车低的障碍物而导致车祸。在道路上，除迎面来车外，还有横穿道路的行人、前面车辆掉下的货物以及因挖方、边坡塌方滚下的石头等，各种障碍物高度不一。再考查汽车底盘离地的最小高度，一般为 0.14～0.2m，故规定物高为 0.1m。

2.7.2 视距的计算

1. 停车视距 S_T

汽车行驶时，当驾驶员发现前方障碍物后，立即采取制动措施，至汽车在障碍物前安全停下来所需要的最短距离，称为停车视距。

停车视距由 3 部分组成，如图 2.27 所示。

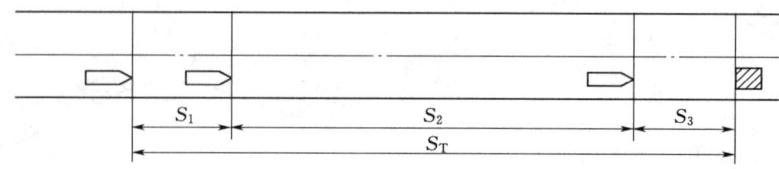

图 2.27 停车视距

$$S_T = S_1 + S_2 + S_3 \tag{2.68}$$

式中 S_1——司机反应时间内行驶的距离，m；

S_2——从司机制动生效开始到完全停止时间内行驶的距离，即"制动距离"，m；

S_3——安全距离，以保证汽车有一定的安全距离，在障碍物前停车而不致撞击到障碍物上，一般可取 5～10m。

(1) 汽车驾驶员反应时间包括发现障碍物后反应判断的时间和制动生效的时间。在我国取 1.2s，故汽车在这一时间内所行驶的距离为

$$S_1 = 1.2v = 1.2 \times \frac{V}{3.6} = \frac{V}{3} \tag{2.69}$$

(2) 制动距离 S_2 取决于制动力和车速的大小，其计算公式可以表示为

$$S_2 = \frac{KV^2}{254(\varphi \pm i)} \tag{2.70}$$

式中 V——计算行车速度，km/h；

K——制动系数，一般在 1.2～1.4；

φ——纵向摩阻系数，一般按潮湿状态考虑，见表 2.12；

i——路段的纵坡度，上坡取 +，下坡取 −。

综上所述，停车视距的计算公式为

$$S_T = S_1 + S_2 + S_3 = \frac{V}{3} + \frac{KV^2}{254(\varphi \pm i)} + S_3 \tag{2.71}$$

表 2.12 潮湿状态下的停车视距

设计速度/(km/h)	行驶速度/(km/h)	φ	计算值/m	规定值/m
120	102	0.29	212.0	210
100	85	0.30	153.70	160

2.7 行车视距

续表

设计速度/(km/h)	行驶速度/(km/h)	f_1	计算值/m	规定值/m
80	68	0.31	105.90	110
60	54	0.33	73.2	75
40	36	0.38	38.3	40
30	30	0.44	28.9	30
20	20	0.44	17.3	20

2. 超车视距

汽车行驶时为超越前车所必需的行车视距称作超车视距。超车视距适用于双车道公路(图2.28)，其计算如下：

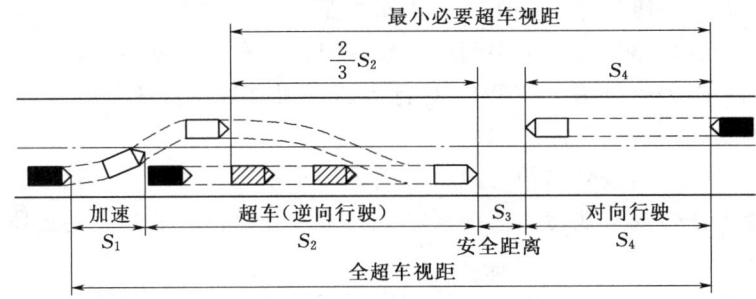

图 2.28 超车视距

(1) 加速行驶距离 S_1。如图 2.28 所示，当尾随在慢车后面的超车汽车，经判断认为有超车的可能，于是加速行驶移向对向车道，在进入该车道之前的行驶距离为 S_1：

$$S_1 = \frac{V_0}{3.6}t_1 + \frac{1}{2}at_1^2 \tag{2.72}$$

式中　V_0——被超汽车的速度，一般认为较设计速度低 10~20km/h；
　　　t_1——加速时间，s；
　　　a——平均加速度，m/s²。

(2) 超车汽车在对向车道上行驶的距离 S_2。

$$S_2 = \frac{V}{3.6}t_2$$

式中　V——超车汽车的速度，一般都按设计速度行驶，km/h；
　　　t_2——在对向车道上行驶的时间，s。

(3) 超车完成时，超车汽车与对向汽车之间的安全距离 S_3。

$$S_3 = 15 \sim 60$$

(4) 超车汽车从开始加速到超车完成的时间内，对向汽车的行驶距离 S_4。

$$S_4 = \frac{V}{3.6}(t_1 + t_2)$$

以上4个距离的总和称为全超车视距 S_c。

$$S_c = S_1 + S_2 + S_3 + S_4 \tag{2.73}$$

考虑到 S_c 值较大，不太容易满足，实际行车中只需要考虑超车汽车从完全进入对向车道到超车完成时所行驶的时间就很安全了。因为在对向车道上追上被超汽车后，一旦发现对向有来车而其距离不足，司机还可以回到原来的车道上。一般汽车从对向车道赶上前车的时间取 $\frac{1}{3}t_2$，那么从这时开始到超车完成所用的时间为 $\frac{2}{3}t_2$，于是最小必要超车视距 S_{cmin} 为

$$S_{cmin} = \frac{2}{3}S_2 + S_3 + S_4 \qquad (2.74)$$

2.7.3 公路对视距的要求

我国《标准》将各级公路的行车视距进行了计算和取值，设计中应满足相应的要求。行车视距的相关规定如下：

(1) 高速公路和一级公路的视距采用停车视距，见表 2.13。

高速公路和一级公路均设置了中间带，没有对向行车，也就不存在同一车道上会车问题；高速公路和一级公路均有 4 个以上的行车道，而且划有分车道线，设有专门的超车道，也不存在到对向车道超车的问题。

(2) 二级、三级、四级公路的视距，应满足会车视距的要求，其长度不应小于停车视距的两倍。受地形条件或其他特殊情况限制，而采取分道行驶的措施的地段，可以采用停车视距，见表 2.14。

(3) 高速公路、一级公路，以及大型车比例高的二级、三级公路的下坡路段，应采用下坡段货车停车视距对相关路段进行检验。

(4) 具有干线功能的二级公路，宜在 3min 的行驶时间内，提供一次满足超车视距要求的超车路段，见表 2.14。

(5) 平曲线内侧设置的人工构造物，或平曲线内侧的挖方边坡妨碍视线，或中间带设置防眩设施时，应对视距予以检查与验算，不符合要求时，应采取一定的措施。

表 2.13　　　　　高速公路、一级公路的停车视距

设计速度/(km/h)	120	100	80	60
停车视距/m	210	160	110	75

表 2.14　　　二级、三级、四级公路的停车视距、会车视距与超车视距

设计速度/(km/h)	80	60	40	30	20
停车视距/m	110	75	40	30	20
会车视距/m	220	150	80	60	40
超车视距/m	550	350	200	150	100
最小必要超车视距/m	350	250	150	100	70

2.7.4 平面视距的保证

汽车在弯道上行驶时，弯道内侧的行车视线可能被树木、建筑物、路堑边坡或其他障碍物所遮挡而使行车视距受到影响。在路线设计时必须检查平曲线上的视距是否能得到

保证。

平曲线上的视距检查方法有两种：一是最大横净距法；二是视距包络图法。

1. 最大横净距法

(1) 驾驶员的视点位置。

1) 横向：距路面内缘（未加宽前）1.5m，或距路面中心线 $\left(\dfrac{b}{2}-1.5\right)$m。

2) 竖向：视线高为1.2m，如图2.29（a）所示。

(2) 视点轨迹线与视距线。

1) 视点轨迹线：驾驶员的眼睛位置（即视点位置）沿路线移动所形成的轨迹线。

2) 视距线：驾驶员视点轨迹线上长度等于行车视距S的任意两点的连线称为视距线，如图2.29（b）所示。在视距线与视点轨迹线之间不应有任何障碍物，否则会遮挡视线，影响行车安全。

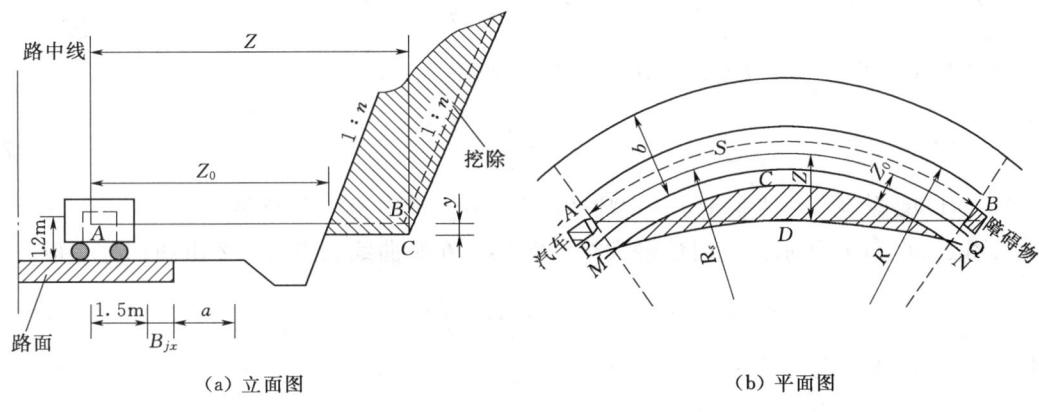

图 2.29 平面视距

(3) 横净距与最大横净距。

1) 横净距：就是驾驶员视点轨迹线到视距线间的最大距离。在有曲线的路段上不同位置的横净距可能不相等。

2) 最大横净距：所有横净距中的最大值称为最大横净距。它一般出现在曲线顶点处或曲线顶点附近的一段圆弧范围内。

(4) 最大横净距的计算。

1) 不设缓和曲线，曲线长度$L_s \geqslant$视距S时，最大横净距Z的计算。

如图2.30（a）所示，这时的最大横净距出现在视距线两端均在圆曲线线段内圆弧顶部。

$$Z = R_s\left(1 - \cos\dfrac{\gamma}{2}\right) \tag{2.75}$$

$$R_s = R - \left(\dfrac{b}{2} - 1.5\right)$$

式中　Z——最大横净距，m；

　　　R_s——沿内侧车道行驶的驾驶员视点轨迹线半径，m；

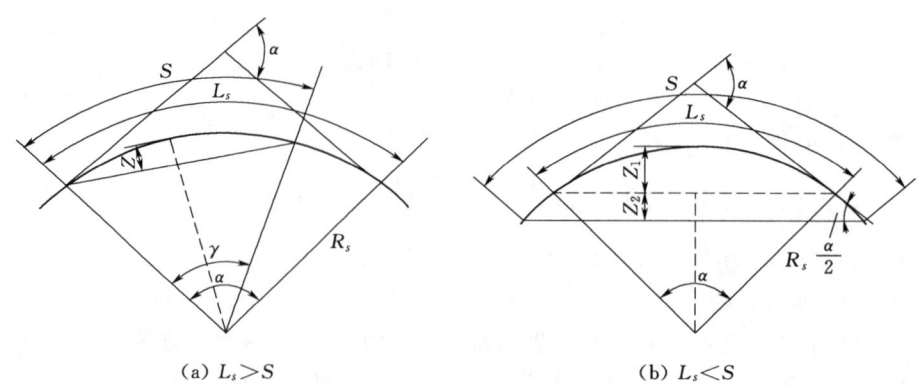

(a) $L_s > S$ (b) $L_s < S$

图 2.30 不设缓和曲线时横净距的计算

γ——视距长度 S 所对应的圆心角，$\gamma = \dfrac{S}{R_s}\dfrac{180}{\pi}$，(°)。

若将上式中的 $\cos\dfrac{\gamma}{2}$ 按级数展开，可近似得到：

$$Z \approx \frac{S^2}{8R_s} \tag{2.76}$$

2）不设回旋线，曲线长度 $L_s <$ 视距 S 时，最大横净距 Z 的计算。

如图 2.30（b）所示，这时的最大横净距出现在圆曲线顶点处，Z 由两部分组成。

$$Z = Z_1 + Z_2 = R_s\left(1 - \cos\frac{\alpha}{2}\right) + \frac{S - L'}{2}\sin\frac{\alpha}{2} \tag{2.77}$$

式中 α——曲线转角，(°)；

L'——圆曲线段内的驾驶员视点轨迹线长度，$L' = \alpha R_s \dfrac{\pi}{180}$ 或 $L' = \dfrac{L}{R}R_s$，m；

其他符号意义同前。

若将上式中的 $\sin\dfrac{\alpha}{2}$ 和 $\cos\dfrac{\alpha}{2}$ 按级数展开，同样可近似得到

$$Z = \frac{L'}{8R_s}(2S - L') \tag{2.78}$$

3）设置缓和曲线，圆曲线长度 $L'_s >$ 视距 S 时，最大横净距的计算。

$$Z = R_s\left(1 - \cos\frac{\gamma}{2}\right) \tag{2.79}$$

4）设置缓和曲线，平曲线长度 $L_s \geq$ 视距 $S \geq$ 圆曲线长度 L'_s 时，最大横净距的计算。

如图 2.31（a），这时的最大横净距出现在曲线顶点处，Z 由两部分组成：

$$Z = Z_1 + Z_2 = R_s\left(1 - \cos\frac{\alpha - 2\beta_0}{2}\right) + (L'_s - l')\sin\left(\frac{\alpha}{2} - \delta\right) \tag{2.80}$$

式中 L'_s——缓和曲线内的视点轨迹线长度，$L'_s = \dfrac{L_s}{R} \cdot R_s$，m；

l'——缓和曲线起点到视距线起点的距离，$l' = (L' - S)/2$，m；

L'——平曲线全长范围内的视点轨迹线长度,$L' = \dfrac{L}{R} \cdot R_s$,m;

α——曲线转角,(°);

β_0——缓和曲线的切线角,$\beta_0 = \dfrac{L_s}{2R} \cdot \dfrac{180}{\pi}$,(°);

δ——修正角,$\delta = \arctan\left\{\dfrac{L_s'}{6R_s}\left[1 + \dfrac{l}{L_s'} + \left(\dfrac{l}{L_s'}\right)^2\right]\right\}$,(°)。

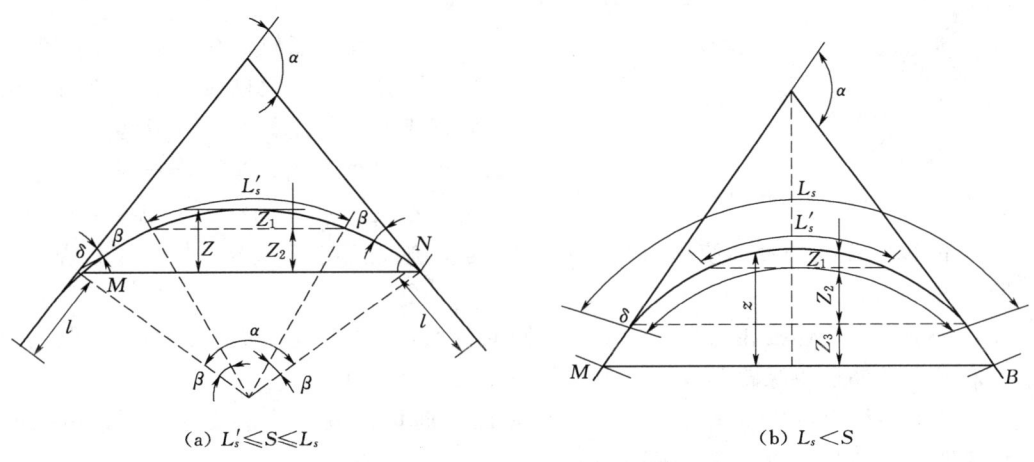

图 2.31 设置缓和曲线的横净距计算

5) 设置回旋线,平曲线长度 L_s<视距 S 时,最大横净距的计算。

如图 2.31 (b),这时的最大横净距出现在曲线顶点处,Z 由三部分组成:

$$Z_1 = R_s\left(1 - \cos\dfrac{\alpha - 2\beta_0}{2}\right)$$

$$Z_2 = L_s'\sin\left(\dfrac{\alpha}{2} - \delta\right)$$

$$Z_3 = \dfrac{S - L'}{2}\sin\dfrac{\alpha}{2}$$

$$Z = Z_1 + Z_2 + Z_3 = R_s\left(1 - \cos\dfrac{\alpha - 2\beta_0}{2}\right) + L_s'\sin\left(\dfrac{\alpha}{2} - \delta\right) + \dfrac{S - L'}{2}\sin\dfrac{\alpha}{2} \quad (2.81)$$

式中 δ——修正角,$\delta = \arctan\dfrac{L_s'}{6R_s}$,(°)。

(5) 视距的检查与保证。

汽车在弯道上行驶时,弯道内侧行车视线可能被障碍物影响。采用最大横净距法进行检查时,首先计算出该平曲线段的最大横净距,以此作为判别的标准,如图 2.32 所示,图中阴影部分是阻碍司机视线的范围,其内的障碍物都应加以清除。因此,在路线设计时必须检查平曲线上的视距是否能得到保证,如遇遮挡时,则必须清除视距区段内侧横净距内的障碍物。

2. 视距包络图法

视距包络图法就是在驾驶员视点轨迹线上,每隔一定间隔绘出一系列的视距线,视距

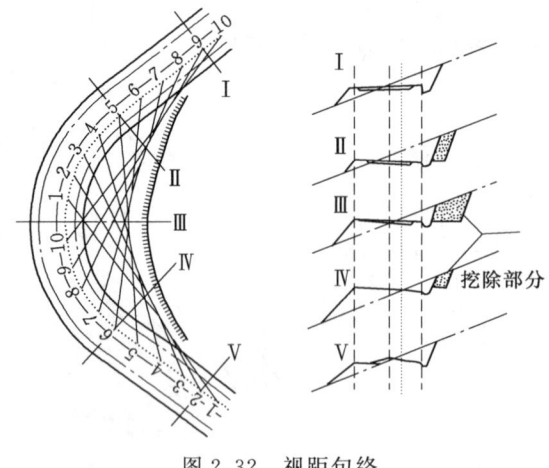

图 2.32 视距包络

线相互交叉而形成的外边缘线作为清除障碍的界限的方法。

视距包络图的绘制步骤：

(1) 按一定的比例尺绘出弯道平面图，在图中绘出路基、路面边缘和路中线，并根据路面宽度绘出驾驶员的视点轨迹线。

(2) 在视点轨迹线上按一定的距离进行量距分点。在轨迹线上从弯道两端相连的直线上距曲线的起点（或终点）为一个视距长 S 处开始，量距步长为 S/n 进行布点。把起点定为 0，以后各点用 1，2，…，n 的数字连续编号，使相同两个号码间的轨迹线长度等于 S，直到曲线结束后一个视距长 S 处为止。

(3) 分别用直线连接相邻近的、编号相同的各点，得到一系列的视距线。视距线相互交叉，形成一条外切边缘轮廓线——视距包络线（图 2.32）。

(4) 根据中线上各中桩的位置，在其横断面方向量出视点轨迹线到视距包络线的距离，该值即为本断面上所需要的横净距值。

2.8 公路平面线形设计方法

2.8.1 平面线形设计一般原则

(1) 平面线形应直接、连续、顺适，并与地形、地物相适应，与周围环境相协调。在地势平坦开阔的平原微丘区，路线直捷舒顺，在平面线形三要素中直线所占比例较大。而在地势有很大起伏的山岭和重丘区，路线则多弯曲，曲线所占比例较大。可以设想，如果在没有任何障碍物的开阔地区（如戈壁、草原）故意设置一些不必要的弯道，或者在高低起伏的山地硬拉长直线都将给人以不协调的感觉。路线要与地形相适应，这既是美学问题，也是经济问题和保护生态环境的问题。直线、圆曲线、回旋线的选用与合理组合取决于地形地物等具体条件，片面强调路线要以直线为主或以曲线为主，或人为规定三者的比例都是错误的。

(2) 行驶力学上的要求是基本的，高速路应尽量满足视觉和心理上的要求。各级公路对于行驶力学要求必须保证，计算行车速度≥60km/h 的公路应尽量满足视觉和心理上的要求。高速公路、一级公路以及计算行车速度≥60km/h 的公路，应注重立体线形设计，尽量做到线形连续、指标均衡、视觉良好、景观协调、安全舒适。计算行车速度越高，线形设计所考虑的因素越应周全。计算行车速度<40km/h 的公路，首先应在保证行车安全的前提下，正确地运用平面线形要素最小值，在条件允许不过多增加工程量的情况下力求做到各种线形要素的合理组合，并尽量避免和减轻不利的组合，以期充分发挥投资效益。

(3) 保持平面线形的均衡与连贯（技术指标的均衡与连续性）。为使一条公路上的车辆尽量以均匀的速度行驶，应注意各线形要素保持连续性而不出现技术指标的突变，以下几点在设计时应十分注意：

1) 长直线尽头不能接以小半径曲线。长的直线和长的大半径曲线会导致较高的车速，若突然出现小半径曲线，会因减速不及而造成事故，特别是在下坡方向的尽头更要注意。若由于地形所限小半径曲线难以避免时，中间应插入中等曲率的过渡性曲线，并使纵坡不要过大。

2) 高、低标准之间要有过渡。同一等级的公路由于地形的变化在指标的使用上也会有变化。或同一条公路按不同计算行车速度的各设计路段之间也会形成技术标准的变化。遇有这种高、低标准变化的路段，除满足有关设计路段在长度和梯度上的要求外，还应结合地形的变化，使路线的平面线形指标逐渐过渡，避免出现突变。不同标准路段相互衔接的地点，应选在交通量发生变化处，或者驾驶者能够明显判断前方需要改变行车速度的地方。

(4) 应避免连续急弯的线形。这种线形给驾驶者造成不便，给乘客的舒适也带来不良影响。设计时可在曲线间插入足够长的直线或回旋线。

(5) 平曲线应有足够的长度。平曲线太短，汽车在曲线上行驶时间过短会使驾驶操纵来不及调整，且方向盘操作过于频繁，不利于安全行车。所以《规范》规定了平曲线（包括圆曲线及其两端的缓和曲线）最小长度。

事实上，汽车在公路的任何线形上的行驶时间均不宜短于3s，以使驾驶操作不显的过分紧张。

公路弯道在一般情况下是由两段缓和曲线（或超高、加宽缓和段）和一段圆曲线组成。这种组合的线形，既有利于驾驶操作，又顺畅、美观。缓和曲线（一般采用回旋线）的长度不能小于该级公路对其最小长度的规定。中间圆曲线的长度也宜大于3s的行程。当条件受限时，可将两条缓和曲线在曲率相当处直接连接，此时圆曲线的长度等于0。即平曲线一般最小长度为9s行程；平曲线极限最小长度为6s行程。

路线的转角大小反映了路线的舒顺程度。小转角舒顺程度好，但转角过小，即使设置了较大的半径也容易把曲线看成比实际的要短，造成急转弯的错觉。这种倾向转角越小越显著，以致造成驾驶者枉作减速转弯的操作。

一般认为，$\alpha \leqslant 7°$属小转角弯道。对于小转角弯道应设置较长的平曲线，其长度应大于表2.15中规定的"一般值"，但受地形及其他特殊情况限制时，可减短至表中的"低限值"。

表 2.15　　　　　　　公路转角 $\alpha \leqslant 7°$ 时的平曲线半径

设计速度/(km/h)		120	100	80	60	40	30	20
平曲线长度/m	一般值	$1400/\alpha$	$1200/\alpha$	$1000/\alpha$	$700/\alpha$	$500/\alpha$	$350/\alpha$	$280/\alpha$
	低限值	200	170	140	100	70	50	40

注　α 为公路路线转角值，当 $\alpha < 2°$ 时，按 $\alpha = 2°$ 计算。

2.8.2 平面线形组合类型

1. 简单形

当平面线形由直线和圆曲线组合而成时称为简单形，即按直线-圆曲线-直线的顺序组合，如图 2.33 所示。当半径过小时，由于曲率突变对行车不利，故仅限于四级公路使用；在其他等级公路中，若半径大于不设超高的最小半径时，省略缓和曲线也可以构成简单形。

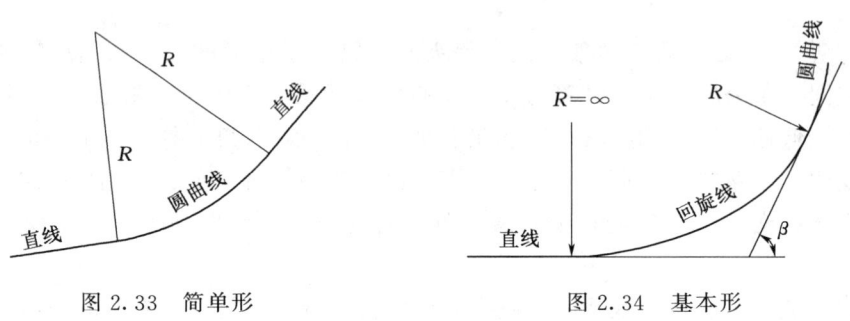

图 2.33 简单形 　　　　　　　　　图 2.34 基本形

2. 基本形

按直线-回旋线-圆曲线-回旋线-直线的顺序组合，如图 2.34 所示。

适用场合：交点间距不受限。

基本形中的回旋线参数、圆曲线最小长度都应符合有关规定。两回旋线参数可以相等，也可以根据地形条件设计成不相等的非对称形曲线。从线形的协调性看，宜将回旋线、圆曲线、回旋线的长度比设计成 1∶1∶1。

3. S 形

两个反向圆曲线用两段回旋线连接的组合，如图 2.35 所示。

适用场合：交点间距受限（交点间距较小）。

适用条件：S 形相邻两个回旋线参数 A_1 与 A_2 宜相等。当采用不同的参数时，A_1 与 A_2 之比应小于 2.0，有条件时以小于 1.5 为宜；在 S 形曲线上，两个反向回旋线之间不设直线，符合行驶力学。两相邻反向圆曲线的半径之比不宜过大，以 $R_2/R_1=1\sim 1/3$ 为宜。

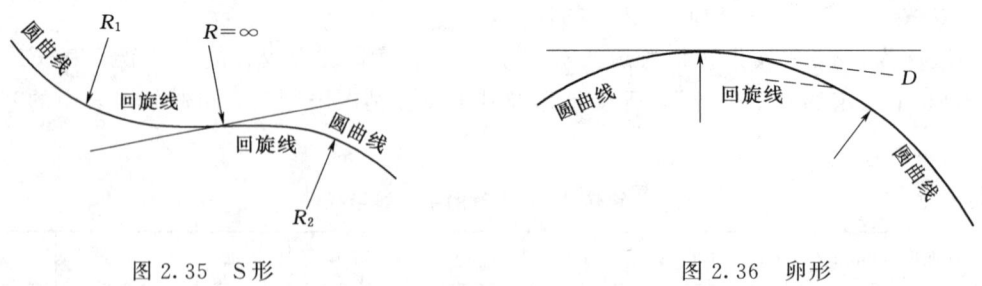

图 2.35 S 形 　　　　　　　　　图 2.36 卵形

4. 卵形

用一个回旋线连接两个同向圆曲线的组合，如图 2.36 所示。

适用场合：交点间距受限（交点间距较小）。

适用条件：卵形上的回旋线参数 A 不应小于该级公路关于回旋线最小参数的规定，同时宜在下列界限之内：

$$R_2/2 \leqslant A \leqslant R_2$$

式中　A——回旋线参数；

R_2——小圆的圆曲线半径，m。

两相邻圆曲线半径之比，以 $R_2/R_1=0.2\sim 0.8$ 为宜。两圆曲线的间距，以 $D/R_2=0.003\sim 0.03$ 为宜。D 为两圆曲线间的最小间距（m）。

5. 凸形

在两个同向回旋线间不插入圆曲线而径相衔接的组合，如图 2.37 所示。

凸形回旋线的参数及其连接点的曲率半径，应分别符合允许最小回旋线参数和圆曲线一般最小半径的规定。

凸形曲线尽管在各衔接处的曲率是连续的，但因中间圆曲线的长度为 0，对驾驶操纵亦造成一些不利影响，所以只有在路线严格受地形、地物限制处方可采用凸形。

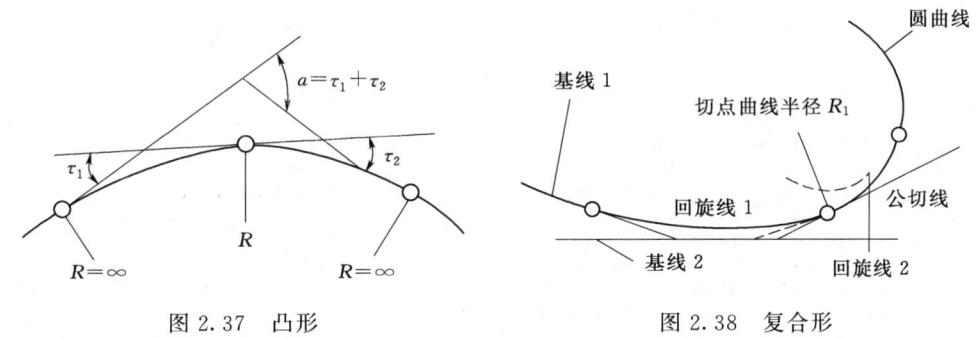

图 2.37　凸形　　　　　　图 2.38　复合形

6. 复合形

两个以上同向回旋线间在曲率相等处相互连接的形式，如图 2.38 所示。

复合形的两个回旋线参数之比宜为

$$A_2 : A_1 = 1 : 1.5$$

复合形回旋线除了受地形和其他特殊限制的地方外一般很少使用，多出现在互通式立体交叉的匝道线形设计中。

7. C 形

同向曲线的两回旋线在曲率为零处径相衔接的形式，如图 2.39 所示。其连接处的曲率为 0，也就是 $R=\infty$，相当于两基本形的同向曲线中间直线长度为 0，对行车和线形都带来一些不利影响，所以 C 形曲线只有在特殊地形条件下方可采用。

适用场合：交点间距受限（交点间距较小）。

适用条件：同卵形曲线。

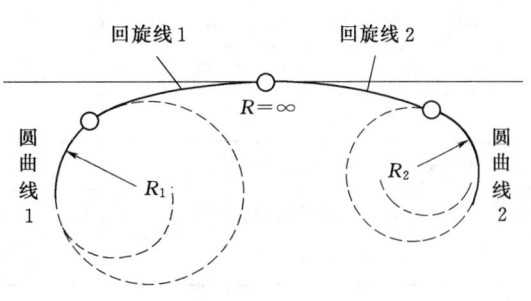

图 2.39　C 形

2.9 公路平面设计成果

完成路线平面设计以后应及时绘制各种图纸和表格。其中,主要的图纸有:路线平面设计图、道路平面布置图、路线交叉设计图、纸上移线图等。主要的表格有:直线、曲线及转角表,逐桩坐标表,路线固定表,总里程及断链桩表等。各种图纸和表格的样式在交通部所颁布的"设计文件图表示例"中有介绍,这里仅就主要的表格"直线、曲线及转角表""逐桩坐标表"(表 2.16、表 2.17)和主要的图纸"路线平面设计图"(图 2.40)予以说明。

表 2.16　　　　　　　　直线曲线及转角表

交点号	交点坐标		交点桩号	转角值	曲线要素值					
	X	Y			半径 R /m	回旋线长度 /m	切线长度 T /m	曲线长度 /m	外距 E /m	校正值 J /m
起点	41808.204	90033.595	K0+000.000	—	—	—	—	—	—	—
2	41317.589	90464.099	K0+652.716	右 35°35′25.0″	800	0	256.777	496.934	40.199	16.62
3	40796.308	90515.912	K1+159.946	左 57°32′52.0″	250	50	162.511	301.1	301.1	23.922
4	40441.519	91219.007	K1+923.562	左 34°32′06.0″	150	40	606.753	130.412	130.412	3.091
5	40520.204	90796.474	K2+503.273	右 78°53′21.0″	200	45	187.38	320.375	320.375	54.385
6	40221.113	91898.7	K2+764.966	左 51°40′28.0″	224.13	40	128.667	242.14	242.14	15.191
7	40047.399	92390.466	K3+271.313	左 34°55′51.0″	150	40	67.323	131.499	131.499	3.197
8	40190.108	92905.941	K3+802.980	右 22°25′25.0″	600	0	118.932	234.82	234.82	3.044
终点	40120.034	93480.92	K4+379.175	—	—	—	—	—	—	—

交点号	曲线位置					直线长度及方向			测量断链	
	第一缓和曲线起点	第一回旋线终点或圆曲线起点	曲线终点	第二回旋线或圆曲线中点	第二缓和曲线起点	直线长度 /m	交点间距 /m	计算方位角或计算方向角	桩号	增减长度
起点	—	—	—	—	—	—	—	138°44′00.0″	—	—
2	—	K0+395.939	K0+644.406	K0+892.873		395.939	652.716	174°19′25.0″		
3	K0+997.435	K1+047.435	K1+147.985	K1+248.535	K1+298.535	104.562	523.85	116°46′33.0″		
4	K1+856.809	K1+896.809	K1+922.015	K1+947.221	K1+987.211	588.274	787.538	82°14′27.0″		
5	K2+315.893	K2+360.893	K2+476.801	K2+591.268	K2+636.268	328.672	582.805	161°07′48.0″		
6	K2+636.299	K2+676.299	K2+757.369	K2+838.439	K2+878.439	0.031	316.078	109°27′20.0″		
7	K3+203.995	K3+243.995	K3+269.720	K3+269.444	K3+335.444	325.556	521.546	74°31′29.0″		
8	—	K3+684.048	K3+801.458	K3+918.868	—	348.604	534.859	96°56′54.0″		
终点	—	—	—	—	—	460.307	579.239			

设计:　　　　　　　　　　　　复核:　　　　　　　　　　　　审核:

2.9 公路平面设计成果

表 2.17 逐 桩 坐 标 表

桩号	坐标		桩号	坐标	
	N(X)	E(Y)		N(X)	E(Y)
K0+000	4041607.475	495914.253	K0+105	4041700.495	495948.639
K0+005	4041610.855	495917.937	K0+110	4041705.464	495948.084
K0+010	4041614.272	495921.587	K0+115	4041710.44	495947.587
K0+015	4041617.761	495925.168	K0+120	4041715.424	495947.198
K0+020	4041621.356	495928.643	K0+125	4041720.419	495946.968
K0+025	4041625.087	495931.971	K0+130	4041725.418	495946.946
K0+030	4041628.979	495935.108	K0+135	4041730.412	495947.183
K0+033.333	4041631.674	495937.07	K0+137.468	4041732.869	495947.41
K0+035	4041633.052	495938.007	K0+140	4041735.381	495947.726
K0+040	4041637.308	495940.629	K0+145	4041740.304	495948.598
K0+045	4041641.729	495942.963	K0+150	4041745.157	495949.797
K0+050	4041646.296	495944.996	K0+155	4041749.92	495951.315
K0+055	4041650.988	495946.721	K0+160	4041754.571	495953.148
K0+060	4041655.785	495948.13	K0+165	4041759.09	495955.287
K0+065	4041660.665	495949.215	K0+170	4041763.456	495957.721
K0+070	4041665.606	495949.974	K0+172.568	4041765.632	495959.083
K0+070.801	4041666.402	495950.064	K0+175	4041767.65	495960.441
K0+075	4041670.586	495950.406	K0+180	4041771.67	495963.413
K0+080	4041675.584	495950.548	K0+185	4041775.53	495966.59
K0+085	4041680.582	495950.448	K0+190	4041779.255	495969.926
K0+090	4041685.574	495950.157	K0+195	4041782.872	495973.378
K0+095	4041690.555	495949.725	K0+200	4041786.412	495976.908
K0+100	4041695.527	495949.203	K0+205	4041789.911	495980.48
K0+104.134	4041699.635	495948.737	K0+205.901	4041790.54	495981.126

2.9.1 直线、曲线及转角一览表

本表全面地反映了路线的平面位置和路线平面线形的各项指标,它是道路设计的主要成果之一。只有在完成"直线、曲线及转角表"以后,才能据此计算"逐桩坐标表"和绘制"路线平面设计图",同时在作路线的纵断面设计、横断面设计和其他构造物设计时都要使用本表的数据。该表的格式参见表 2.16。表 2.16 对公路和城市道路都适用,其中"交点坐标"一栏视道路等级和测设情况取舍。

2.9.2 逐桩坐标表

高等级公路的线形指标高,表现在平面上是圆曲线半径较大,缓和曲线较长,在测设和放线时需采用坐标法,方能保证其测量精度。所以计算"逐桩坐标表"十分必要。该表

的格式参见表 2.17。

2.9.3 路线平面设计图

路线平面设计图是道路设计文件的重要组成部分，该图全面、清晰地反映了道路平面位置和经过地区的地形、地物等，它是设计人员设计意图的重要体现，平面设计图对有关部门审批、专家评议、日后指导施工、恢复定线等方面都有重要作用。

1. 平面图的比例尺和测绘范围

公路路线平面图是指包括道路中线在内的有一定宽度的带状地形图，作为工程可行性研究、初步设计阶段的方案研究与比选的平面图，可采用 1:50000 或 1:10000 的比例尺测绘（或向国家测绘部门和其他工程单位搜集），但作为初步设计、施工图设计的设计文件组成部分应采用更大的比例尺。一般常用的比例是 1:2000，在平原微丘区可用 1:5000。在地形特别复杂地段的路线初步设计、施工图设计可用 1:500 或 1:1000。若作为纸上移线，则比例尺将更大。

路线带状地形图的测绘宽度，一般为中线两侧各 100~200m。对 1:5000 的地形图，测绘宽度每侧应不小于 250m。若有比较线，应将比较线包括进去。

2. 路线平面图的内容及绘制方法

(1) 导线及道路中线的展绘。

1) 坐标展绘法：在展绘导线或中线以前，需按图幅合理布局，绘出坐标方格网，坐标网格尺寸采用 5cm 或 10cm，要求图廓网格的对角线长度和导线点间长度误差均不大于 0.5mm。然后按导线点（或交点，下同）坐标（X, Y）精确地点绘在相应位置上。每张导线图展绘完毕后，用三棱尺逐点复核各点间距，再用半圆仪校核每个角度是否与计算相符。复核无误后，再按"逐桩坐标表"所提供的数据展绘曲线，并注明各曲线主要点以及公里桩、百米桩、断链桩位置。对导线点、交点逐个编号，注明路线在本张图中的起点和终点里程等。

2) 正切法：交点位置按比例绘出。偏角按正切法绘出，即取 10cm 作为横坐标，用偏角的正切值乘以 10cm 作纵坐标确定偏角方向。

路线一律按前进方向从左至右画，在每张图的拼接处画出接图线。在图的右上角注明共×张、第×张。在图纸的空白处注明曲线元素及主要点里程。

(2) 控制点的展绘。各种比例尺的地形图均应展绘和测出各等级三角点、导线点、图根点、水准点等，并按规定的符号表示。

(3) 各种构造物的测绘。各类建筑物、构筑物及其主要附属设施应按《工程测量规范》(GB 50026—2007) 的规定测绘和表示。各种线状地物，如管线，高、低压电线等应实测其支架或电杆的位置。对穿越路线的高压线应实测其悬垂线距地面的高度并注明伏安。地下管线应详细测定其位置。道路及其附属物应按实际形状测样。公路交叉口应注明每条公路的走向。铁路应注明轨面高程，公路应注记路面类型，涵洞应注明洞底标高。

(4) 水系及其附属物的测绘。海洋的海岸线位置；水渠顶边及底边高程；堤坝顶部及坡脚的高程；水井井台高程；水塘塘顶边及塘底的高程。河流、水沟等应注明水流流向。

(5) 地形、地貌、植被、不良地质地带等均应详细测绘并用等高线和国家测绘局制定的"地形图式"符号及数字注明。

路线平面图如图 2.40 所示。

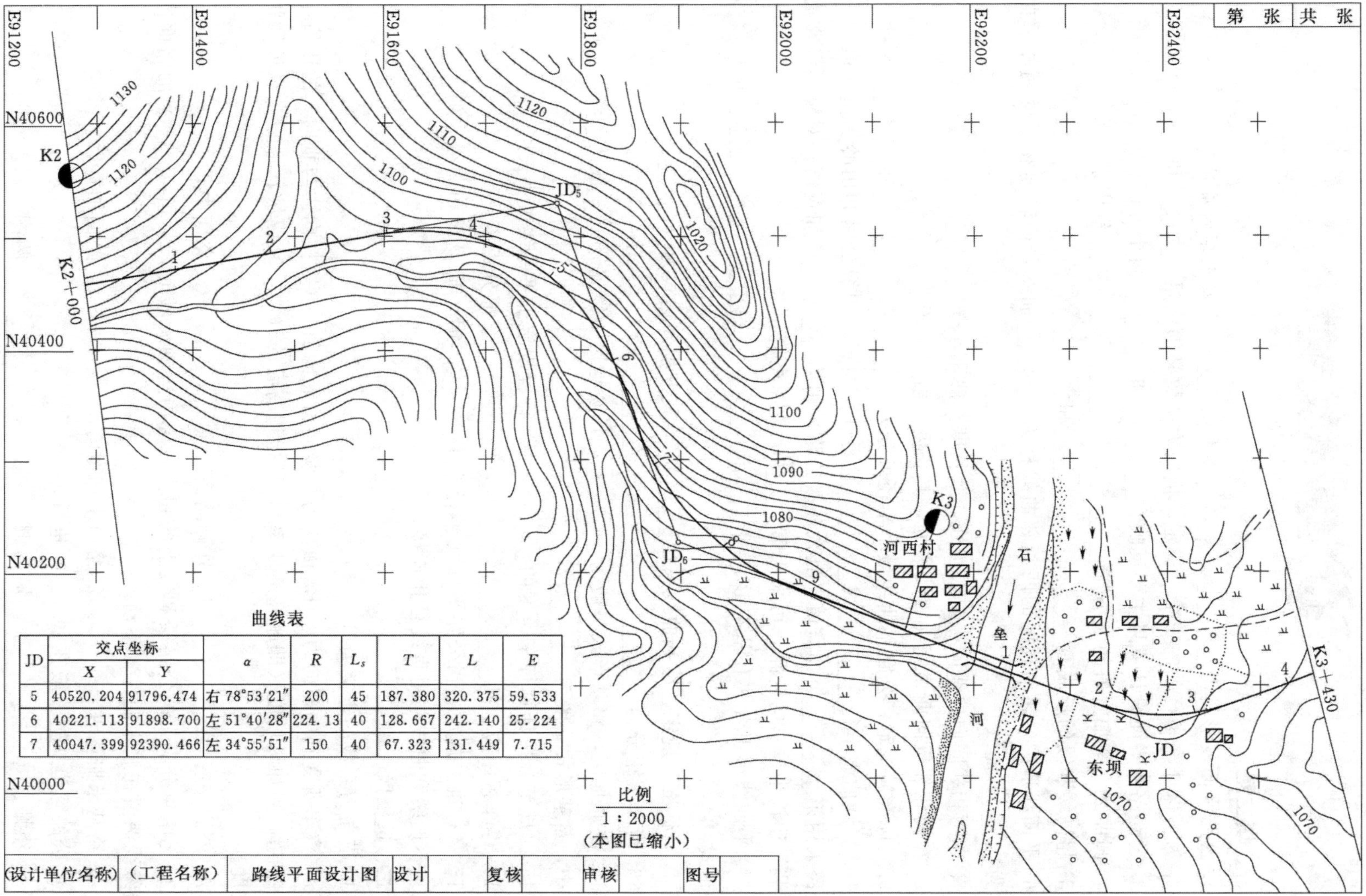

2.9 公路平面设计成果

交点坐标			曲线表					
JD	X	Y	α	R	L_s	T	L	E
5	40520.204	91796.474	右 78°53′21″	200	45	187.380	320.375	59.533
6	40221.113	91898.700	左 51°40′28″	224.13	40	128.667	242.140	25.224
7	40047.399	92390.466	左 34°55′51″	150	40	67.323	131.449	7.715

比例 1:2000 （本图已缩小）

图 2.40 路线平面

设计单位名称	（工程名称）	路线平面设计图	设计	复核	审核	图号

思考题及习题

一、填空题

1. 公路平面线形是由_____、_____和_____三要素组合而成。
2. 为了保证汽车行驶的安全、稳定，横向力系数必须满足_____和_____。
3. 公路路线平面设计成果主要反映在_____和_____两个方面。
4. 圆曲线上全加宽值的大小与_____、_____和_____等因素有关。
5. 超高缓和段的形成有_____、_____和_____三种。
6. 平面线形中，转向相同的两相邻曲线称为_____曲线，而转向相反的两相邻曲线称为_____曲线。
7. 在两相邻同向曲线间夹直线段处，其长度一般不小于_____。
8. 在两相邻反向曲线间夹直线段处，其长度一般不小于_____。
9. 《标准》规定，公路平曲线最小半径可分为_____、_____和_____三种。
10. 当圆曲线半径_____或_____时要进行加宽。四级公路和山岭、重丘区的三级公路采用第_____类加宽值；其余各级公路采用第_____类加宽值；对于不经常通行集装箱运输半挂车的公路，可采用第_____类加宽值。
11. 平面线形组合共有基本形、_____、_____、_____、_____和 C 形等六种形式。
12. 《标准》规定，缓和曲线采用_____，其方程表达式为_____。
13. 行车视距分为_____、_____、_____三种。
14. 平原地区，路基形式一般为_____；丘陵地区，路基形式一般为_____；越岭线中，路基形式一般为_____。
15. 《规范》按计算行车速度的_____行程规定了平曲线最小长度。
16. 停车视距应包括_____、_____和_____三部分距离。
17. 《标准》规定：当公路平曲线半径小于_____时，应设缓和曲线。但_____公路可不设缓和曲线，用直线径相连接。

二、选择题

1. 横向力系数的定义为（　　）。
   A. 汽车所受到的横向力　　B. 横向力与竖向力的比值　　C. 横向力与垂向力的比值
2. 超高附加纵坡度（即超高渐变率），是指超高后的（　　）纵坡比原设计纵坡增加的坡度。
   A. 外侧路肩边缘　　B. 外侧路面边缘　　C. 路面中心
3. 无中央分隔带的公路缓和段上的超高，绕内边轴旋转时，是指（　　）的路面内侧边缘线保留在原来的位置不动。
   A. 路基未加宽时　　B. 路面未加宽时　　C. 路面加宽后
4. 公路弯道加宽一般在（　　）进行。
   A. 外侧　　B. 内侧　　C. 两侧

5. 高速公路和一级公路应满足（　　）视距的要求。
   A. 超车　　　　　　　　B. 停车　　　　　　　　C. 2倍的停车
6. 双车道公路一般情况下应保证（　　）视距的要求。
   A. 停车　　　　　　　　B. 2倍的停车　　　　　C. 超车
7. 新建双车道公路的超高方式一般采用绕（　　）。
   A. 内边轴旋转　　　　　B. 中轴旋转　　　　　　C. 外边轴旋转
8. 一般公路在高路堤情况下的超高方式可采用绕（　　）。
   A. 内边轴旋转　　　　　B. 外边轴旋转　　　　　C. 中轴旋转
9. 一般公路在旧路改建时的超高方式可采用绕（　　）。
   A. 内边轴旋转　　　　　B. 外边轴旋转　　　　　C. 中轴旋转
10. 公路直线部分的路拱横坡度为2%，则公路圆曲线部分最小超高横坡度应是（　　）。
    A. 3%　　　　B. 2%　　　　C. 5%　　　　D. 非定值
11. 汽车行驶在设有超高的弯道上，汽车所受到的横向力（　　）。
    A. 有可能等于零　　B. 不可能等于零　　C. 永远大于零　　D. 永远小于零
12. 汽车转弯行驶时的理论轨迹为（　　）。
    A. 二次抛物线　　B. 高次抛物线　　C. 双纽线　　D. 回旋曲线
13. 《标准》规定各级公路最大容许合成坡度的目的是（　　）。
    A. 控制急弯和陡坡的组合　　　　　　B. 控制最大超高横坡度
    C. 保证冰雪路面的行车安全　　　　　D. 比纵坡指标更科学合理
14. 不使驾驶员操纵方向盘感到困难的平曲线最小长度为计算行车速度的（　　）行程。
    A. 3s　　　　B. 5s　　　　C. 6s　　　　D. 9s
15. 横净距是指视距线至（　　）的法向距离。
    A. 路中线　　B. 路面内边缘线　　C. 行车轨迹线　　D. 路基内边缘线
16. 各级公路超高横坡度的最小值为（　　）。
    A. 1.5%　　　　B. 2%　　　　C. 3%　　　　D. 路拱横坡度

三、问答题

1. 为什么要限制最大超高横坡度？
2. 设置缓和曲线的目的是什么？
3. 简答圆曲线设置加宽的原因及条件。
4. 简答超高缓和段绕路面内边轴旋转的形成过程。
5. 什么是行车视距？哪些场合下行车视距会受到限制？
6. 在平面线形设计中，对直线段长度有何限制要求？
7. 何谓超高？简答设置超高的原因及条件。

四、计算题

1. 高速公路设计车速为$V=120$km/h，路拱横坡度为2%，若横向力系数采用0.040。试计算不设超高圆曲线最小半径（取500m的整数倍）。
2. 某二级公路有一弯道，其平曲线半径$R=400$m，交点桩号为K8+075.756，偏角

$α_y=27°53'55''$，若缓和曲线长度为 70m，试计算该平曲线的五个基本桩号。

3. 某新建二级公路，设计车速为 80km/h，路面宽 9m，路肩宽 1.5m，路拱横坡度采用 2%，路肩横坡度 3%，有一弯道超高横坡度为 6.0%，全加宽值为 1.0m，根据实际情况拟采用内边轴旋转方式，超高渐变率取 1/150，试计算曲线整 10m 桩号处的超高值。

五、绘图题

请按照表 2.15 中的路中线数据，绘制路线平面设计图（只包括路中线）。

要求：比例尺 1∶2000，A3 图幅。

第3章 公路纵断面设计

【学习目标】
(1) 掌握纵坡设计的一般原则。
(2) 掌握纵坡设计的方法及步骤。
(3) 理解平纵组合的原则。

【技能目标】
(1) 能正确运用纵断面设计指标。
(2) 会计算纵坡及竖曲线上各点设计高程。
(3) 能运用正确的方法和步骤进行公路路线纵断面设计。
(4) 会进行平纵线形组合设计。
(5) 能绘制纵断面设计图。
(6) 会填写路基设计表。

3.1 概 述

3.1.1 概述

沿着公路中线竖直剖切然后展开即为公路的纵断面,它反映路线在纵断面上的形状、位置和尺寸。由于自然因素的影响以及经济性要求,路线纵断面总是一条有起伏的空间线。纵断面设计的主要任务就是根据汽车的动力特性、公路等级、地形、地物、水文地质,综合考虑路基稳定、排水以及工程经济性等,研究纵坡的大小、长短、竖曲线半径以及与平面线形的组合关系,以便达到行车安全迅速、运输经济合理及乘客感觉舒适的目的。

纵断面图是公路纵断面设计的主要成果,也是公路设计的技术文件之一,把公路的纵断面图与平面图结合起来,就能完整地表达公路的空间位置和立体线形。

在纵断面图上有两条主要的线:一条是地面线,它是根据中线上各桩点的地面高程而点绘的一条不规则的折线,反映了沿着中线地面的起伏变化情况;另一条是设计线,它是设计人员经过技术上、经济上以及美学上等多方面比较后定出的一条具有规则形状的几何线,反映了公路路线纵面的起伏变化情况。纵断面设计线是由直线和竖曲线组成的,如图3.1所示。

直线(即均匀坡度线)有上坡和下坡,是用坡度和水平长度表示的。直线的坡度和长度影响着汽车的行驶速度和运输的经济以及行车的安全,它们的一些临界值的确定和必要的限制,是以通行的汽车类型及行驶性能来决定的。

在直线的坡度转折处为平顺过渡要设置竖曲线,按坡度转折形式的不同,竖曲线采用

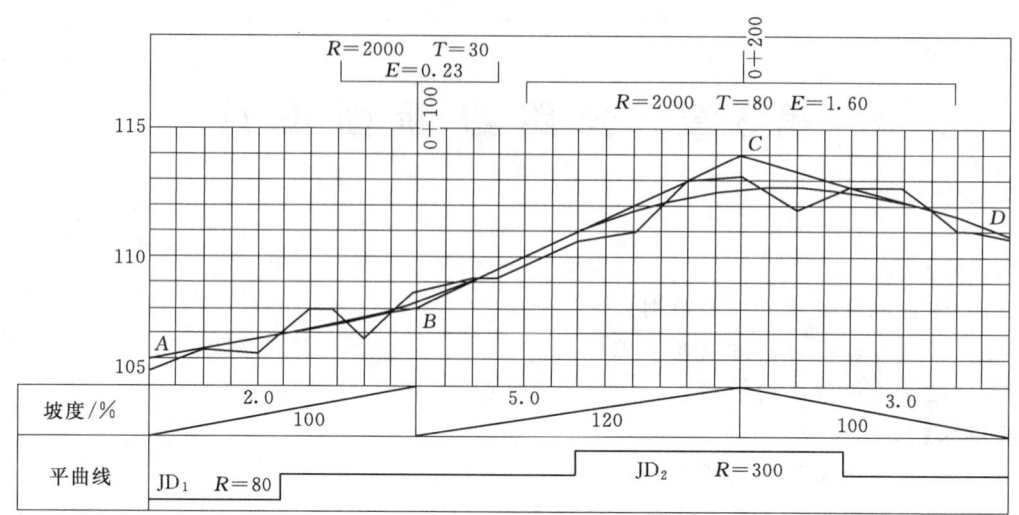

图 3.1 公路纵断面示意

二次抛物线，形式有凹有凸，其大小用半径和长度表示。

3.1.2 路基设计标高的规定

路线纵断面图上的设计标高，即为路基设计标高，其具体位置规定如下：

1. 新建公路的路基设计标高

高速公路和一级公路采用中央分隔带的外侧边缘标高。二级、三级、四级公路采用路基边缘标高，在设置超高、加宽地段为设置超高、加宽前该处边缘标高。

2. 改建公路的路基设计标高

一般按新建公路的规定执行，也可视具体情况而采用中央分隔带中线或行车道中线标高。

3.2 纵坡及坡长设计

3.2.1 纵坡设计的一般要求

1. 汽车行驶要求

汽车行驶的牵引力来源于汽车的发动机，发动机将燃料燃烧所放出的热能转化为机械能；汽车行驶的阻力有空气阻力、滚动阻力、坡度阻力和惯性阻力，要保证汽车正常行驶，牵引力必须大于或等于各项阻力之和；但汽车牵引力发挥受轮胎和路面之间摩阻力限制，如果轮胎和路面之间摩阻力不够大时，牵引力就不可能发挥作用，车轮只能空转打滑，所以汽车的牵引力又受驱动轮与路面之间摩阻力的限制。当路面阻力较大时，汽车行驶条件较差，当路面阻力超过一定限度，汽车将无法行驶。

为了使汽车能保持较高的车速，少用低档和减少换挡次数，确保行车安全舒适，除要求道路平整、坚实和粗糙外，对纵断面线形有如下要求：

(1) 纵坡度力求平缓。

(2) 陡坡宜短,长坡道的纵坡度应加以严格限制。

(3) 纵坡度的变化不宜太多,尤其应避免急剧起伏变化,力求纵坡均匀。

2. 纵坡设计的一般要求

为满足汽车行驶要求,纵坡设计一般规定如下:

(1) 纵面线形应平顺、圆滑、视觉连续,并与地形相适应,与周围环境相协调。

(2) 纵坡设计应考虑填挖平衡,并利用挖方就近作为填方,以减轻对自然地面横坡与环境的影响。

(3) 相邻纵坡的代数差小时,应采用大的竖曲线半径。

(4) 连续上坡路段的纵坡设计,除上坡方向应符合平均纵坡、不同纵坡最大坡长规定的技术指标外,还应考虑下坡方向的行驶安全。凡个别技术指标接近或达到最大值的路段,应结合前后路段各技术指标设置情况,采用运行速度对连续上坡方向的通行能力与下坡方向的行车安全进行检验。

(5) 路线交叉处前后的纵坡应平缓。

(6) 位于积雪或冰冻地区的公路,应避免采用陡坡。

3.2.2 最大纵坡与最小纵坡

3.2.2.1 最大纵坡

在高差较大的地区,坡度越大,公路里程就越短,一般来说工程量也越省;但由于汽车的牵引力有一定的限度,故纵坡不能太大,必须对纵坡加以限制。最大纵坡是公路纵坡设计的极限值,是纵断面线形设计的一项重要指标。纵坡的大小将直接影响路线的长短、使用质量、行车安全以及运营成本和工程的经济。

汽车沿陡坡上坡行驶时,因升坡阻力增加而增大牵引力,从而降低车速,若长时间爬陡坡,会引起汽车水箱沸腾、气阻,使行驶无力以至发动机熄火,使行驶条件恶化。汽车下陡坡时制动次数增加,制动器易发热而失灵,造成驾驶员心理紧张,也容易发生车祸。因此,从行车安全考虑对最大纵坡必须加以限制。

1. 确定最大纵坡应考虑的因素

确定最大纵坡的主要依据是汽车的动力性能、公路等级、自然因素、车辆行驶安全以及工程、运营经济等因素。

(1) 汽车的动力性能:考虑公路上行驶的车辆类型,满足汽车按设计速度行驶的基本条件。

(2) 公路等级:不同的公路等级要求的行车速度不同;公路等级越高、行车速度越大,要求的纵坡越平缓。

(3) 自然因素:公路所经过的地形、海拔高度、气温、雨量、湿度和其他自然因素,均影响汽车的行驶条件和上坡能力。

2. 最大纵坡的确定

最大纵坡的确定除了考虑汽车的动力性能、公路等级和自然条件外,还必须保证汽车行驶安全。

汽车上坡时,要考虑行驶车辆,特别是拖挂车的爬坡能力,从不致使拖挂车行驶困难方面考虑,大型载货汽车爬7%~8%的纵坡需用二挡或一挡。汽车下坡时,要考虑汽的制动安全。调研表明,汽车在陡坡路段下坡时,由于制动次数过多,容易使制动器发热失效,导致事故发生。此外,还要考虑公路混合交通时畜力车、自行车等民间运输工具的要求,以及雨雪冰滑时汽车上下坡的行驶要求,因此最大纵坡应控制在8%左右为宜。

最大纵坡是各级公路纵坡限制值,只有在山岭区路线特别困难时采用。《标准》规定各级公路的最大纵坡见表3.1。

表3.1　　　　　　　　　公 路 最 大 纵 坡

设计速度/(km/h)	120	100	80	60	40	30	20
最大纵坡/%	3	4	5	6	7	8	9

设计速度为120km/h、100km/h、80km/h的高速公路受地形条件或其他特殊情况限制时,经技术经济论证,最大纵坡值可增加1%。

公路改扩建中,设计速度为40km/h、30km/h、20km/h的利用原有公路的路段,经技术经济论证,最大纵坡值可增加1%。

3. 纵坡折减

(1) 高原纵坡。在海拔3000m以上的高原地区,因为空气稀薄而使汽车输出功率降低,相应降低了汽车的爬坡性能;此外,在高原地区行车,大气压强低,水箱易开锅,所以各级公路的最大纵坡应按表3.2的规定进行折减;最大纵坡折减后,如小于4%时,仍采用4%。

表3.2　　　　　　　　　高 原 纵 坡 折 减

海拔高度/m	3000～4000	4000～5000	5000以上
折减值/%	1	2	3

(2) 桥梁隧道纵坡。大、中桥上的纵坡不宜大于4%,桥头引道纵坡不宜大于5%;位于市镇附近非汽车交通量较大的地段,桥上及桥头引道纵坡均不得大于3%;小桥涵纵坡随路线。隧道内的纵坡不应大于3%,并不得小于0.3%;独立的明洞和长度小于50m的隧道可不受上述限制。

(3) 非汽车交通量较大的路段纵坡。非汽车交通量较大的路段纵坡,应根据具体情况将纵坡放缓;平原微丘区一般不大于2%～3%,山岭重丘区一般不大于4%～5%。

3.2.2.2　最小纵坡

为使公路上行车快速、安全和畅通,公路纵坡设计应取小值,但是,为了保证挖方地段、设置边沟的低填方地段和横向排水不畅地段的纵向排水,防止积水渗入路基而影响其稳定,规定各级公路的长路堑路段以及其他横向排水不畅的路段,均应采用不小于0.3%的纵坡。

当必须设计水平坡(0)或小于0.3%的纵坡时,边沟排水设计应与纵坡设计一起综合考虑,其边沟应作纵向排水设计。

3.2.3　坡长限制

1. 最大坡长的限制

公路纵坡的大小及坡长对汽车正常行驶影响很大,坡长限制主要由汽车动力性能来决

3.2 纵坡及坡长设计

定。长距离的陡坡对汽车行驶不利。连续上坡，发动机过热影响机械效率，从而使行驶条件恶化，连续下坡则因刹车频繁而危及行车安全，因此，纵坡越陡，坡长越长，对行车的影响越大。《标准》对各级公路不同纵坡的最大坡长规定见表3.3。

表3.3　　　　　　　　　　　不同纵坡的最大坡长　　　　　　　　　　单位：m

纵坡坡度 /%	设计速度/(km/h)						
	120	100	80	60	40	30	20
3	900	1000	1100	1200	—	—	—
4	700	800	900	1000	1100	1100	1200
5	—	600	700	800	900	900	1000
6	—	—	500	600	700	700	800
7	—	—	—	—	500	500	600
8	—	—	—	—	300	300	400
9	—	—	—	—	—	200	300
10	—	—	—	—	—	—	200

当单一纵坡的长度超过表中规定值，或者路段平均纵坡较大时，应通过通行能力验算，论证设置供大型车辆上坡的爬坡车道。

具体应用时，高速公路和一级公路纵坡及坡长限制的选用应充分考虑车辆运行质量的要求。对高速公路来讲，即使是2%的纵坡，坡长也不宜过长。

2. 陡坡组合坡长

当连续陡坡是由几个不同受限坡度值的坡段组合而成时，应按不同坡度的坡长限制折算确定；其连续陡坡最短坡长应大于规范规定最小坡长。

公路纵坡设计时，当连续陡坡由几个不同坡度值的坡段组合而成时，相邻坡段长度应按限制的规定进行坡长折算。例如：某山岭区三级公路，第一坡段纵坡度为7%，长度为200m，即占坡长限制的2/5；第二坡段纵坡度为6%，长度为200m，即占坡长限制的2/7；第一坡段、第二坡段设计完后还剩：1−2/5−2/7=31.43/100，若第三坡段采用4%的坡度，第三段坡长最长采用（31.43/100）×1100＝345.71m，这时就把100%的坡长值全用完了，在使用坡长限制的纵坡度时，坡长只能小于或等于100%的坡长限制，一般情况下，应留有一定的余地。

3. 最小坡长限制

最小坡长是指相邻两个变坡点之间的最小长度。最小坡长限制主要是从汽车行驶平顺性的要求考虑。如果坡长过短，使变坡点数量增多，汽车行驶在连续起伏地段产生增重与减重的频繁变化，导致感觉不舒适，车速越高感觉越强烈。此外，从路容美观、相邻两竖曲线的设置和纵断面的视距等方面也要求坡长不能太短。为使纵断面线形不至于因起伏频繁而呈锯齿形的状况，并便于平面线形的合理布设，应对纵坡的最小长度做出限制。最小坡长通常以设计速度行驶9～15s的行程作为规定值。《标准》规定，各级公路最小坡长见表3.4。

表 3.4 公路最小坡长

设计速度/(km/h)	120	100	80	60	40	30	20
最小坡长/m	300	250	200	150	120	100	60

3.2.4 平均纵坡与合成坡度

1. 平均纵坡

平均纵坡是指一定长度的路段纵向所克服的高差与该路段长度的比，如式（3.1）所示。平均纵坡是从宏观上控制路线纵坡，是衡量路线线形设计质量的重要指标之一。

$$i_p = \frac{h}{l} \tag{3.1}$$

式中 i_p——平均纵坡，%；

h——路段两端的高差，m；

l——路段长度，m。

根据对山区公路行车的实际调查发现，虽然有时公路纵坡设计完全符合最大纵坡、坡长限制及缓和坡长的规定，但也不能完全保证行车顺利安全。如果在长距离内，平均纵坡较大，汽车上坡用二挡时间较长，发动机长时间发热，易导致汽车水箱沸腾、气阻；同样，汽车下坡时，频繁刹车，易引起制动器发热，甚至烧毁制动片，加之驾驶员心理过分紧张，极易发生事故。因此，从汽车行驶方便和安全角度出发，除合理运用最大纵坡、坡长限制及缓和坡段的规定外，还应控制平均纵坡。

平均纵坡与坡长有关，还与相对高差有关。《标准》规定，二级及二级以下公路的越岭路线连续上坡（或下坡）路段，相对高差为 200～500m 时，平均纵坡不应大于 5.5%；相对高差大于 500m 时，平均纵坡不应大于 5%。任意连续 3km 路段的平均纵坡不宜大于 5.5%。

高速公路、一级公路应论证采用合理的平均纵坡。对存在连续长、陡纵坡的路段应进行安全性评价。

2. 合成坡度

公路在平曲线地段，若纵向有纵坡并横向有超高时，则最大坡度既不在纵坡上，也不在横向超高上，而是在纵坡和超高的合成方向上，这个最大的坡度称之为合成坡度，又叫做流水线坡度，如图 3.2 所示。合成坡度可按矢量关系或勾股定理关系导出，如式（3.2）所示：

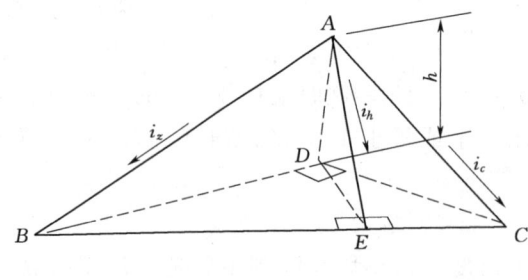

图 3.2 合成坡度示意

$$i_h = \sqrt{i_z^2 + i_c^2} \tag{3.2}$$

式中 i_h——合成坡度，%；

i_z——公路平曲线处的纵坡，%；

i_c——公路平曲线处的超高横坡度，%。

汽车在有合成坡度的地段行驶，若合成坡度过大，当车速过慢或汽车停在弯道上时，

3.3 竖 曲 线

汽车可能沿合成坡度的方向产生侧滑；同时若遇急弯陡坡，汽车可能沿合成坡度方向冲出弯道而造成事故；此外，当合成坡度较大时，还会造成汽车倾斜、货物偏重，致使汽车倾倒，给行车安全带来影响。

因此，我国《标准》规定了各级公路的最大容许合成坡度（表 3.5）。最大合成坡度是控制极限值，一般情况下应留有一定的余地。

当陡坡与小半径平曲线相重叠时，在条件许可的情况下，以采用较小的合成坡度为宜。特别是在以下情况时合成坡度必须小于 8%。

（1）冬季路面有积雪、结冰地区。
（2）自然横坡较陡峻的傍山路段。
（3）非汽车交通量比率高的路段。

表 3.5　　　　　　　　　　　公 路 最 大 合 成 坡 度

公路等级	高速公路			一级公路			二级公路		三级公路		四级公路
设计速度/(km/h)	120	100	80	100	80	60	80	60	40	30	20
合成坡度值/%	10.0	10.0	10.5	10.0	10.0	10.5	9.0	10.0	9.5	10.0	10.0

为满足排水要求，各级公路的最小合成坡度不宜小于 0.5%。在超高过渡的变化处，合成坡度不应设计成 0。当合成坡度小于 0.5% 时，应采取综合排水措施，以保证路面排水畅通。

3.3 竖 曲 线

当纵断面上两条坡度不同的相邻纵坡线相交时，就出现了变坡点。为保证行车安全、舒适以及视距的需要，而在变坡处设置的纵向曲线叫竖曲线。竖曲线分凸形竖曲线和凹形竖曲线两种形式。所以纵断面设计线是由直坡段和竖曲线组成。

3.3.1 竖曲线要素计算

如图 3.3 所示，A、B 为变坡点，前坡段纵坡 i_1，后坡段纵坡 i_2，规定上坡时取正值，下坡时取负值。相邻两坡度线的交角用坡度差表示，坡度角一般较小，可近似地用两坡段坡度的代数差表示，如式（3.3）所示：

$$\omega = i_1 - i_2 \tag{3.3}$$

当 $i_1 - i_2$ 为正值时，竖曲线开口向下，为凸形竖曲线。当 $i_1 - i_2$ 为负值时，竖曲线开口向上，为凹形竖曲线，如图 3.3 所示。

竖曲线采用二次抛物线形式，由于竖曲线的前后坡差很小，抛物线呈非常平缓的线形，因曲率变化较小，所以实际上与圆曲线几乎相同。设抛物线顶点半径为 R，则竖曲线基本要素（图 3.4）计算如下：

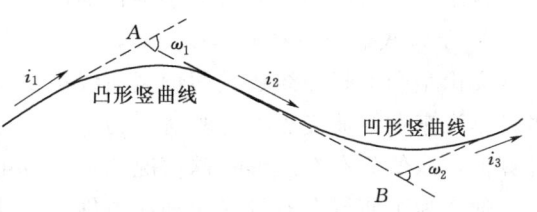

图 3.3 竖曲线示意

竖曲线的曲线长：
$$L = R\omega \tag{3.4}$$

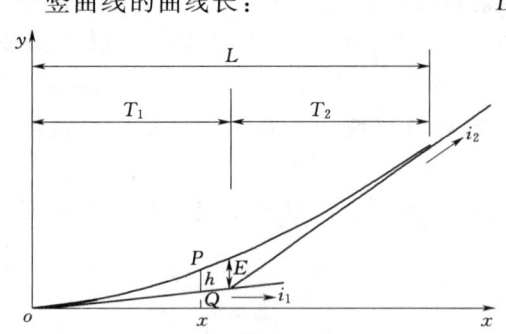

图3.4 竖曲线要素示意

竖曲线的切线长：
$$T = \frac{R\omega}{2} \tag{3.5}$$

竖曲线的外距：
$$E = \frac{T^2}{2R} \tag{3.6}$$

竖曲线上任意点至相应切线的竖向距离，称为竖距：
$$h = \frac{l^2}{2R} \tag{3.7}$$

式中 l——竖曲线上任意点至竖曲线起点（或终点）的距离，m；

R——竖曲线的半径，m。

3.3.2 竖曲线技术要求

3.3.2.1 竖曲线的最小半径

1. 凸形竖曲线最小半径的确定

（1）缓和冲击。汽车行驶在竖曲线上时，产生径向离心力，为避免汽车在凸形竖曲线上失重过大，所以确定竖曲线半径时，对离心力要加以控制。

（2）满足视距的要求。汽车行驶在凸形竖曲线上，如果竖曲线半径太小，路面上凸会阻挡司机的视线。为了行车安全，对凸形竖曲线的最小半径和最小长度应加以限制。

2. 凹形竖曲线最小半径的确定

（1）缓和冲击。汽车行驶在凹形竖曲线上，由于离心力的作用，要产生增重。竖曲线半径越小，离心力越大；当重量变化程度达到一定时，就会影响旅客的舒适性，同时也会使汽车的悬挂系统产生超载。

（2）汽车夜间行驶前灯照射距离要求。汽车行驶在凹形竖曲线上时，也同样存在视距问题。对地形起伏较大地区的路段，在夜间行车时，若半径过小，前灯照射距离过短，影响行车安全和速度。

（3）跨线桥下视距要求。在公路上有许多跨线桥、门式交通标志及广告宣传牌等，如果它们正好处在凹形竖曲线上方，也会影响驾驶员的视线。为保证汽车穿过跨线桥时有足够的视距，应对凹形竖曲线最小半径加以限制。

3. 竖曲线最小半径的取值

无论是凸形竖曲线还是凹形竖曲线都要受到离心力、视距因素控制。竖曲线极限最小半径是汽车在纵坡变更处行驶时，为了缓和行车冲击和保证行车视距所必需的最小半径的计算值，该值只有在地形特殊情况约束时方可采用。

通常为了使行车有较好的舒适条件，设计时多采用大于极限最小半径1.5~2.0倍的竖曲线半径，该值为竖曲线一般最小值。

4. 竖曲线最小长度

与平曲线相似，当坡度角较小时即使采用较大的竖曲线半径，竖曲线的长度也很短,这样容易使驾驶员产生急促的变坡感觉,同时,竖曲线长度过短,易对行车造成冲击。因此,汽车在竖曲线上行驶的时间不能太短,通常控制汽车在竖曲线上行驶时间不少于3s。

各级公路的竖曲线最小半径和最小长度规定如表3.6所示,在竖曲线设计时,不但保证竖曲线半径要求,还必须满足竖曲线最小长度规定。

表 3.6　　　　　　　　　公路竖曲线最小半径和竖曲线最小长度

设计速度/(km/h)		120	100	80	60	40	30	20
凸形竖曲线半径/m	极限最小值	11000	6500	3000	1400	450	250	100
	一般最小值	17000	10000	4500	2000	700	400	200
凹形竖曲线半径/m	极限最小值	4000	3000	2000	1000	450	250	100
	一般最小值	6000	4500	3000	1500	700	400	200
竖曲线最小长度/m		100	85	70	50	35	25	20

3.3.2.2　竖曲线的设计和计算

1. 竖曲线设计的一般要求

竖曲线是否平顺,在视觉上是否良好,往往是构成纵面线形优劣的主要因素。竖曲线设计应满足以下要求:

(1) 在不过分增加工程量的情况下,宜选用较大的竖曲线半径。通常采用大于竖曲线一般最小半径的半径值,特别是当坡度差较小时,更应采用大半径,以利于视觉和路容美观。只有当地形限制或其他特殊困难不得已时才允许采用极限最小半径。在有条件的路段,为获得平顺而连续且视觉良好的纵面线形,可参照表3.7选择竖曲线半径。

表 3.7　　　　　　　　　从视觉观点所需的竖曲线最小半径

设计速度/(km/h)	竖曲线半径/m	
	凸形	凹形
120	20000	12000
100	16000	10000
80	12000	8000
60	9000	6000
40	3000	2000

(2) 同向竖曲线,特别是两同向凹形竖曲线间如果直线坡段不长,应合并为单曲线或复曲线形式的竖曲线,避免出现断背曲线。

(3) 反向竖曲线间应设置一段直线坡段,直线坡段的长度一般不小于设计速度的3s行程,使汽车从失重(或增重)过渡到增重(失重)有一个缓和段。

(4) 竖曲线设置应满足排水需要。若邻纵坡的代数差很小时,采用大半径竖曲线可能导致竖曲线上的纵坡小于0.3%,不利于排水,应重新进行设计。

2. 竖曲线计算

竖曲线计算的目的是确定设计纵坡上指定桩号的设计高程（即路基设计标高）。其计算步骤如下：

(1) 合理确定竖曲线半径 R。

(2) 根据变坡点前后相邻纵坡度 i_1、i_2，由式 (3.3) 计算变坡角 ω。再利用式 (3.4)～式 (3.6) 计算竖曲线的基本要素：竖曲线长 L、切线长 T 和外距 E。

(3) 计算竖曲线的起、终点的桩号：

$$竖曲线的起点桩号 = 变坡点桩号 - 切线长 T \tag{3.8}$$

$$竖曲线的终点桩号 = 变坡点桩号 + 切线长 T \tag{3.9}$$

(4) 计算竖曲线上任意点切线高程，即未设竖曲线时的设计高程

$$H_切 = H_0 \pm (T-x)i \tag{3.10}$$

式中 H_0——变坡点高程，m；

x——横距，即计算点桩号与竖曲线起点（或终点）的桩号差，m；

i——前坡或后坡的纵坡度，%。

利用该式可以直接计算直坡段上任意点的设计高程。

(5) 计算竖曲线上指定桩号的竖距 y，也称为改正值：

$$y = \frac{x^2}{2R} \tag{3.11}$$

(6) 计算竖曲线上任意点设计标高 H

凸形竖曲线：

$$设计标高 = 切线标高 H_切 - 改正值 y \tag{3.12}$$

凹形竖曲线：

$$设计标高 = 切线标高 H_切 + 改正值 y \tag{3.13}$$

【例 3.1】 某山岭区二级公路，变坡点桩号为 K3+470，高程为 295.60m，前坡为上坡，$i_1 = 5\%$，后坡为下坡，$i_2 = -4\%$，竖曲线半径 $R = 5000$m。试计算竖曲线要素、竖曲线起、终点高程及 K3+300 和 K3+600 处的设计高程。

解：(1) 计算竖曲线要素。

变坡角：$\omega = i_1 - i_2 = 5\% - (-4\%) = 0.09$，该竖曲线为凸形

曲线长：$L = R\omega = 5000 \times 0.09 = 450$ (m)

切线长：$T = L/2 = 450/2 = 225$ (m)

外距：$E = \frac{T^2}{2R} = \frac{225^2}{2 \times 5000} = 5.06$ (m)

(2) 竖曲线起、终点桩号及高程。

竖曲线起点桩号 = (K3+470) - 225 = K3+245

竖曲线终点桩号 = (K3+470) + 225 = K3+695

竖曲线起点高程 = 295.60 - 225 × 0.05 = 284.35(m)

竖曲线终点高程 = 295.60 - 225 × (-0.04) = 304.60(m)

(3) K3+300 处的设计标高。

K3+300 处：该点在变坡点之前。

横距 $x=(K3+300)-(K3+245)=55(m)$，则 $T-x=225-55=170(m)$

改正值：$y=\dfrac{x^2}{2R}=\dfrac{55^2}{2\times 5000}=0.30$ （m）

切线高程 $=295.60-170\times 0.05=287.10(m)$

设计标高 $=287.10-0.30=286.80(m)$

（4）K3+600 处的设计标高。

K3+600 处：该点在变坡点之后。

横距 $x=(K3+695)-(K3+600)=95(m)$，则 $T-x=225-95=130(m)$

改正值：$y=\dfrac{x^2}{2R}=\dfrac{95^2}{2\times 5000}=0.90$ （m）

切线高程 $=295.60-130\times 0.04=290.40(m)$

设计标高 $=290.4-0.90=289.50(m)$

在实际工程中，需要计算竖曲线上中桩各点高程（本例仅计算了竖曲线起终点、边坡点和百米桩高程），见表 3.8。

表 3.8 竖曲线上各点设计高程计算

桩号	横距 x /m	待求点至变坡点距离 $T-x$ /m	改正值 y /m	前坡切线高程 /m	后坡切线高程 /m	设计高程 /m
K3+245	0.00	225.00	0	284.35		284.35
K3+300	55.00	170.00	0.3025	287.1		286.80
K3+400	155.00	70.00	2.4025	292.1		289.70
K3+470	225.00	0.00	5.0625	295.6		290.54
K3+500	195.00	30.00	3.8025		294.4	290.60
K3+600	95.00	130.00	0.9025		290.4	289.50
K3+695	0.00	225.00	0		286.6	286.60

3.4 爬坡车道、变速车道与避险车道

3.4.1 爬坡车道设计

载重汽车的混合率大时，会影响上坡路段的通行能力，设爬坡车道后，将易受坡度影响的低速车分流于爬坡车道上行驶，这样既发挥经济效益，又避免了强行超车，有利于行车安全。

1. 设置条件

《标准》规定，高速公路、一级公路以及二级公路的连续上坡路段，当通行能力、运行安全受到影响时，应设置爬坡车道，如图 3.5 所示。爬坡车道的设置应考虑路段内大型车的爬坡性能和混入率对通行能力及大、小车型速度差等的影响。

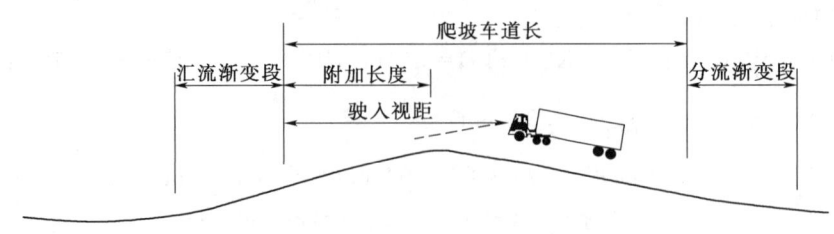

图 3.5　爬坡车道示意

四车道高速公路、四车道一级公路以及二级公路连续上坡路段，符合下列情况之一者，宜在上坡方向行车道右侧设置爬坡车道。

(1) 沿连续上坡方向载重汽车的运行速度降低到表 3.9 的容许最低速度以下时。

表 3.9　上坡方向容许最低速度

设计速度/(km/h)	120	100	80	60	40
容许最低速度/(km/h)	60	55	50	40	25

(2) 上坡路段的设计通行能力小于设计小时交通量时。

(3) 经设置爬坡车道与改善主线纵坡不设爬坡车道技术经济比较论证，设置爬坡车道的效益费用比、行车安全性较优时。

2. 爬坡车道的宽度

(1) 高速公路、一级公路以及二级公路在连续上坡路段设置爬坡车道时，其宽度不应小于 3.50m。爬坡车道宽度内不包含右侧硬路肩的宽度。六车道以上高速公路，可不设爬坡车道。

(2) 高速公路、一级公路的爬坡车道应紧靠车道的外侧设置，可利用硬路肩宽度，爬坡车道的外侧应设置路缘带和土路肩。

(3) 二级公路的爬坡车道应紧靠车道的外侧设置，可利用硬路肩宽度。当需保留原来供非汽车交通行驶的硬路肩时，该部分应移至爬坡车道的外侧。

3. 爬坡车道的超高和加宽

爬坡车道的超高坡度规定见表 3.10，超高横坡的旋转轴为爬坡车道内侧边缘线。爬坡车道的超高坡度是按爬坡车道的行车速度确定的，因爬坡车道行车速度低于主线行车速度，故爬坡车道的超高小于主线的超高。

表 3.10　爬坡车道的超高坡度值

主线的超高坡度/%	10	9	8	7	6	5	4	3	2
爬坡车道的超高坡度/%		5			4			3	2

爬坡车道的曲线加宽按一个车道曲线加宽规定执行。

4. 坡车道的起、终点与长度

爬坡车道的起点，应设于陡坡路段上载重汽车运行速度降低至表 3.9 中"容许最低速度"处。

爬坡车道的终点，应设于载重汽车爬经陡坡路段后恢复至"容许最低速度"处，或陡坡路段后延伸的附加长度的端部。该陡坡路段后延伸的附加长度规定见表3.11。

表 3.11　　　　　　　　　陡坡路段后延伸的附加长度

附加路段的纵坡/%	下坡	平坡	上坡			
			0.5	1.0	1.5	2.0
附加长度/m	100	150	200	250	300	350

爬坡车道起点、终点处应设置分流、汇流渐变段，其长度规定见表3.12。

表 3.12　　　　　　　　爬坡车道分流、汇流渐变段的长度

公路等级	分流渐变段长度/m	汇流渐变段长度/m
高速公路、一级公路	100	150～200
二级公路	50	90

相邻两爬坡车道相距较近时，宜将两爬坡车道直接相连。

高速公路、一级公路爬坡车道长度大于500m时，应按规定在其右侧设置紧急停车带。

3.4.2　变速车道设计

加速车道是为保证驶入干道的车辆，在进入干道车流之前，能安全加速以保证汇流所需的距离而设的变速车道；减速车道是为保证车辆驶出干道时能安全减速而设的变速车道。

互通式立体交叉、服务区、停车区、公共汽车停靠站、管理设施等的出入口处、高速公路、一级公路应设置加（减）速车道，二级公路应设置过渡段。

加（减）速车道宽度应为3.50m。

3.4.3　避险车道设计

避险车道是指在行车道外侧增设的、供制动失效车辆驶离、减速停车、自救的专用车道。连续长陡下坡路段，应结合交通安全评价论证设置避险车道。

调查与分析表明，当长陡下坡平均纵坡大于或等于4%，纵坡连续长度大于或等于3km，交通组成中的大、中型载重车占50%以上，且载重车缺少辅助制动装置的路段，在危及运行安全处应设置避险车道。失控车辆一般是由于机器过热或机械发生故障致使制动失灵，或者因调档失误而使驾驶者失去对车辆的控制所造成的。

避险车道的设置位置应与主线保持适当的驶离角度，并应修建在失控车辆不能安全转弯的主线弯道之前以及修建在坡底人口稠密区之前。

避险车道的宽度不应小于4.50m。

3.5　公路平面与纵断面线形组合

公路空间线形是由平面线形、纵断面线形及横断面所组成的空间带状结构物；公路设计是从路线规划开始的，然后经选线、平面线形设计、纵断面设计和平纵线形组合设计，

最终以平、纵、横组合的立体线形展现出来。汽车行驶过程中，实际行车速度是驾驶员根据对立体线形的判断作出的，因此，设计中不仅仅满足平面、纵断面线形标准，还必须满足公路空间线形视觉的连续性，并有足够的舒适感和安全感。

3.5.1 公路平纵线形组合的基本原则

平面与纵断面的线形组合是指在满足汽车运动学和力学要求的前提下，研究如何满足视觉和心理方面的连续性、舒适感，研究与周围环境的协调和良好的排水条件，公路平、纵线形组合的基本原则是：

（1）线形组合设计中，各技术指标除应分别符合平面、纵断面规定值外，还应考虑横断面对线形组合与行驶安全的影响，应避免平面、纵断面、横断面的最不利值的相互组合。

（2）在确定平面、纵断面的各相对独立技术指标时，各自除应相对均衡、连续外，应考虑与之相邻路段的各技术指标值的均衡、连续。

（3）条件受限制时选用平面、纵断面的各接近或采用最大（最小）值及其组合时，应考虑前后地形、技术指标运用等对实际行驶速度的影响，其运行速度与设计速度之差不应大于20km/h。

（4）应同公路外部沿线自然景观和地质条件等相互协调。

（5）路线线形自然地诱导驾驶者的视线，并保持视觉的连续性。

1）设计车速≥60km/h的公路，应注重空间线形设计，不仅要满足汽车运动学和力学要求，而且应充分考虑驾驶者在视觉和心理上的要求：线形连续、指标均衡、视觉良好、景观协调、安全舒适。

2）设计车速≤40km/h时，应在保证行驶安全的前提下，正确运用线形要素规定值，在条件允许的情况下力求作到各种线形要素的合理组合，并尽量避免和减少不利组合。

3.5.2 平纵线形组合的基本方式

1. 平纵线形的组合方式

把平面线形分解为直线和曲线，纵断面线形分解为直线、凸形竖曲线和凹形竖曲线，则平纵线形组合共有六种基本形式，如图3.6所示。

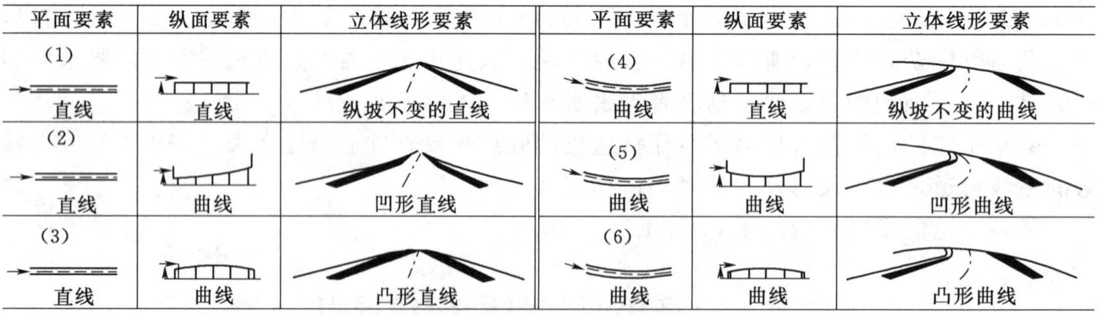

平面要素	纵面要素	立体线形要素	平面要素	纵面要素	立体线形要素
（1）直线	直线	纵坡不变的直线	（4）曲线	直线	纵坡不变的曲线
（2）直线	曲线	凹形直线	（5）曲线	曲线	凹形曲线
（3）直线	曲线	凸形直线	（6）曲线	曲线	凸形曲线

图3.6 平纵组合立体线形要素

2. 平曲线和竖曲线组合

平曲线和竖曲线两者在一般情况下应相互对应，如图3.7所示，竖曲线的起、终点最好分别放在平曲线的两个缓和曲线内,其中任一点都不要放在缓和曲线以外的直线上,也不要放在圆弧段之内,这就是所谓的"平包竖"。这种立体线形不仅能起到诱导视线的作用,而且可取得平顺和流畅的效果。

平曲线与竖曲线大小应保持均衡,平、竖曲线几何要素要大体平衡、匀称、协调,不要把过缓与过急、过长与过短的平曲线和竖曲线组合在一起。表 3.13 为平、竖曲线半径大致均衡的参考值。

当平曲线半径和竖曲线半径都很小时,平曲线和竖曲线两者不宜重叠。

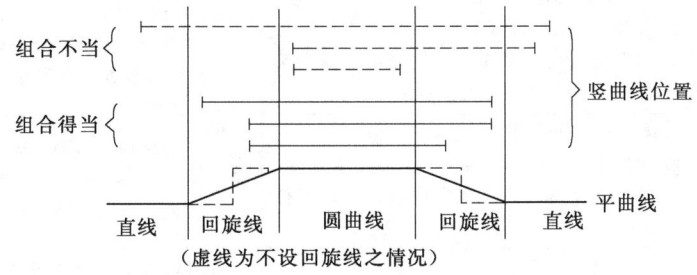

图 3.7　平曲线与竖曲线组合

凸形竖曲线的顶部或凹形竖曲线的底部不得插入小半径的平曲线,也不得与反向平曲线拐点相重合,以免误导驾驶员视线,使驾驶员操作失误,引起交通事故。

表 3.13　　　　　　　　　平、竖曲线半径的均衡　　　　　　　　　单位:m

平曲线半径	竖曲线半径	平曲线半径	竖曲线半径
500	10000	1100	30000
700	12000	1200	40000
800	16000	1500	60000
900	20000	2000	100000
1000	25000		

3. 平面直线与纵断面的组合

平面的长直线与纵断面直坡段相配合,使驾驶员在双车道公路超车时更方便,在平坦地区易与地形相适应,避免行车单调,驾驶员不易疲劳。从美学的观点上,平面的直线与一个大半径的凸形竖曲线配合为好,与一个凹形竖曲线配合次之;在直线中较短距离内两次以上的变坡会形成反复凹凸的"驼峰"和"凹陷",使线形视觉效果既不美观也不连续。

平面直线与纵断面组合时应注意:
(1) 平面长直线配纵面长坡时,线形单调、枯燥,容易使司机疲劳和超速行驶。
(2) 平面直线上短距离内纵面多次变坡,可能产生隐蔽路段,同时影响夜间行车前灯照射。
(3) 在平面直线段内不能插入短的竖曲线。
(4) 在平面长直线上不能设置陡坡及长度短、半径小的凹形竖曲线。

(5) 在平面直线上的纵断面线形应避免出现驼峰、凹暗、跳跃等使驾驶员视觉中断的线形。

4. 线形组合特征及注意事项

线形组合特征及注意事项见表 3.14。

表 3.14　　　　　　　　平纵线形组合特征及注意事项

空间线形组合	特　　征	注　意　事　项
平面长直线与纵断面长坡段组合	1. 线形单调、枯燥，在行车过程中景观无变化，容易使司机产生疲劳； 2. 驾驶易超速，超车频繁； 3. 但在交通比较错综复杂的路段（如交叉口），采用这种线形要素是有利的	1. 为调节单调的视觉，增设视线诱导设施； 2. 设计时划车道线、设置标志； 3. 注意改变景观，分段绿化、注意与路旁建筑设施配合等方法来弥补
平面直线与凹形竖曲线组合	1. 具有较好的视距条件； 2. 线形不再生硬、呆板； 3. 给予驾驶员以动的视觉印象，提高了行车的舒适性	1. 避免采用较短的凹形竖曲线，以避免产生折点； 2. 在两个凹形竖曲线间注意不要插入短直线
平面直线与凸形竖曲线组合	1. 线形视距条件差； 2. 线形单调，应尽量避免	采用较大的竖曲线半径，以保证有较好的视距
平曲线与纵面直坡段组合	1. 只要平曲线半径选择适当，平面的圆曲线与纵面直坡段组合可达到良好视觉效果； 2. 若平面的直线与圆曲线组合不当（如断背曲线）或平曲线半径较小时与纵面直坡段组合将在视觉上产生折曲现象	1. 平曲线半径与纵坡度协调； 2. 合成坡度符合要求； 3. 要避免急弯与陡坡相组合
平曲线与竖曲线组合	1. 平曲线与竖曲线组合的线形，如果平纵面几何要素的大小适当、均衡协调、位置适宜，可以获得视觉舒顺、诱导视线良好的空间线形； 2. 平曲线与竖曲线较小，则会出现一些不良的组合效果	1. 一般情况下，当平、纵曲线半径较大时，应使平、纵曲线对应重叠组合，并使平曲线较长从而将竖曲线包起来； 2. 平、纵曲线几何要素指标均衡、匀称、协调，不要把过缓与过急、过长与过短的平纵曲线组合在一起； 3. 凸形竖曲线顶部与凹形竖曲线底部，不得与反向平曲线的拐点重合； 4. 避免在一个平曲线上连续出现多个凹、凸竖曲线； 5. 避免出现"暗凹""跳跃"等不良现象

3.6　纵断面设计方法

3.6.1　纵断面设计要点

纵断面设计的主要内容是根据公路等级、沿线自然条件和构造物控制高程等，确定路线合适的高程、各坡段的纵坡度和坡长，并设计竖曲线。基本要求是纵坡均匀平顺、起伏缓和，坡长和竖曲线长短适当，平面与纵断面组合设计协调以及填挖经济、平衡。这些要求虽然在选、定线阶段有所考虑，但要在纵断面设计中具体加以实现。

1. 关于纵坡极限值的运用

根据汽车动力特性和经济等因素制定的极限值，设计时不可轻易采用，应留有余地。

在受限制较严，如越岭线为争取高度、缩短路线长度或避开艰巨工程等，才有条件地使用。好的设计应尽量考虑人的感觉、心理上的要求，使驾驶员有足够的安全感、舒适感和视觉上的美感。一般情况，纵坡应较缓，但为了路面和边沟排水，最小纵坡不应低于 0.3%～0.5%。

2. 关于最小坡长

坡长是指纵断面两变坡点之间的水平距离。坡长不宜过短，以不小于设计速度 9s 的行程为宜。对连续起伏的路段，坡度应尽量小，一般可取竖曲线最小长度的 3～5 倍。

3. 各种地形条件下的纵坡设计

(1) 平原、微丘地区的纵坡应均匀平缓，注意保证最小填土高度和最小纵坡的要求。丘陵地区的纵坡应避免过分迁就地形而使路线起伏过大，注意纵坡应顺适不产生突变。

(2) 山岭、重丘地形的沿河线应尽量采用平缓纵坡，坡长不应超过限制长度，纵坡不宜大于 6%，注意路基控制高程的要求。

(3) 越岭线的纵坡应力求均匀，尽量不采用极限或接近极限的坡度，更不宜在连续采用极限长度的陡坡之间夹短的缓和坡段。越岭路线一般不应设置反坡。

(4) 山脊线和山腰线除结合地形不得已时采用较大纵坡外，在可能条件下纵坡应缓些。

沿水库上游岸边的路线，路基设计标高应考虑水库水位升高后地下水位壅升，以及水库淤积后壅水曲线抬高和浪高的影响；在寒冷地区还应考虑冰塞壅水使水位增高的影响。

大、中桥桥头引道（在洪水泛滥范围内）的路基设计标高，一般应高于该桥设计洪水位（并包括壅水和浪高）至少 0.5m；小桥涵附近的路基设计标高应高于桥涵前壅水水位至少 0.5m（不计浪高）。

4. 关于竖曲线半径的选用

竖曲线选用较大半径为宜。在不过分增加工程量的情况下，应选用大于或等于一般最小半径的半径值，特殊困难方可用极限最小值。坡差小时应尽量采用大的竖曲线半径。当有条件时，宜按表 3.7 的规定进行设计。

5. 关于相邻竖曲线的衔接

相邻两个同向凹形或凸形竖曲线，特别是两同向凹形竖曲线间，如直坡段不长应合并为单曲线或复曲线，避免出现断背曲线，对行车造成不利影响。对反向竖曲线，最好中间设置一段直坡线，直坡线的长度一般不小于设计速度 3s 的行程。当半径比较大时，亦可直接连接。

3.6.2 纵断面设计步骤

1. 准备工作

纵断面设计（俗称拉坡）按以下步骤进行：

(1) 根据中桩和水准测量记录按比例标注里程桩号和标高，点绘地面线。

(2) 汇总平面直线与平曲线资料，以及土壤地质说明资料。

(3) 将桥梁、涵洞、地质土质等与纵断面设计有关的资料在纵断面图纸上标明。

(4) 熟悉和掌握全线有关勘测设计资料，领会设计意图和设计要求。

2. 标注控制点

控制点是指影响纵坡设计标高的控制点。如路线起、终点，越岭垭口，重要桥梁、涵洞的桥面标高，最小填土高度，最大挖深，沿溪线的洪水位，隧道进出口，平面交叉和立体交叉点，与铁路交叉点及受其他因素限制路线必须通过的标高。

在山区道路上，除考虑上述控制点外，还应考虑各横断面上的"经济点"，以求降低造价。

横断面经济点有以下三种情况：

（1）当地面横坡不大时，可在中桩地面标高上下找到填方和挖方基本平衡的标高，纵坡设计应尽量通过该点［图3.8（a）］。

（2）当地面横坡较陡，填方往往不易填稳，用多挖少填或全挖路基的方法比砌筑坡脚、修筑挡土墙经济，此时多挖少填或全挖路基的标高为经济点［图3.8（b）］。

（3）当地面横坡很陡，无法填方时，需砌筑挡土墙，此时采用全挖路基比填方修筑挡土墙经济［图3.8（c）］。

3. 试定纵坡

在已标出"控制点""经济点"的纵断面图上，根据定线意图，全面考虑地面线起伏情况，纵坡线必须满足控制点及《规范》对坡长、坡度的要求，照顾多数"经济点"，通过的经济点越多，则工程量越小，投资就越省，通过穿插与取直，试定出若干直坡段线。对各种可能坡度线方案反复比较，最后定出既符合技术标准，又满足控制点要求，且土石方最省的坡度线，将前后坡度线延长交会出变坡点的初定位置。

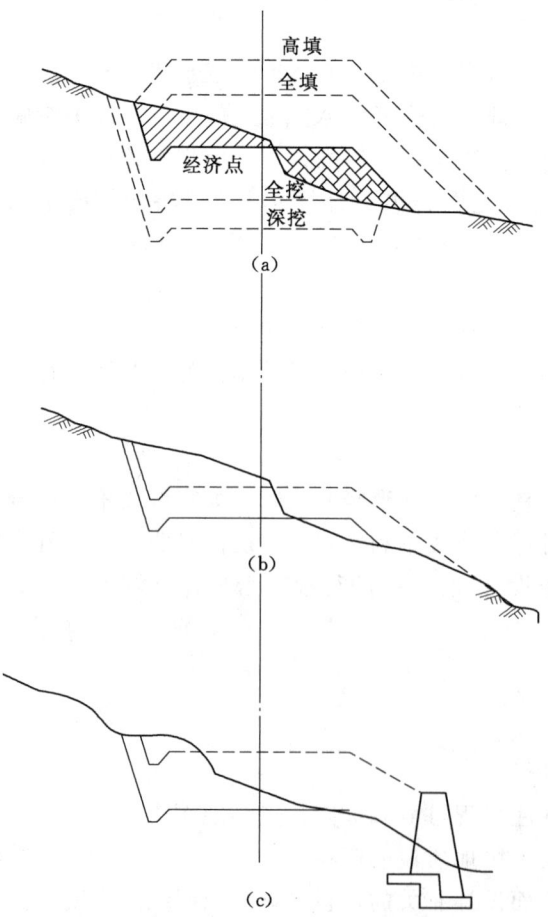

图3.8 横断面上的经济点确定

4. 调整纵坡

将所定坡度与选线时坡度的安排比较，二者应基本相符，若有较大的差异时，应全面分析，找出原因，决定取舍。对照技术标准，检查纵坡度、坡长、纵坡折减、合成坡度及平面与纵面配合是否适宜以及路线交叉、桥隧和接线等处的纵坡是否合理，不符合要求时则应调整纵坡线。

5. 核对

选择有控制意义的重点横断面，如高填深挖、地面横坡较陡峻地段路基、挡土墙、重要桥涵以及其他重要控制点等，根据纵断面图上对应桩号填挖的高度，在横断面图上"戴帽"检查是否有填挖过大、坡脚落空或过远、挡土墙过大等情况，若有问题应及时调整纵坡线。

6. 定坡

纵坡线经调整核对后，即可确定纵坡线。逐段将直坡线的坡度值、变坡点的桩号和标高确定下来。变坡点标高是由纵坡度和坡长依次推算而得。由于现在内业设计都由公路CAD系统来完成，因此，纵坡坡度也可以由CAD系统确定的变坡点标高进行反算。

公路的纵坡设计是在全面掌握设计资料的基础上经过多次方案比较，精心设计才能完成。

纵坡设计还要注意以下几点：

（1）与平面线形的合理组合，以得到较佳的空间组合线形。

（2）回头曲线路段纵坡的特殊要求。

（3）大中桥上不宜设置竖曲线，即不宜设变坡点。

（4）注意交叉口、城镇、大中桥、隧道等地段路线纵坡的特殊要求。

7. 设置竖曲线

拉坡时已考虑了平、纵组合问题，根据技术标准、平纵组合均衡等确定竖曲线半径，计算竖曲线要素。

8. 中桩设计标高计算

根据已定的纵坡和变坡点的设计标高及竖曲线半径，即可计算出各桩号的设计标高。中桩设计标高与对应原地面标高之差即为路基施工高度，当两者之差为"＋"则是填方；为"－"则是挖方。

3.6.3 纵断面设计应注意的问题

（1）设置回头曲线地段，拉坡时应按回头曲线技术标准先定出该地段的纵坡，然后从两端接坡，应注意在回头曲线地段不宜设竖曲线。

（2）大中桥上不宜设置竖曲线，桥头两端竖曲线的起终点应设在桥头10m以外。

（3）小桥涵允许设在斜坡地段或竖曲线上，为保证行车平顺，应尽量避免在小桥涵处出现驼峰式纵坡。

（4）注意平面交叉口纵坡及两端接线要求。公路与公路交叉时一般宜设在水平坡段，其长度应不小于最短坡长规定。两端接线纵坡应不大于3%，山区工程艰巨地段不大于5%。

（5）拉坡时如受"控制点"或"经济点"制约，导致纵坡起伏过大，或土石方工程量太大，经调整仍难以解决时，可用纸上移线的方法修改原定纵坡线。具体方法是按理想要求定出新的纵坡设计线，然后找出对应新设计线的填挖高度，用"模板"在横断面上新填挖高度左右移动，定出适宜的中线位置。该点距原路中线的横距就是按新纵坡设计要求希望平面线形调整移动的距离，据此可做出纸上平面移线，若为实地定线时还应到现场改线。这种移线修正纵面线形的方法，在山区和丘陵区公路的纵坡设计中经常使用。

（6）对连接段纵坡，如大、中桥引道及隧道两端接线等，纵坡应平缓，避免产生突变。

3.7 纵断面设计成果

纵断面设计成果，主要包括路线纵断面图和路基设计表。

3.7.1 路线纵断面图

纵断面设计图是公路设计的主要文件之一，它反映路线所经的中心地面起伏情况与设计标高的关系。把它与平面线形结合起来，就能反映出公路路线在空间的位置。

纵断面图采用直角坐标，以横坐标表示里程桩号，纵坐标表示高程。为了明显地表明地形起伏，通常将横坐标的比例采用1∶2000，纵坐标采用1∶200。

1. 纵面图的内容

(1) 桩号里程、地面高程与地面线、设计高程与设计线、施工填挖值。
(2) 设计线的纵坡度及坡长。
(3) 竖曲线及其要素，平曲线资料。
(4) 设计排水沟沟底线及坡度、距离、高程、流水方向、土壤地质情况。
(5) 沿线桥涵及人工构造物的位置、结构类型及孔径、涵洞可只标出位置。
(6) 与铁路、公路交叉的桩号及路名。
(7) 沿线跨越河流名称、桩号、现有水位及最高洪水位。
(8) 水准点位置、编号和高程。
(9) 断链桩位置、桩号及长短链关系。

2. 绘制纵断面设计图的步骤

(1) 按一定的比例，在透明毫米方格计算纸上标出与本图适应的横向和纵向坐标，横向坐标标出百米桩号，纵向坐标标出整十米高程。
(2) 在坐标系中按水准测量提供的各桩号地面高程与相应的桩号配合点绘各桩号地面点，并将各地面标高点用直线依次连接后就成为纵断面图的地面线。
(3) 在坐标图上绘出各水准点的位置、编号，并注明高程。
(4) 将桥涵位置绘制在坐标图上，并注明孔数、孔径、结构类型、桩号等。
(5) 在纵断面设计图下部表内分别注明土壤地质资料、绘出平面直线和平曲线的位置、转向（平曲线以开口梯形表示，开口向上为向左转，开口向下为向右转），并注明平曲线有关资料（一般只需注明交点编号和圆曲线半径）。
(6) 纵坡和竖曲线确定后，将设计线（包括直线坡和竖曲线）绘出，并注明纵坡度、坡长（以分式表示，分子为纵坡度，分母为坡长），在各竖曲线范围内分别注明各竖曲线的基本要素（包括变坡点桩号、竖曲线半径、切线长、外距）。
(7) 填注其他各有关资料或特定需要的资料。
(8) 描图或在透明毫米方格计算纸上直接上墨，待墨汁干后再将无用的铅笔字线擦净。

绘制的纵断面设计图，应按规定采用标准纸和统一格式，以便装订成册（图3.9）。

3.7.2 路基设计表

路基设计表是公路设计文件的组成内容之一，它是平、纵、横等主要测设资料的综合。表中填列所有整桩、加桩及填挖高度、路基宽度（包括加宽）、超高值等有关资料，为路基横断面设计的基本数据，也是施工的依据之一。

路基设计见表 3.15，其填算方法如下：

（1）第（1）栏"桩号"和第（5）栏"地面高程"都是从有关测量记录上抄录。

（2）第（2）栏"平曲线"中，可只列转角号和半径，供计算加宽超高使用。

（3）第（3）、第（4）栏"坡度及竖曲线"是从纵断面图上抄录的，变坡点要注明桩号和高程，竖曲线要注明起、终点桩号。

（4）第（6）栏"设计高程"在直坡段为切线标高，在竖曲线段应考虑"改正值"，用公式 $Y=X^2/2R$ 算出，其中 X 为各桩距竖曲线起点或终点的距离，R 由第（4）栏或直接由纵断面图上抄录，凹形竖曲线改正值为"＋"号，凸形竖曲线改正值为"－"号；第（6）栏"设计高程"在竖曲线内，则为该桩号的切线标高改正值的代数和。

（5）第（7）、第（8）栏的"填""挖"是第（5）栏与第（6）栏之差，"＋"号为填，"－"号为挖。

（6）第（9）、第（10）栏为左、右路基宽度，当圆曲线半径小于或等于 250m 时，应考虑平曲线内侧加宽。

（7）第（11）、第（12）、第（13）栏为路基两侧边缘及中桩与设计标高的差，当圆曲线半径小于不设超高最小半径时，应考虑平曲线段超高。

（8）第（14）、第（15）栏的"填""挖"是第（7）栏或第（8）栏与第（12）栏之差，"＋"号为填，"－"号为挖。

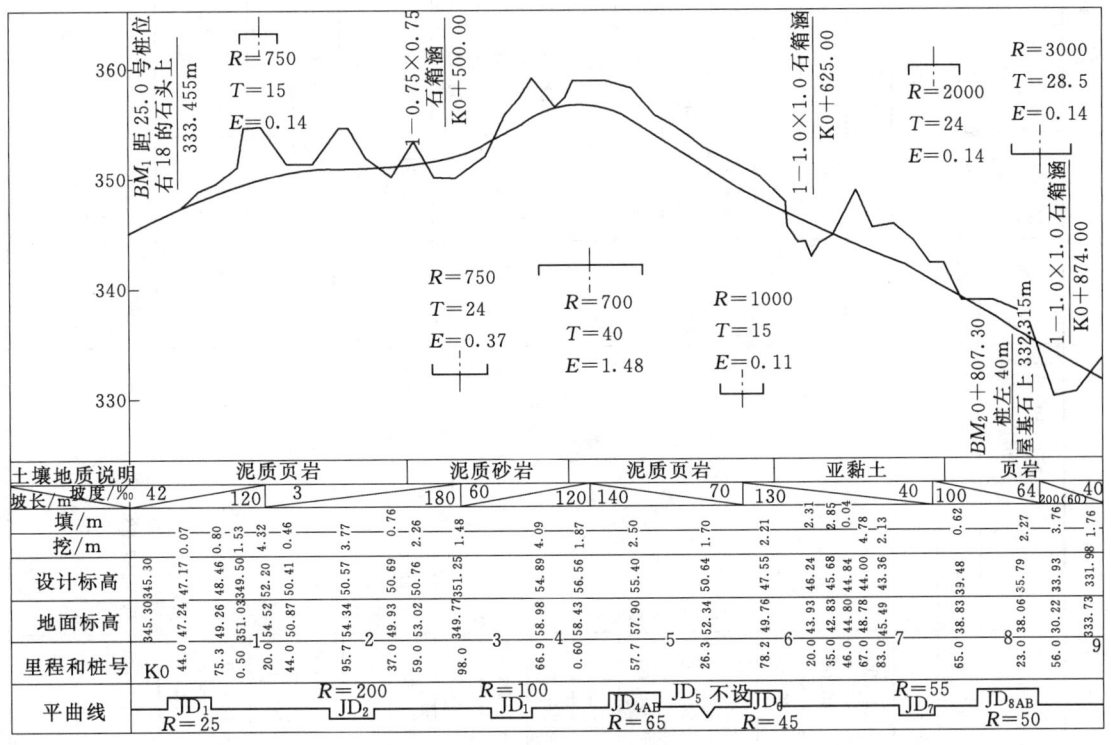

图 3.9　公路路线纵断面

表 3.15 路 基 设 计

桩号	平曲线	变坡点高程桩号及纵坡坡度、坡长	竖曲线	地面高程/m	设计高程/m	填挖高度/m		路基宽/m		路边及中桩与设计标高之高差/m			施工时中桩填挖/m	
						填	挖	左	右	左	中桩	右	填	挖
(1)	(2)	(3)	(4)	(5)	(6)	(7)	(8)	(9)	(10)	(11)	(12)	(13)	(14)	(15)
K2+100.00	JD₅ 右 78°53′21″ R=200 LS₁=45 LS₂=45 T₁=187.38 T₂=187.38 L=320.375 E=59.533			16.076	159.92		0.84	7.50	7.50	0.00	0.15	0.00		0.69
+120.00				161.56	159.75		1.81	7.50	7.50	0.00	0.15	0.00		1.66
+140.00				164.03	159.59		4.44	7.50	7.50	0.00	0.15	0.00		4.29
+160.00				164.23	159.43		4.80	7.50	7.50	0.00	0.15	0.00		4.65
+180.00		K2+100 i=-0.65% L=400		162.15	159.28		2.87	7.50	7.50	0.00	0.15	0.00		2.72
+200.00				163.17	159.14		4.03	7.50	7.50	0.00	0.15	0.00		3.88
+220.00				163.20	159.00		4.20	7.50	7.50	0.00	0.15	0.00		4.05
+240.00				163.87	158.87		5.00	7.50	7.50	0.00	0.15	0.00		4.85
+260.00			+243.5	165.69	158.74		6.95	7.50	7.50	0.00	0.15	0.00		6.80
+280.00				166.31	158.61		7.70	7.50	7.50	0.00	0.15	0.00		7.55
+300.00				166.36	158.48		7.88	7.50	7.50	0.00	0.15	0.00		7.73
ZH+315.00			+404.6	166.30	158.37		7.93	7.50	7.71	0.59	0.15	0.00		7.78
+340.00				166.06	158.22		7.84	7.50	7.90	1.11	0.29	−0.04		7.55
HY+360.00				166.06	158.08		7.98	7.50	7.92	1.11	0.51	−0.12		7.47
+380.00				166.20	157.96		8.24	7.50	7.90	1.11	0.51	−0.12		7.73
+400.00			凹 R−18000 T−95.4	166.01	157.83		8.18	7.50	7.90	1.11	0.51	−0.12		7.67
+420.00				165.95	157.70		8.25	7.50	7.90	1.11	0.51	−0.12		7.74
+440.00				165.61	157.60		8.01	7.50	7.90		0.51	−0.12		7.50

思考题及习题

一、问答题

1. 公路路线纵断面图包括哪些组成部分？
2. 新建公路路基设计标高是如何规定的？
3. 汽车在公路上行驶的主要阻力包括哪几种？
4. 越岭路线的平均坡度是如何规定的？
5. 公路竖曲线采用何种线形？画出凸形竖曲线示意图并列出竖曲线要素计算的基本公式。
6. 确定公路竖曲线半径需要考虑哪些因素？
7. 公路平纵线形组合应注意哪些问题？
8. 纵断面设计的最后成果包括什么？
9. 确定最大纵坡和最小纵坡主要考虑的因素是什么？
10. 路基设计表包含了哪些主要指标？

二、计算题

1. 某公路变坡点的桩号为 K2+260，高程为 387.62m，前一坡段 $i_1=5\%$，后一坡段 $i_2=1\%$；竖曲线的半径 $R=5000$m；试确定：

(1) 判别竖曲线的凹凸性，计算竖曲线的要素；

(2) 计算竖曲线起终点的桩号；

(3) 计算 K2+200.00、K2+240.00、K2+380.00、K2+500.00 各点的设计标高。

2. 山岭重丘区某三级公路，某坡段为 6% 坡长采用 300m；紧接设坡度为 5% 的坡，坡长采用 200m，问在其后面是否还能接 7% 的陡坡？坡长最长为多少？

3. 某公路有连续三个变坡点分别为：K8+700、K9+100、K9+380，对应的设计标高分别为：77.756m、65.356m、68.716m。若在变坡点 K9+100 处的竖曲线半径为 3000m，试计算：

(1) 该竖曲线要素及起止点桩号；

(2) 桩号 K8+980、K9+060、K9+150、K9+220 的路基设计标高。

第4章 公路横断面设计

【知识目标】
(1) 了解路基标准横断面和典型横断面的组成。
(2) 了解公路建筑限界的概念与用地范围的规定。
(3) 了解机动车道宽度的确定方法。
(4) 了解路肩的作用及宽度确定方法。
(5) 了解中间带的作用和宽度的确定方法。
(6) 了解路拱的形式及路拱坡度确定方法。
(7) 熟悉爬坡车道、变速车道及避险车道设置条件和设计要点。
(8) 掌握公路横断面设计方法，掌握路基土石方的计算与调配方法。

【技能目标】
(1) 能够进行公路横断面图设计。
(2) 能够进行路基土石方计算与调配。

4.1 路基横断面组成

4.1.1 公路路基标准横断面组成

公路的横断面是指道路中线上各点的法向切面，它是由横断面设计线和地面线组成的。其中设计线包括行车道、路肩、分隔带、边沟、边坡、截水沟、护坡道、取土坑、弃土堆、环境保护设施等。地面线是表征地面起伏变化的线，它是通过现场实测或由大比例尺地形图、航测相片、数字地面模型等途径获得。路线设计中所讨论的横断面设计只限于与行车直接有关的那一部分，即两侧路肩外缘之间各组成部分的宽度、横向坡度等问题，所以有时也将路线横断面设计称为"路幅设计"。

公路横断面的组成和各部分的尺寸要根据公路的功能、公路等级、交通量、服务水平、设计速度、地形条件等因素确定。在保证必要的通行能力和交通安全与畅通，并综合考虑远景发展规划的前提下，尽量做到用地省、投资少，使公路发挥其最大的经济效益与社会效益。

路幅是指公路路基顶面两路肩外侧边缘之间的部分。等级高、交通量大的公路（如高速公路，一级公路），通常是将上、下行车辆分开。分隔的方式有两种：一种是用分隔带分隔，另一种是将上、下行车道放在不同的平面上加以分隔。前者称为整体式断面，后者称为分离式断面。整体式断面包括行车道、中间带（中央分隔带及左右侧路缘带）、路肩（硬路肩及土路肩）以及紧急停车带、爬坡车道、变速车道等。分离式断面包括行车道、路肩（硬路肩及土路肩）以及紧急停车带、爬坡车道、变速车道等。

二级、三级、四级公路的路基横断面包括行车道、路肩以及错车道等。二级公路位于中、小城市城乡结合部、混合交通量大的连接线路段，实行快、慢车道分开行驶时，可根据当地经验加宽两侧硬路肩。

二级、三级、四级公路均为双车道公路，应采用整体式断面。

图 4.1、图 4.2 所示为几种公路的典型横断面组成。

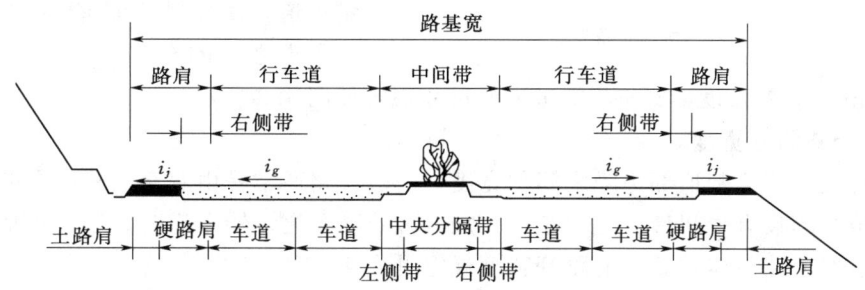

图 4.1 高速公路及一级公路横断面

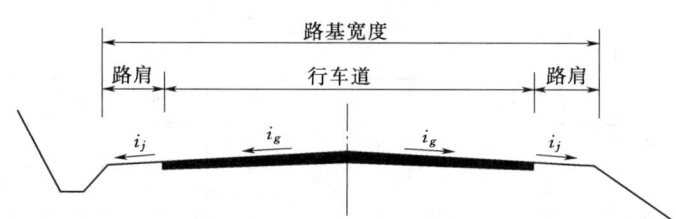

图 4.2 二级、三级、四级公路横断面

4.1.2 公路路基典型横断面组成

4.1.2.1 路幅的布置类型

1. 单幅双车道

单幅双车道公路指的是整体式断面，供双向行车的双车道公路。这类公路在我国公路总里程中占的比重最大。二级、三级公路和一部分四级公路均属这一类。这类公路适应的交通量范围大，最高达 15000 辆/昼夜，设计速度为 20~80km/h。在这种公路上行车，只要各行其道、视距良好，车速一般都不会受影响。但当交通量很大，非机动车混入率高、视距条件差时，其车速和通行能力则大大降低。所以对混合行驶相互干扰较大的路段，可专设非机动车道和人行道，与机动车分离行驶。

2. 双幅多车道

四车道、六车道和更多车道的公路，中间一般都设分隔带或做成分离式路基而构成"双幅"路。有些分离式路基为了利用地形或处于风景区等原因甚至做成两条独立的单向行车的道路。这种类型的公路适应车速高、通行能力大，每条车道能担负的交通量比一条双车道公路还多，而且行车顺适、事故率低，但造价高。适用于高速公路和一级公路。

3. 单车道

对交通量小、地形复杂、工程艰巨的山区公路或地方性道路，可采用单车道。我国

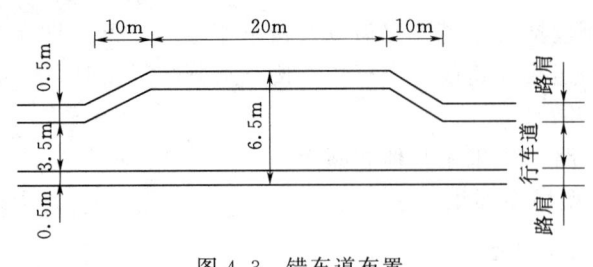

图 4.3 错车道布置

《标准》中的四级公路路基宽度为 4.50m、车道宽度为 3.50m 就属于此类。此类公路虽然交通量很小，但仍然会出现错车和超车。为此，应在不大于 300m 的距离内选择有利地点设置错车道，使驾驶人员能够看到相邻两错车道之间的车辆。错车道处的路基宽度≥6.5m，有效长度≥20m，错车道的尺寸规定如图 4.3 所示。

4.1.2.2 公路路基宽度

路基宽度是指路基顶部边缘之间的宽度，一般公路通常是由双车道路面宽度及两侧路肩宽度组成。当设有中间带、爬坡车道、加（减）速车道、错车道时，还应包括这些部分的宽度。各级公路整体式断面的路基宽度规定见表 4.1。

表 4.1 各级公路路基宽度

公路等级		高速公路							
设计速度/(km/h)		120			100			80	
车道数		8	6	4	8	6	4	6	4
路基宽度/m	一般值	42.00	34.50	28.00	41.00	33.50	26.00	32.00	24.50
	最小值	40.00	—	25.00	38.50	—	23.50	—	21.50
公路等级		一级公路							
设计速度/(km/h)		100		80			60		
车道数		6		4	6		4	4	
路基宽度/m	一般值	33.50		26.00	32.00		24.50	23.00	
	最小值	—		23.50	—		21.50	20.00	
公路等级		二级公路		三级公路		四级公路			
设计速度/(km/h)		80	60	40	30	20			
车道数		2	2	2	2	2 或 1			
路基宽度/m	一般值	12.00	10.00	8.50	7.50	6.50（双车道）	4.50（单车道）		
	最小值	10.00	8.50	—					

注 "一般值"为正常情况下的采用值；"最小值"为条件受限制时可采用的值。

4.2 公路建筑限界与公路用地范围

4.2.1 公路建筑限界

公路建筑限界是为了保证公路上规定的车辆正常运行与安全，在一定的宽度和高度范围内，不得有任何障碍物侵入的空间范围。它由净高和净宽两部分组成。建筑限界的上缘边界线为水平线（超高路段与超高横坡平行），两侧边界线与水平线垂直（超高路段与路面垂直）。在公路横断面设计时，应充分研究各路幅组成要素与道路公共设施之间的关系，在有限空间内合理安排、正确设计。公路标志、护栏、照明灯柱、电杆、管线、绿化、行道树以及跨线桥的梁底、桥台、桥墩等的任何部分不能侵入公路建筑限界之内。

我国《标准》规定各级公路建筑限界如图 4.4 所示。并对建筑限界有如下规定：

（1）路段设置加（减）速车道、爬坡车道、慢车道、紧急停车带、错车道时，建筑限界应包括该部分的宽度。

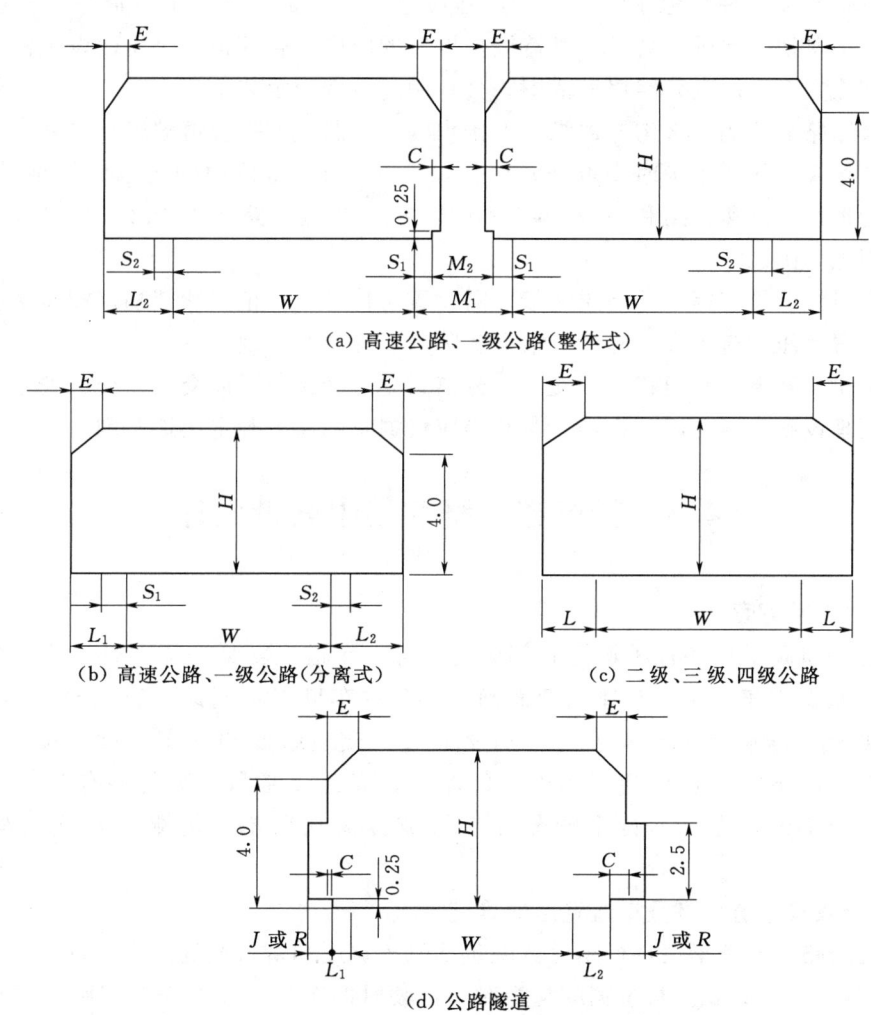

图 4.4 公路建筑限界（单位：m）

W—行车道宽度；L_1—左侧硬路肩宽度；L_2—右侧硬路肩宽度；S_1—左侧路缘带宽度；S_2—右侧路缘带宽度；L—侧向宽度，高速公路、一级公路的侧向宽度为硬路肩宽度（L_1 或 L_2），二级、三级、四级公路的侧向宽度为路肩宽度减去 0.25m；C—安全带宽度，当设计速度大于 100km/h 时为 0.5m，不大于 100km/h 时为 0.25m；M_1—中间带宽度；M_2—中央分隔带宽度；E—建筑限界顶角宽度，当 $L \leq 1m$ 时，$E=L$，当 $L>1m$ 时，$E=1m$；J—隧道内检修道宽度；R—隧道内人行道宽度；H—净空高度

（2）八车道及其以上整体式路基的高速公路，设置左侧硬路肩时，建筑限界应包括相应部分的宽度，如图 4.4（b）所示。

（3）桥梁、隧道设置检修道、人行道时，建筑限界应包括相应部分的宽度。

（4）高速公路、一级、二级公路的净高应为 5.00m；三级、四级公路的净高应为 4.50m。

4.2.2 公路用地范围

公路用地是指公路修建、养护及布设沿线各种设施等所需要占用的土地。公路用地必须按国家有关政策办理征地手续。公路用地应遵守"保护、开发土地资源，合理利用土地，切实保护耕地，促进社会经济可持续发展"的原则，合理拟定公路建设规模、技术指标、设计施工方案，确定公路用地范围。公路用地范围规定如下：

（1）公路路堤两侧排水沟外边缘（无排水沟时为路堤或护坡道坡脚）以外，或路堑坡顶截水沟外边缘（无截水沟时为坡顶）以外，不少于 1m 范围内的土地为公路用地范围，在有条件的地段，高速公路和一级公路不小于 3m、二级公路不小于 2m 范围内的土地为公路路基用地范围。

（2）在风沙、雪害等特殊地质地带，需设置防护林，种植固沙植物，安装防沙或防雪栅栏以及设置反压护道等设施时，应根据实际需要确定其用地范围。

（3）桥梁、隧道、互通式立体交叉、分离式立体交叉、平面交叉、交通安全设施、服务设施、管理设施、绿化以及料场、苗圃等应根据实际需要确定用地范围。

4.3 行车道、路肩与中间带设计

4.3.1 机动车道宽度

行车道是道路上供各种车辆行驶部分的总称。车道宽度是为了交通上的安全和行车上的顺适，根据汽车大小、车速高低而确定的各种车辆以不同速度行驶时所需的宽度。行车道宽度是根据设计车辆宽度、规划交通量、交通组成和汽车行驶速度来确定的。公路的一条行车道内一般包括两条以上的车道。高速公路和一级公路有四条以上的车道，以中央分隔带将上、下行车辆分开或做成分离式路基，每侧再划分快车道和慢车道。

4.3.1.1 一般双车道公路行车道宽度的确定

双车道公路有两条车道，行车道宽度包括汽车宽度和富余宽度。汽车宽度取载重汽车车厢的总宽度，为 2.5m。富余宽度是指对向行驶时两车厢之间的安全间隙、汽车轮胎至路面边缘的安全距离，如图 4.5 所示。

则双车道公路每一条单向行驶的车道宽度可用下式计算：

$$B_\text{单} = \frac{a+c}{2} + x + y \tag{4.1}$$

两条车道：

$$B_\text{双} = a + c + 2x + 2y \tag{4.2}$$

4.3 行车道、路肩与中间带设计

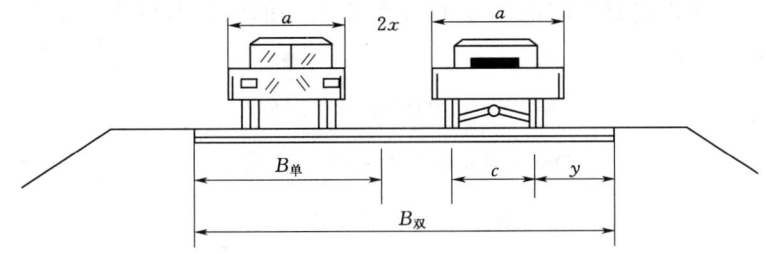

图 4.5 双车道公路的行车道宽度

式中 a——车厢宽度，m；
c——汽车轮距，m；
$2x$——两车厢安全间隙，m；
y——轮胎与路面边缘之间的安全距离，m。

根据大量试验观测，得出计算 x、y 的经验公式为

$$x = y = 0.50 + 0.005V \qquad (4.3)$$

式中 V——行车速度，km/h。

从式（4.3）可知行车道的富余宽度与车速有关，此外还与路侧环境、司机心理、车辆状况等有关。当双车道公路设计速度为 80km/h 时，取一条车道的宽度为 3.75m 是合适的。对车速较低、交通量不大的公路可取较小的宽度，双车道公路行车道宽度视设计速度一般取 7.5m、7.0m、6.5m、6.0m（表 4.2）。

表 4.2 公 路 车 道 宽 度

设计速度/(km/h)	120	100	80	60	40	30	20
车道宽度/m	3.75	3.75	3.75	3.50	3.50	3.25	3.00（单车道时为 3.50m）

注 高速公路为八车道时，内侧车道宽度可采用 3.50m。

4.3.1.2 有中央分隔带的行车道宽度

高速公路、一级公路有四条以上的车道，一般设置中央分隔带。分隔带两侧的行车道只有同向行驶的汽车，如图 4.6 所示。

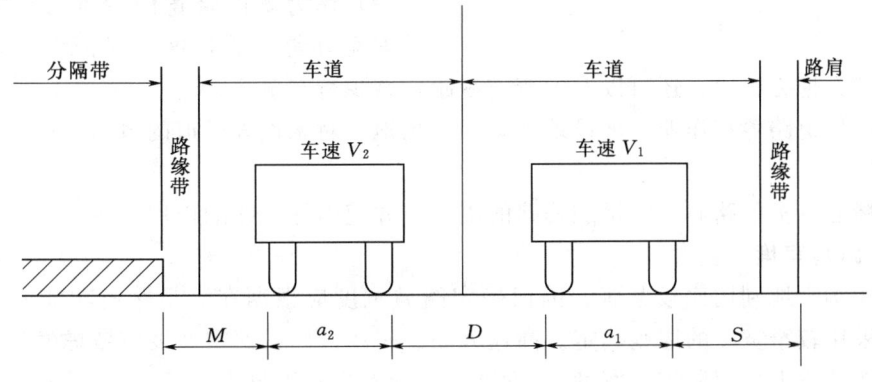

图 4.6 有中央分隔带的行车道宽度

车速、交通组成和大型车的混入率对行车道宽度的确定有较大的影响。根据实地观测，得出下列关系式：

$$S = 0.0103V_1 + 0.56 \quad (4.4)$$

$$D = 0.000066(V_2^2 - V_1^2) + 1.49 \quad (4.5)$$

$$M = 0.0103V_2 + 0.46 \quad (4.6)$$

式中　S——后轮外缘与车道外侧之间的安全间隔，m；
　　　D——两汽车后轮外缘之间的安全间隙，m；
　　　M——后轮外缘与车道内侧之间的安全间隙，m；
　V_1、V_2——被超车与超车的车速，km/h。

则单侧行车道宽度：

$$B = S + D + M + a_1 + a_2 \quad (4.7)$$

式中　a_1、a_2——汽车后轮外缘间距。普通车：$a_1 = 1.60$m，大型车：$a_2 = 2.30$m。

根据上式计算结果得出下列结论：设计速度 $V \geqslant 80$km/h 时，每条车道的宽度可采用 3.75m；当 $V < 80$km/h，每条车道的宽度可采用 3.50m。

当高速公路的交通量超过四个车道的容量时，其车道数可按双数增加。

4.3.2　路肩

4.3.2.1　路肩的作用

路肩是位于行车道外缘至路基边缘，具有一定宽度的带状结构。路肩通常由路缘带（高速公路和一级公路设置）、硬路肩、土路肩三部分组成，如图 4.7 所示。路肩的作用如下：

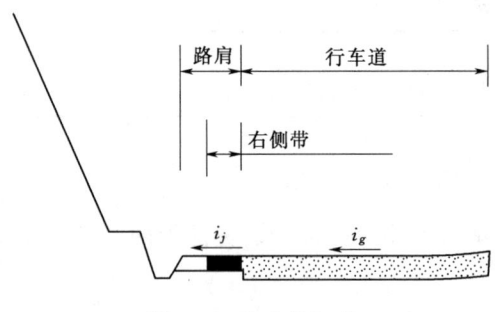

图 4.7　路肩的组成

（1）由于路肩紧靠在路面的两侧设置，具有保护及支撑路面结构的作用。

（2）供发生故障的车辆临时停放之用，有利于防止交通事故和避免交通紊乱。

（3）作为侧向余宽的一部分，能增加驾驶的安全和舒适感，这对保证设计车速是必要的，尤其在挖方路段，还可以增加弯道视距，减少行车事故。

（4）提供道路养护作业、埋设地下管线的场地。对未设人行道的道路，可供行人及非机动车使用。

（5）精心养护的路肩，能增加公路的美观，并起引导视线的作用。

4.3.2.2　路肩宽度

由于我国土地利用比较紧张、因而确定路肩宽度应根据在满足路肩功能要求的条件下、尽量采用较窄宽度的原则确定。高速公路、一级公路的路肩宽度应考虑发生故障车辆随时都可在路肩上停留所需的宽度。《标准》规定路肩宽度见表 4.3。

4.3 行车道、路肩与中间带设计

表 4.3　　　　　　　　　　　　　　　右 侧 路 肩 宽 度

设计速度/(km/h)		高速公路			一级公路			二级公路		三级公路		四级公路
		120	100	80	100	80	60	80	60	40	30	20
右侧硬路肩宽度/m	一般值	3.00 或 3.50	3.00	2.50	3.00	2.50	2.50	1.50	0.75	—	—	—
	最小值	3.00	2.50	1.50	2.50	1.50	1.50	0.75	0.25			
土路肩宽度/m	一般值	0.75	0.75	0.75	0.75	0.75	0.75	0.75	0.75	0.75	0.50	0.25（双车道）0.50（单车道）
	最小值	0.75	0.75	0.75	0.75	0.50	0.50	0.50	0.50			

注　表中所列"一般值"为正常情况下的采用值；"最小值"为条件受限制时可采用的值。

(1) 设计速度为 120km/h 的四车道高速公路，右侧硬路肩宜采用 3.50m；六车道、八车道高速公路，宜采用 3.00m 的右侧硬路肩。

(2) 高速公路、一级公路应在右侧硬路肩宽度内设右侧路缘带，其宽度为 0.50m。

(3) 高速公路、一级公路的分离式路基，应设置左侧路肩，其宽度规定见表 4.4。左侧硬路肩内含左侧路缘带，左侧路缘带宽度为 0.50m。

表 4.4　　　　　　　高速公路、一级公路分离式路基的左侧路肩宽度

设计速度/(km/h)	120	100	80	60
左侧硬路肩宽度/m	1.25	1.00	0.75	0.75
左侧土路肩宽度/m	0.75	0.75	0.75	0.50

4.3.3 中间带

4.3.3.1 中间带的作用

高速公路和一级公路整体式路基必须设置中间带，中间带由两条左侧路缘带和中央分隔带组成。如图 4.8 所示，其作用有以下几点：

(1) 分隔往返车流。既可防止因快车驶入对向行车道造成车祸，又能减少公路中心线附近的交通阻力，从而提高通行能力。

(2) 设于分隔带两侧的路缘带，由于有一定宽度且颜色醒目，既引导驾驶员视线，又增加行车所必需的侧向余宽，从而提高行车的安全性和舒适性。

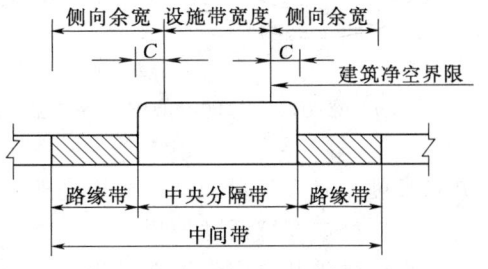

图 4.8　中间带的组成

(3) 中间带种植花草灌木或设置防眩网，可防止对向车辆灯光炫目，还可起到美化路容和环境的作用。

(4) 可用于设置公路标志牌及其他交通管理设施的场地，也可作为行人的安全岛使用。

(5) 为公路分期改建提供储备用地。

（6）避免车辆中途掉头，避免紊乱车流，减少交通事故。

4.3.3.2 中间带设计

1. 中间带宽度

中间带的宽度是根据行车带以外的侧向余宽、护栏、种植、防炫网等所需的设置宽度而定的，中间带的宽度有一般值和低限值，正常情况下采用一般值，当遇到特殊情况时采用低限值。

中间带宽度由两条左侧路缘带宽度和中央分隔带宽度组成。公路中间带宽度见表 4.5。

表 4.5 中间带宽度

设计速度/(km/h)		120	100	80	60
中央分隔带宽度/m	一般值	3.00	2.00	2.00	2.00
	最小值	1.00	1.00	1.00	1.00
左侧路缘带宽度/m	一般值	0.75	0.75	0.50	0.50
	最小值	0.75	0.50	0.50	0.50
中间带宽度/m	一般值	4.50	3.50	3.00	3.00
	最小值	2.50	2.00	2.00	2.00

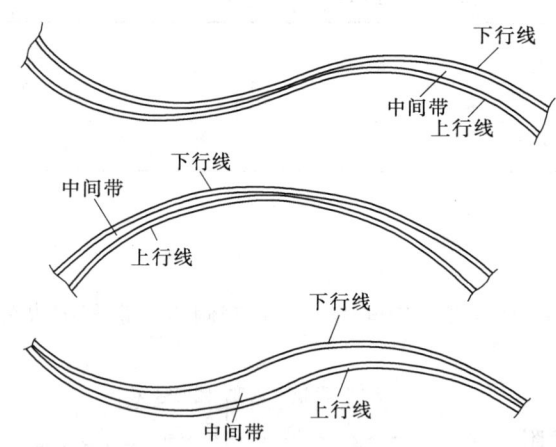

图 4.9 宽度大于 4.50m 的中间带变宽过渡

中间带的宽度一般情况下应保持等宽，若需要变宽时，在宽度变化的地点，应设置过渡段。过渡段以设在回旋线范围内为宜，其长度应与回旋线长度相等。宽度大于 4.50m 的中间带过渡段以设在半径较大的平曲线路段为宜。图 4.9 为几种变宽过渡设计的例子。

2. 中间带开口

互通式立体交叉、隧道、特大桥、服务区设施前后，以及整体式路基、分离式路基的分离（汇合）处，应设置中央分隔带开口。中央分隔带开口间距应视需要而定，最小间距应不小于 2km。中央分隔带开口长度不宜大于 40m；八车道高速公路开口长度可适当增长，但不应大于 50m。中央分隔带开口处应设置活动护栏。

中央分隔带开口应设置在通视良好的路段，若开口设于曲线路段，该圆曲线半径的超高值不宜大于 3%。

中央分隔带开口端部的形状：中央分隔带宽度小于 3.0m 时可采用半圆形；中央分隔带宽度大于或等于 3.0m 时宜采用弹头形。弹头形如图 4.10 所示。图中 R、R_1 和 R_2 为控制设计半径。R 和 R_1 足够大时，才能保证汽车以容许的速度驶离主车道进行左转弯，一般采用 $R_1=25\sim120$m。R 切于开口中心线，其值取决于开口的大小。为了避免过大的开

4.4 路拱、边坡及边沟设计

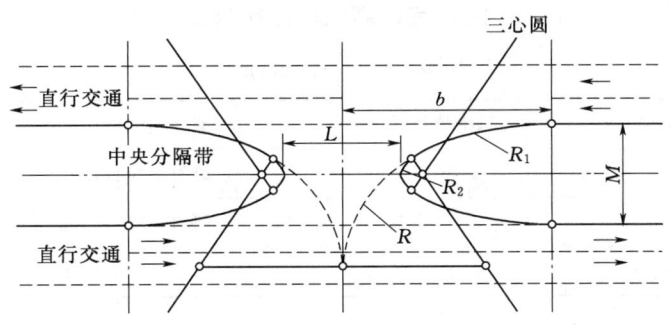

图 4.10 中间带开口

口并方便行车,一般采用 R 的最小值为 15m。弹头尖端圆弧半径 R_2 可采用分隔带宽度的 1/5,这样从外观上看比较悦目。

中央分隔带的表面形式有凹形和凸形两种(图 4.11、图 4.12),前者用于宽度大于 4.5m 的中间带,后者用于宽度小于等于 4.5m 的中间带。宽度大于 4.5m 的,一般植草皮、栽灌木,宽度小于等于 4.5m 的可铺面封闭。

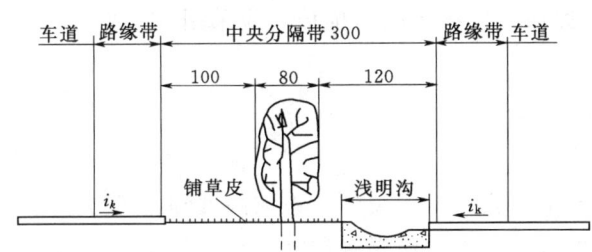

图 4.11 凹形中央分隔带(单位:cm)

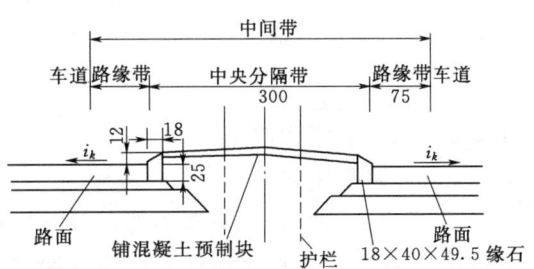

图 4.12 凸型中央分隔带(单位:cm)

4.4 路拱、边坡及边沟设计

4.4.1 路拱形式与路拱坡度

为了利于路面横向排水,将路面做成由中央向两侧倾斜的拱形,称为路拱。其倾斜的大小以百分率表示。

路拱对排水有利但对行车不利。路拱坡度所产生的水平分力增加了行车的不平稳,同时也给乘客不舒适的感觉。当车辆在有水或潮湿的路面上制动时还会增加侧向滑移的危险。为此,对路拱大小的采用及形状的设计应兼顾排水和行车两方面的影响。对于不同类型的路面由于其表面的平整度和透水性不同,再考虑当地的自然条件可选用不同的路拱坡度,选用表 4.6 规定的数值。

高速公路和一级公路整体式路基的路拱宜采用双向路拱坡度,由路中央向两侧倾斜。位于中等强度降雨地区时,路拱坡度宜为 2%;位于降雨强度较大地区时,路拱坡度可适当增大。

高速公路、一级公路分离式路基的路拱,宜采用单向横坡,并向路基外侧倾斜,也可采用双向路拱坡度。积雪冰冻地区，宜采用双向路拱坡度。

表 4.6　　　　　　　　　　　路 拱 横 坡 坡 度

路 面 类 型	路拱横坡坡度/%	路 面 类 型	路拱横坡坡度/%
水泥混凝土路面、沥青混凝土路面	1.0～2.0	碎、砾石等粒料路面	2.5～3.5
其他黑色路面、整齐石块	1.5～2.5	低级路面	3.0～4.0
半整齐石块、不整齐石块	2.0～3.0		

二级、三级、四级公路的路拱应采用双向路拱坡度，由路中央向两侧倾斜。路拱坡度应根据路面类型和当地自然条件确定，但不应小于 1.5%。

路拱的形式有抛物线形、直线接抛物线形、折线形等。可根据路面宽度及路面类型采用：低等级公路可采用抛物线形路拱，高等级公路一般采用直线接抛物线形路拱，多车道的水泥混凝土路面可采用折线形路拱。

土路肩的横坡：位于直线路段或曲线路段内侧，且车道或硬路肩的横坡值大于或等于 3% 时，土路肩的横坡应与车道或硬路肩横坡值相同；小于 3% 时，土路肩的横坡应比车道或硬路肩的横坡值大 1% 或 2%。位于曲线路段外侧的土路肩横坡，应采用 3% 或 4% 的反向横坡值。

4.4.2　路基边坡和边沟

4.4.2.1　路基边坡

路基边坡坡度，应根据当地自然条件、岩土性质、填挖类型、边坡高度和施工方法等确定。边坡过陡，稳定性就差，雨水冲刷力也大，易出现崩塌等病害；边坡过缓，土石方数量增加，雨水渗入坡体内的可能性也变大。因此，选择边坡坡度时，要权衡利弊，力求合理。

路堤边坡按填料的物理性质、气候条件、边坡高度以及工程水文地质条件选定。

路堤边坡坡度根据填料种类及边坡高度按表 4.7 确定。当超过表列高度时，应进行边坡稳定性验算。

表 4.7　　　　　　　　　　　路 堤 边 坡 坡 度

填料性质	边坡的最大高度/m			边坡坡度		
	全部高度	上部高度	下部高度	全部高度	上部高度	下部高度
黏性土、粉性土、砂性土	20	8	12	—	1∶1.5	1∶1.7
砾石土、粗砂、中砂	12	—	—	1∶1.5		
碎（块）石土、卵石土	20	12	8	—	1∶1.5	1∶1.7
不宜风化的石块	20	8	12	—	1∶1.3	1∶1.5

当路基边缘与路侧取土坑的高差较大时，为了保证路堤的稳定性需设置护坡道。当路肩边缘与取土坑坑底高差小于或等于 2m 时，取土坑内侧坡顶可与路堤坡脚径相衔接，并

采用路堤边坡坡度；当高差大于 2m 时应设置宽 1m 的护坡道；当高差大于 6m 时，应设置宽 2m 的护坡道。浸水路堤的边坡坡度，在设计水位（路基设计洪水频率计算水位，加壅水高度，加浪浸袭高）再加 0.5m 以下部分应视填料性质采用 1∶1.75～1∶2，在常水位部分则采用 1∶2～1∶3，并视水流情况采取加固及防护措施。

填石路堤应由不易风化的较大石块填筑。边坡坡度可采用 1∶1，边坡坡面应采用大于 25cm 的石块铺砌。当填方路堤处的地面横坡陡于 1∶5 时，应将地面挖成台阶宽度不小于 1m 台阶顶面做成 2%～4% 的反坡，以防路基滑动影响稳定。

路堑边坡坡度，应根据当地自然条件、土石种类及其结构、边坡高度和施工方法等确定。一般情况下，土质（包括粗粒土）挖方边坡坡度参照表 4.8 选用。一般土质挖方边坡高度不宜超过 30m。

表 4.8　　　　　　　　　土 质 挖 方 边 坡 坡 度

密实程度 \ 边坡高度/m	<20	20～30
胶结	1∶0.3～1∶0.5	1∶0.5～1∶0.75
密实	1∶0.5～1∶0.75	1∶0.75～1∶1.0
中密	1∶0.75～1∶1.0	1∶1.0～1∶1.5
较松	1∶1.0～1∶1.5	1∶1.5～1∶1.75

4.4.2.2　边沟

边沟的主要作用是排除路面及边坡处汇集的地表水，以确保路基与边坡的稳定。一般在公路路堑及高度小于边沟深度的低填方地段设置边沟。

边沟的断面形状主要取决于排水流量的大小、公路的性质、土壤情况及施工方法。一般情况下边沟在石质地段多做成三角形，而在排水量大的路段多采用梯形。

边沟的设置宜遵循如下规定：

(1) 底宽与深度不小于 0.4m。

(2) 边沟纵坡一般不应小于 0.5%，特殊困难路段亦不得小于 0.2%；当陡坡路段沟底纵坡较大时，为防止边沟冲刷，应采取加固措施。

(3) 梯形边沟内侧一般为 1∶1～1∶2。

(4) 边沟不宜过长，一般不宜超过 500m，即应选择适当地点设置出水口，多雨地区边沟长度不宜超过 300m。三角形边沟长度一般不宜超过 200m。

4.5　横 断 面 设 计 方 法

4.5.1　公路横断面设计要求

公路横断面的组成除包括与行车有关的路幅外，还包括与路基工程、排水工程、环保工程有关的各种设施。

这些设施的位置和尺寸均应在横断面设计中有所体现。路基横断面形式和尺寸实际上在确定路线平面位置时就已经有了考虑,在纵断面设计中又根据路线标准和地形条件对路基的合理高度,特别是工程艰巨路段已仔细作了分析研究,拟定了横断面方案。因此,施工图设计阶段的横断面设计是在总结上述工作的基础上把它具体化,绘制横断面设计图纸,作为计算土石方数量和日后施工的依据。

横断面设计,必须结合地形、地质、水文等条件,本着节约用地的原则,选用合理的断面形式,以满足行车顺适、工程经济、路基稳定且便于施工和养护的要求。

4.5.2 公路横断面设计方法

(1) 在计算纸上绘制横断面的地面线。地面线是在现场测绘的,若是纸上定线,可从大比例尺的地形图上内插获得。在计算机辅助设计中,可向计算机输入横断面各变化点相对于中桩的坐标,由计算机自动绘制。横断面图的比例尺一般是1:200。

(2) 根据路线和路基资料,填写路基设计表,根据路基设计表的成果,将横断面的填挖值及有关资料(如路基宽度、加宽值、超高坡度)抄于相应桩号的断面上。

(3) 根据现场调查的土壤地质资料,标出土石界线,确定边坡坡度以及边沟的形状和尺寸。

(4) 绘横断面的设计线,俗称"戴帽子",可用透明胶片做成模板(图4.13)绘图。陡峻山坡需设挡土墙时,应绘于横断面图上,并将挡土墙设计成果另行绘图;设计线应包括路基、边沟、截水沟、加固及防护工程、护坡道、碎落台、视距台等。在弯道上的断面还应标出超高、加宽。

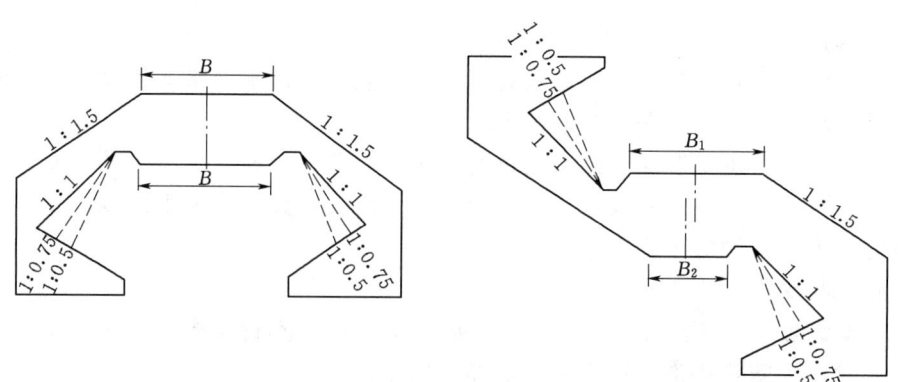

图 4.13 路基横断面模板

(5) 计算横断面的填挖面积,完成横断面设计。横断面填挖面积的计算方法将在下一节中介绍。

(6) 土石方数量计算及调配。土石方数量的计算及调配方法将在下一节中介绍。

4.5.3 路基设计表

路基设计表是公路设计文件的组成内容之一,它是平、纵、横等主要测设资料的综合,在公路设计文件中占有重要地位。表中各列所有整桩、加桩的填挖高度、路基宽度(包括加宽)、超高值等有关资料,为路基横断面设计的基本数据,也是施工的依据之一。路基设计表样式见表4.9。

4.5 横断面设计方法

表 4.9 路基设计

桩号	平曲线		变坡点高程桩号及纵坡坡度·坡长	竖曲线	地面标高/m	设计标高/m	填挖高度/m		路基宽度/m		路基边缘及中桩设计标高之高差/m			施工时中桩填挖高度/m		边坡(1:n)		护坡道				边沟				坡脚坡口至中桩距离/m		备注
	左	右					填	挖	左	右	左	中	右	填	挖	左	右	宽度/m		横坡度/%		沟底纵坡/%		形状	底宽/m	沟深/m	内坡(1:n)	左	右	
																		左	右	左	右	左	右							
1	2	3	4	5	6	7	8	9	10	11	12	13	14	15	16	17	18	19	20	21	22	23	24	25	26	27	28	29	30	
K2+100			$i=-5.80\%$ $L=170.00$		1102.65	1102.26		0.39	5.00	5.00		0.09			0.30													9.83	5.53	
+120					1101.32	1101.26		0.06	5.00	5.00		0.09		0.03		1.00	1.50	1.00	1.00	2.00		-5.00		梯形	0.60	0.60	1.50	9.17	6.15	
+140			1098.140		1100.17	1100.35	1.18		5.00	5.00		0.09		0.27		1.00	1.50	1.00	1.00	2.00		-5.00		梯形	0.60	0.60	1.50	8.61	6.42	
+160					1099.16	1099.55	0.39		5.00	5.00		0.09		0.18		1.00	1.50	1.00	1.00	2.00		-4.55		梯形	0.60	0.60	1.50	8.45	6.40	
+180				凹 $R=1000$ $T=91.60$ $E=4.20$	1098.35	1098.85	0.50		5.00	5.00		0.09		0.59		1.00	1.50					-4.00						5.19	6.53	
+200					1097.59	1098.25	0.66		5.00	5.00		0.09		0.75		1.00	1.50											5.43	6.96	
+220	K2+261.60				1096.33	1097.75	1.42		5.00	5.00		0.09		1.51		1.00	1.50											6.63	7.71	
+240					1095.12	1097.31	2.22		5.00	5.00		0.09		2.31		1.00	1.50											7.86	9.06	
+260					1094.63	1097.04	2.41		5.00	5.00		0.09		2.50		1.00	1.50											8.22	8.92	
+280				K2+363.00	1095.12	1096.80	1.93		5.00	5.00		0.09		2.02		1.00	1.50											7.05	9.13	
+300					1095.63	1096.34	1.53		5.00	5.00		0.17	-0.01	1.62		1.00	1.50											6.48	10.26	
ZH+315.89					1096.12	1096.07		0.05	5.00	5.00	0.35	0.28	-0.05		0.12	1.00	1.50	1.00		2.00		0.30		梯形	0.60	0.60	1.50	5.36	8.82	
+340					1096.07	1096.12	0.05		5.00	5.00	0.63	0.28	-0.13	0.80		1.00	1.50	1.00	1.00	2.00	2.00	-1.32	-1.80	梯形	0.60	0.60	1.50	9.18	7.56	
HY+360.89			1091.480		1095.84	1095.55		0.26	5.00	5.43	0.63	0.28	-0.13		0.02	1.00	1.50	1.00	1.00	2.00	2.00	-1.75		梯形	0.60	0.60	1.50	5.55	9.28	
+380					1095.43	1095.20		0.29	5.00	5.80	0.63	0.28	-0.13		0.03	1.00	1.50	1.00	1.00	2.00	2.00	-2.15		梯形	0.60	0.60	1.50	9.81	6.68	
+400					1095.43	1094.77		0.66	5.00	5.80	0.63	0.28	-0.13		0.38	1.00	1.50	1.00	1.00	2.00	2.00	-2.60		梯形	0.60	0.60	1.50	9.89	7.17	
+420					1094.76	1094.25		0.51	5.00	5.80	0.63	0.28	-0.13		0.23	1.00	1.50	1.00	1.00	2.00	2.00	-2.95	-2.95	梯形	0.60	0.60	1.50	9.09	6.53	
+440					1094.12	1093.66		0.46	5.00	5.80	0.63	0.28	-0.13		0.18	1.00	1.50	1.00	1.00	2.00	2.00	-3.32	-3.32	梯形	0.60	0.60	1.50	9.43	6.07	
+460					1094.34	1093.13		1.21	5.00	5.80	0.63	0.28	-0.13		0.93	1.00	1.50	1.00	1.00	2.00	2.00	-3.71		梯形	0.60	0.60	1.50	10.91	7.89	
QZ+476.08			K2+470		1093.18	1092.57		0.59	5.00	5.80	0.63	0.28	-0.13		0.31	1.00	1.50	1.00	1.00	2.00	2.00	-4.15	-4.15	梯形	0.60	0.60	1.50	11.93	7.82	JD_4超高横坡度7%,路面加宽值0.80m
+500					1092.83	1092.24		0.85	5.00	5.80	0.63	0.28	-0.13		0.57	1.00	1.50	1.00	1.00	2.00	2.00	-4.60	-4.60	梯形	0.60	0.60	1.50	10.23	5.92	
+520					1092.26	1091.41		0.82	5.00	5.80	0.63	0.28	-0.13		0.51	1.00	1.50	1.00	1.00	2.00	2.00			梯形	0.60	0.60	1.50	9.97	7.82	
+540					1091.31	1090.49			5.00	5.61	0.63	0.28	-0.13			1.00	1.50	1.00	1.00	2.00	2.00			梯形	0.60	0.60	1.50	9.09	7.94	
+560					1089.45	1089.50	0.05		5.00	5.29	0.51	0.28	-0.13	0.33		1.00	1.50	1.00	1.00	2.00	2.00	-4.95		梯形	0.60	0.60	1.50	10.21	6.83	
+580					1088.97	1088.43		0.51	5.00	5.00	0.51	0.23	-0.09		0.26	1.00	1.50	1.00	1.00	2.00	2.00	-5.35		梯形	0.60	0.60	1.50	10.91	6.18	
YH+591.27			$i=-5.50\%$ $L=420.00$		1088.52	1087.81		0.71	5.00	5.00		0.28	-0.13		0.43	1.00	1.50	1.00	1.00	2.00	2.00	-5.50	-5.50	梯形	0.60	0.60	1.50	11.93	7.64	
+600					1087.56	1087.33		0.23	5.00	5.00		0.12	-0.09		0.00	1.00	1.50	1.00	1.00	2.00	2.00	-5.50		梯形	0.60	0.60	1.50	9.80	6.67	
+620					1086.23	1086.23	0.00		5.00	5.00		0.23	-0.09	0.12		1.00	1.50	1.00	1.00	2.00	2.00	-5.50		梯形	0.60	0.60	1.50	9.37	7.22	
GQ+636.27					1085.43	1085.34		0.09	5.00	5.00		0.09			0.00	1.00	1.50	1.00	1.00	2.00	2.00	-5.50		梯形	0.60	0.60	1.50	11.15	5.57	

4.6 路基土石方数量计算及调配

路基土石方是公路工程的一项主要工程量,在公路设计和路线方案比较中,路基土石方数量的多少是评价公路测设质量的主要技术经济指标之一。在编制公路施工组织计划和公路工程概预算时,还需要确定分段和全线的路基土石方数量。

地面形状是很复杂的,填挖方不是简单的几何体,所以其计算只能是近似的,计算的精确度取决于中桩间距、测绘横断面时采点的密度和计算公式与实际情况的接近程度等。计算时一般应按工程的要求,在保证使用的前提下力求简化。

4.6.1 横断面面积计算

路基填挖的断面积,是指断面图中原地面线与路基设计线所包围面积,高于地面线者为填方,低于地面线者为挖方,两者应分别计算。下面介绍几种常用的面积计算方法。

4.6.1.1 积距法

如图 4.14,将断面按单位横宽划分为若干个梯形与三角形条块,每个小块的近似面积为:$F_i = bh_i$,则横断面面积:

$$F = bh_1 + bh_2 + \cdots + bh_n = b\sum_{i=1}^{n} h_i \tag{4.8}$$

当 $b = 1\text{m}$ 时,则 F 在数值上就等于各小条块平均高度之和 $\sum_{i=1}^{n} h_i$。

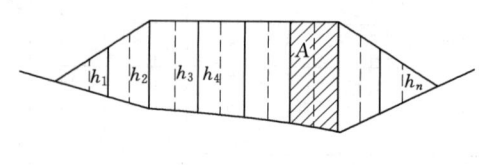
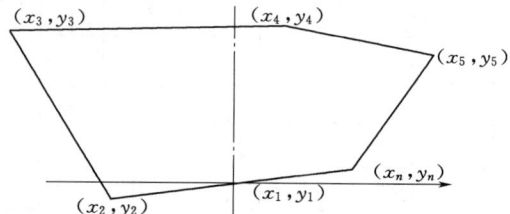

图 4.14 横断面面积的计算(积距法)　　图 4.15 横断面面积的计算(坐标法)

要求得 $\sum h_i$ 的值,可以用卡规逐一量取各条块高度的累积值。当面积较大,卡规张度不够用时,也可用厘米方格纸折成窄条代替卡规量取积距。用积距法计算面积简单、迅速。若地面线较顺直,也可以增大 b 的数值。若要进一步提高精度,可增加测量次数最后取其平均值。

4.6.1.2 坐标法

如图 4.15 所示,已知断面图上各转折点坐标 (x_i,y_i),则断面面积为

$$F = \frac{1}{2}\sum_{i=1}^{n}(x_i y_{i+1} - x_{i+1} y_i) \tag{4.9}$$

坐标法的精度较高,适宜用计算机计算。

4.6.1.3 块分法

所谓块分法就是通过路基横断面地面线及设计线上的所有转折点用竖线把路基横断面

划分成宽度不等的多个准确的梯形或三角形,然后分别计算每一个梯形或三角形的面积再累加起来即为路基横断面面积。如图4.16所示,填挖方交界处也应划分出来,分别计算填挖面积。本方法一般是通过解析法进行计算,用计算机来完成,特点是计算精度高。计算横断面面积还有几何图形法、数方格法、求积仪法等,本书不一一介绍。

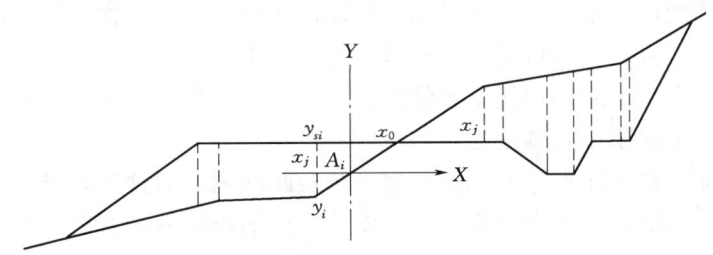

图4.16 横断面面积的计算(块分法)

4.6.2 土石方数量计算

土石方数量一般可采用平均断面法或棱台体积法计算。

若相邻两断面均为填方或挖方且面积大小相近,则可假定两断面之间为一棱柱体(图4.17),其体积的计算公式为:

$$V = \frac{1}{2}(A_1 + A_2)L \quad (4.10)$$

式中 V——相邻两断面间的体积,即土石方数量,m^3;

A_1, A_2——相邻两断面各自填(挖)方面积,m^2;

L——相邻断面之间的距离,m。

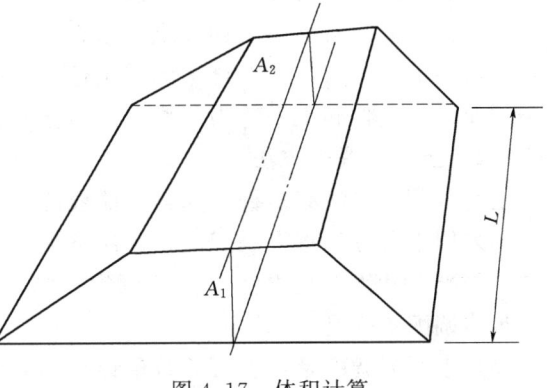

图4.17 体积计算

此法计算简易,较为常用,一般称之为"平均断面法"。

若A_1和A_2相差甚大,则与棱台更为接近。其计算公式为

$$V = \frac{1}{3}(A_1 + A_2 + \sqrt{A_1 A_2})L \quad (4.11)$$

式(4.11)的精度较高,应尽量采用,特别是用计算机计算时。用上述方法计算的土石方体积中,包含了路面体积。若所设计的纵断面有填有挖且基本平衡,则填方断面中多计的路面面积与挖方断面中少计的路面面积相互抵消,其总体积与实施体积相差不大。但若路基是以填方为主或以挖方为主,则应在计算断面面积时将路面部分计入。也就是填方要扣除、挖方要增加路面所占的那一部分面积。土石方多采用表格计算,详见表4.10。

4.6.3 路基土石方调配

土石方调配的目的是为了确定填方用土的来源、挖方弃土的去向,以及计价土石方的数量和运量等。通过调配合理地解决各路段土石方平衡与利用问题,使从路堑挖出的土石方,在经济合理的调运条件下移挖作填,达到填方有所"取",挖方有所"用",避免不必

要的路外借土和弃土,以减少耕地占用,降低公路造价,减轻对环境的破坏。

4.6.3.1 土石方调配原则

(1) 在半填半挖断面中,应首先考虑在本路段内"移挖作填"进行横向平衡,然后再作纵向调配,以减少总的运量。

(2) 土石方调配应考虑桥涵位置对施工运输的影响,一般大沟不作跨越调运,同时尚应注意施工的可能与方便,尽可能避免和减少上坡运土。

(3) 为使调配合理,必须根据地形情况和施工条件,选用适当的运输方式,确定合理的经济运距,分析工程用土是调运还是外借。

(4) 土方调配"移挖作填"固然要考虑经济运距问题,但这不是唯一的指标,还要综合考虑弃方或借方占地,赔偿青苗损失及对农业生产的影响等。有时"移挖作填"虽然运距超出一些,运输费用可能稍高一些,但如能少占地,少影响农业生产,对工程整体来说也未必是不经济的。

(5) 不同的土方和石方应根据工程需要分别进行调配,以保证路基稳定和人工构造物的材料供应。

(6) 位于山坡上的回头曲线路段,要优先考虑上下线的土方竖向调运。

(7) 土方调配对于借土和弃土应事先同地方商量,妥善处理。借土应结合地形、农田规划等选择借土地点,并综合考虑借土还田,整地造田等措施。弃土应不占或少占耕地,在条件允许时应将弃土平整为可耕地,防止乱弃乱堆或堵塞河流、损坏农田。

4.6.3.2 土石方调配方法

土石方调配方法有多种,如累积曲线法、调配图法及土石方计算表调配法等,目前生产上多采用土石方计算表调配法,该法不需绘制累积曲线图与调配图,可直接在土石方表上进行调配,其优点是方法简捷,调配清晰,精度符合要求。该表也可由计算机自动完成。具体调配步骤是:

(1) 土石方调配是在土石方数量计算与复核完毕的基础上进行的,调配前应将可能影响运输调配的桥涵位置、陡坡、大沟等标注在表旁,供调配时参考。

(2) 弄清各桩号间路基填挖方情况并作横向平衡,明确利用、填缺与挖余数量。

(3) 在作纵向调配前,应根据施工方法及可能采取的运输方式定出合理的经济运距,供土石方调配时参考。

(4) 根据填缺挖余分布情况,结合路线纵坡和自然条件,本着技术经济和支农的原则,具体拟定调配方案。方法是逐桩逐段地将毗邻路段的挖余就近纵向调运到填缺内加以利用,并把具体调运方向和数量用箭头标明在纵向利用调配栏中。

(5) 经过纵向调配,如果仍有填缺或挖余,则应会同当地政府协商确定借土或弃土地点,然后将借土或弃土的数量和运距分别填注到借方或废方栏内。

(6) 土石方调配后,应按下式进行复核检查:

横向调运+纵向调运+借方=填方;

横向调运+纵向调运+弃方=挖方;

挖方+借方=填方+弃方。

以上检查一般是逐页进行复核的,如有跨页调配,须将其数量考虑在内,通过复核可以发现调配与计算过程有无错误。经核证无误后，即可分别计算计价土石方数量、运量和运距等，为编制施工预算图提供土石方工程数量。

4.6.3.3 关于调配计算的几个问题

1. 经济运距

经济运距是确定借土或调运的限界及距离。当调运距离小于经济运距时，采取纵向调运是经济的，反之，则可考虑就近借土。

填方用土来源：一是路上纵向调运，二是就近路外借土。一般调运路堑挖方来填筑距离较近的路堤还是比较经济的。但如调运的距离过长，以致运价超过在填方附近借土所需的费用时，"移挖作填"就不如在路堤附近就地借土经济。因此，采取"调"还是"借"，有个限度距离问题，这个限度距离即所谓"经济运距"，其值按式（4.12）计算：

$$L_{经}=\frac{B}{T}+L_{免} \qquad (4.12)$$

式中 $L_{经}$——经济运距，km；

　　　B——借土单价，元/m³；

　　　T——远运运费单价，元/(m³·km)；

　　　$L_{免}$——免费运距，km。

2. 平均运距

平均运距是指土石方调配时从挖方体积的重心到填方体积的重心之间的距离。为简化计算起见，这个距离可简单地按挖方路段中心至填方路段中心的距离计算。

在纵向调配时，当其平均运距超过定额规定的免费运距，应按其超运运距计算土石方运量。免费运距是指不计运费的规定距离。

3. 运量

土石方运量为平均运距与土石方调配数量的乘积。

在生产中，工程定额是将平均运距每10m划为一个运输单位，称之为"级"，20m为两个运输单位，称为二级，以此类推。在土石方计算表内可用序号①、②表示，不足10m时，仍按一级计算或四舍五入。于是：

$$总运量＝调配（土石方）方数×n \qquad (4.13)$$

$$n=\frac{L-L_{免}}{10}$$

式中 n——平均运距单位（级）；

　　　L——平均运距，m；

　　　$L_{免}$——免费运距，m。

在土石方调配中，所有挖方无论是"弃"或"调"，都应予以计价。但对于填方则不然，要根据用土来源来决定是否计价。如果是路外借土，则需要计价，倘若是"移挖作填"调配利用，则不应再计价，否则形成双重计价。因此计价土石方必须通过土石方调配表来确定其数量，公式为

$$计价土石方数量＝挖方数量＋借方数量$$

一般工程上所说的土石方总量，实际上是指计价土石方数量。一条公路的土石方总

量，一般包括路基工程、排水工程、临时工程、小桥涵工程等项目的土石方数量。对于独立大、中桥梁，长隧道的土石方数量应另外计算。

4.7 横断面设计成果

路基横断面设计的主要成果是"两图两表"，即路基横断面设计图与路基标准横断面图，路基设计表与路基土石方计算表。

4.7.1 路基横断面设计图

路基横断面设计图如图 4.18 所示，是路基每一个中桩的法向剖面图，它反映每个桩位处横断面的尺寸及结构，是路基施工及横断面面积计算的依据，图中应给出地面线与设计线，并标注桩号、施工高度与断面面积。相同的边坡坡度可只在一个断面上标注，挡墙等圬工构造物可只绘出形状不标注尺寸，边沟也只绘出形状。横断面设计图应按从下到上，从左到右的顺序进行布置，一般采用 1∶200 的比例。

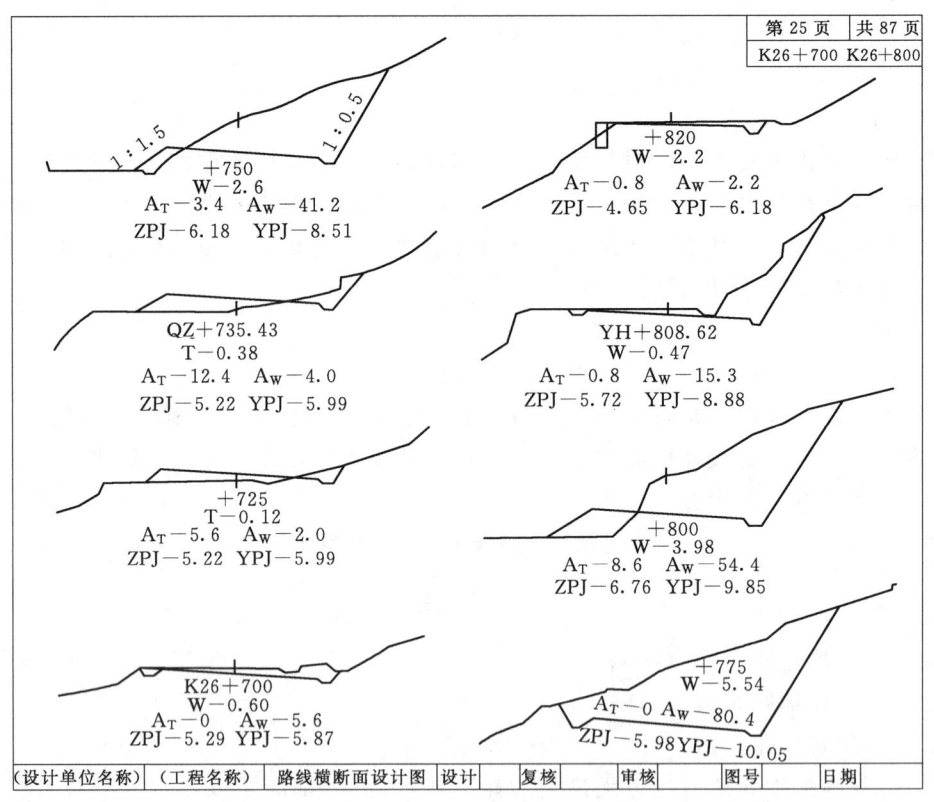

图 4.18 路基横断面设计

4.7.2 路基标准横断面图

路基标准横断面图如图 4.19 所示，是路基横断面设计图中所出现的所有路基形式的汇总。它标示出了所有设计线（包括边坡、边沟、挡墙、护肩等）的形状、比例及尺寸，用以指导施工。这样路基横断面图就不必对每一个断面都进行详细的标注（其中很多断面的比例、尺寸都是相同的），避免了工作的重复与烦琐，也使横断面设计图比较简洁。

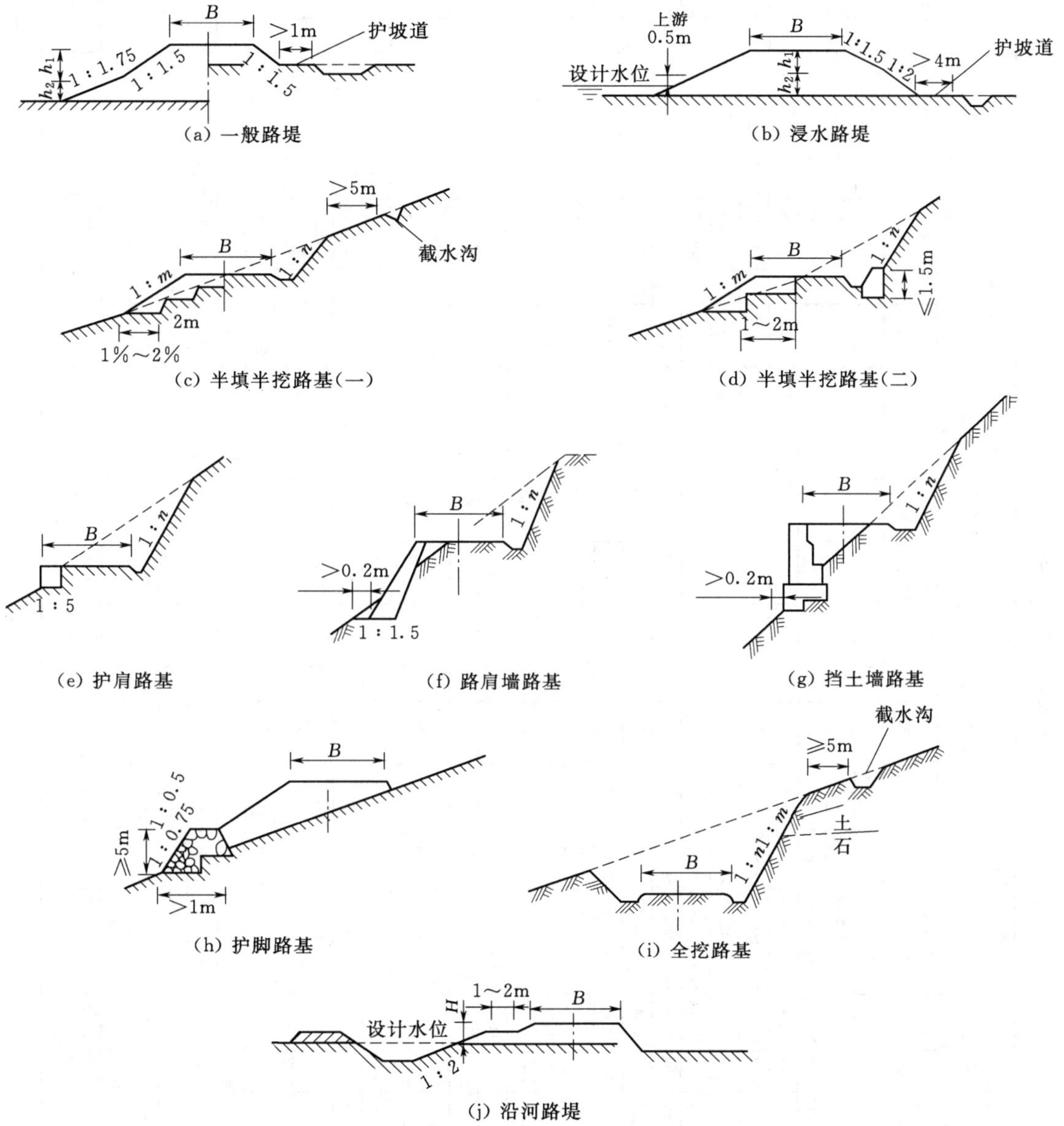

图 4.19 路基标准横断面

4.7.3 路基土石方计算表

路基土石方是公路工程的一项主要工程量，所以在公路设计和路线方案比较中，路基土石方数量的多少是评价公路测设质量的主要技术经济指标之一，也是编制公路施工组织计划和工程概预算的主要依据。其表格形式见表 4.10。

表 4.10　路基土石方计算与调配

桩号	横断面面积		距离/m	总数量	挖方分类及数量/m³												填方数量/m³			木桩利用		利用方数量及调配/m³				远运利用及纵向调配示意	借方数量/m³		弃方数量/m³		备注
					I		II		III		IV		V		VI		总数	土	石	土	石	填缺		挖余			土	石	土	石	
	挖方	填方			%	数量	%	数量	%	数量	%	数量	%	数量	%	数量						土	石	土	石						
1	2	3	4	5	6	7	8	9	10	11	12	13	14	15	16	17	18	19	20	21	22	23	24	25	26	27	28	29	30	31	32
K0+920	133.11																														
K0+940	126.58		20.00	2596.82	20.00	519.36	60.00	1558.09	20.00	519.36														2596.82		±2221.17 K0+920 至					
K0+960	145.57		20.00	2721.42	20.00	544.28	60.00	1632.85	20.00	544.28														2721.42							
K0+980	161.86		20.00	3074.22	20.00	614.84	60.00	1844.53	20.00	614.84														3074.22							
K1+000	140.66		20.00	3025.13	20.00	605.03	60.00	1815.08	20.00	605.03														3025.13							
K1+020	89.46		20.00	2301.20	20.00	460.24	60.00	1380.72	20.00	460.24														2301.20							
K1+040	1.16	10.07	20.00	906.21	20.00	181.24	60.00	543.73	20.00	181.24							100.69	100.69		100.69				805.52							
K1+050.297	0.94	21.64	10.30	10.78	20.00	2.16	60.00	6.47	20.00	2.16							163.25	163.25		10.78		152.47										
K1+060	0.98	27.77	9.70	9.29	20.00	1.86	60.00	5.57	20.00	1.86							239.68	239.68		9.29		230.39										
K1+080	1.00	38.89	20.00	19.74	20.00	3.95	60.00	11.84	20.00	3.95							666.59	666.59		19.74		646.85										
K1+100	0.97	34.58	20.00	19.68	20.00	3.94	60.00	11.81	20.00	3.94							734.73	734.73		19.68		715.05				±2627.92 至 K1+100						
K1+120	1.92	26.96	20.00	28.96	20.00	5.79	60.00	17.38	20.00	5.79							615.35	615.35		28.96		586.39										
K1+140	3.46	7.05	20.00	53.84	20.00	10.77	60.00	32.30	20.00	10.77							340.05	340.05		53.84		286.21										
K1+153.297	7.89	5.89	13.30	75.45	20.00	15.09	60.00	45.27	20.00	15.09							86.01	86.01		75.45		10.56										
K1+160	10.67	5.25	6.70	62.20	20.00	12.44	60.00	37.32	20.00	12.44							37.33	37.33		37.33				24.88								
K1+180	19.77	4.15	20.00	304.38	20.00	60.88	60.00	182.63	20.00	60.88							93.95	93.95		93.95				210.43								
K1+200	12.75	4.51	20.00	325.10	20.00	65.02	60.00	195.06	20.00	65.02							86.58	86.58		86.58				238.52								
K1+220	14.15	1.85	20.00	268.90	20.00	53.78	60.00	161.34	20.00	53.78							63.58	63.58		63.58				205.32								
K1+240	51.28		20.00	654.21	20.00	130.84	60.00	392.53	20.00	130.84							18.46	18.46		18.46				635.75		土 8891.73 至 K1+170						
K1+260	54.93		20.00	1062.06	20.00	212.41	60.00	637.24	20.00	212.41														1062.06								
K1+280	30.05		20.00	849.77	20.00	169.95	60.00	509.86	20.00	169.95														849.77								
K1+300	0.94	18.79	20.00	309.90	20.00	61.98	60.00	185.94	20.00	61.98							187.89	187.89		187.89				122.01								
K1+320	1.08	74.40	20.00	20.24	20.00	4.05	60.00	12.14	20.00	4.05							931.87	931.87		20.24		911.63										
K1+340	1.01	81.30	20.00	20.95	20.00	4.19	60.00	12.57	20.00	4.19							1557.01	1557.01		20.95		1536.06				±3348.74 至 K1+340						
K1+360	1.05	44.55	20.00	20.67	20.00	4.13	60.00	12.40	20.00	4.13							1258.54	1258.54		20.67		1237.87				±783.49 至 K1+340						
K1+380	1.04	4.14	20.00	20.92	20.00	4.18	60.00	12.55	20.00	4.18							486.86	486.86		20.92		465.94				±19.27 至 K1+380						
K1+400	5.13	0.11	20.00	61.67	20.00	12.33	60.00	37.00	20.00	12.33							42.40	42.40		42.40				19.27								
小计				18823.71		3764.74		11294.22		3764.74							7710.82	7710.82		931.39		6779.43		17892.32								
累计				43034.01		8606.80		25820.41		8606.80							34676.44	34676.44		4087.55		30588.88		38946.46								

编制：　　　　　　　　　　　　　　　　　　　复核：　　　　　　　　　　　　　　　　　　审核：

思考题及习题

一、选择题

1. 我国《标准》规定：四级公路采用（　　）。
   A．1类加宽　　　B．2类加宽　　　C．3类加宽　　　D．4类加宽

2. 二级公路的加宽类别一般采用（　　）。
   A．1类　　　　　B．2类　　　　　C．3类　　　　　D．4类

3. 新建四级公路，其超高旋转点是指（　　）。
   A．公路中线　　　　　　　　　　　B．未超高、加宽前的路基边缘
   C．分隔带边缘　　　　　　　　　　D．未超高、加宽前的路面边缘

4. 超高缓和段的横坡度由2%（或1.5%）过渡到0 路段的超高渐变率不得小于（　　）。
   A．1/100　　　　B．1/150　　　　C．1/200　　　　D．1/330

5. 各级公路超高横坡度的最小值为（　　）。
   A．1.5%　　　　B．2%　　　　　C．3%　　　　　D．路拱横坡度

6. 超高附加纵坡度（即超高渐变率），是指超高后的（　　）纵坡比原设计纵坡增加的坡度。
   A．外侧路肩边缘　　B．外侧路面边缘　　C．路面中心

7. 二级以下公路路基设计标高一般是指（　　）。
   A．路基中线标高　　B．路面边缘标高　　C．路肩边缘标高

8. 路基设计表是汇集了路线（　　）设计成果。
   A．平面　　　　　B．纵断面　　　　C．横断面　　　　D．平、纵、横

二、填空题

1. 无中间带公路的超高缓和段过渡形式可采用三种方式，即_____、_____、_____。

2. 圆曲线上全加宽值的大小与_____、_____和_____等因素有关。

3. 当公路需要加宽时，四级公路和山岭重丘区的三级公路采用第_____类加宽值；其余各级公路采用第_____类加宽值；对于不经常通集装箱半挂车的公路可采用第_____类加宽值。

4. 《公路工程技术标准》规定，当圆曲线半径小于等于_____m时，应在平曲线_____设置加宽。

5. 高速公路和一级公路的路基横断面由_____、_____、_____以及紧急停车带、爬坡车道、变速车道等组成。

6. 二级、三级、四级公路的路基横断面由_____、_____以及错车道组成。

7. 计价土石方数量 $V_{计}$ ＝（　　）＋（　　）。
   填方＝本桩利用＋（　　）；挖方＝本桩利用＋（　　）。
   填缺＝远运利用＋（　　）；挖余＝远运利用＋（　　）。

三、问答题

1. 公路设置加宽的作用是什么?如何确定加宽值?
2. 简述路基土石方调配的基本原则。

第5章 公 路 选 线

【学习目标】
(1) 了解公路选线的基本原则。
(2) 熟悉选线的基本步骤。
(3) 掌握不同地形选线的方法、步骤及布线要点。

【技能目标】
(1) 能够对公路选线方案进行比选。
(2) 掌握平原区、丘陵区、山岭区选线不同要点，并能在地形图上进行选线。

5.1 概 述

5.1.1 自然条件对公路选线的影响

选线是包括路线方案选择、路线布局和具体定出路线中线位置的全过程。选线是整个公路设计的关键，其对公路使用质量、工程造价、环境保护及运输效率都有很大的影响。

选线是在公路规划路线起终点之间选定一条技术上可行、经济上合理、能符合使用要求的公路中心线的工作，它面对的是一个十分复杂的自然环境和社会经济条件，需要综合考虑多方面因素。为达此目的，选线必须由粗到细、由轮廓到具体、逐步深入，分阶段分步骤地加以分析比较，才能定出最合理的路线来。

自然条件对公路选线具有较大的影响。影响公路的自然因素主要有地形、气候、水文、水文地质、地质、土壤及植物覆盖等。

1. 地形

地形决定了选线条件，并在很大程度上影响公路的技术标准。按公路布线范围内地形形态、相对高差、倾斜度及平整度对各类地形特征描述如下。

(1) 平原、微丘地形。

1) 平原，地形平坦，无明显起伏，地面自然坡度一般在3°以内。

2) 微丘地形指起伏较大的丘陵，地面自然坡度在20°以下，相对高差在100m以下，公路设线一般不受地形限制。

3) 河湾顺适、地形开阔，且有连续的宽缓台地的河谷地形。河床坡度大部分在5°以下，地面自然坡度在20°以下。沿河设线一般不受限制，路线纵坡平缓或略有起伏。

(2) 山岭、重丘地形。

1) 重丘地形指连绵、起伏的山丘，具有深谷和较高的分水岭，地面自然坡度一般在20°以上，路线平、纵面大部分受地形限制。

2) 山岭地形指山脊、陡峻山坡、悬崖、峭壁、峡谷、深沟等。地形变化复杂，地面自然坡度大部分在 20°以上。路线平、纵、横面大部分受地形限制。

3) 高原地带的深侵蚀沟，以及有明显分水线的绵延较长的高地。地面自然坡度多在 20°以上。路线平、纵、横面大部分受地形限制。

2. 气候

气候情况直接或间接地影响地面水的数量、地下水位高度、大气降水量及其强度和形态、路基水温状况、泥泞期、冬季积雪和冰冻延续期，并在一定程度上限制施工期限和条件。

3. 水文

水文情况决定排水结构物的数量和大小，水文地质情况决定了含水层的厚度和位置、地基或路基岩层滑坍的可能性。

4. 地质条件

地质构造，决定地基及路基附近岩层的稳定性，确定有无滑坍、碎落和崩坍的可能；同时也决定土石方工程施工难易和筑路材料的质量。

5. 土质

土是路基与路面基层的材料，它影响路基形状和尺寸的决定，也影响着路面形式和结构的确定。

6. 植被情况

地面的植物覆盖影响暴雨径流、水土流失程度，有些经济种植物还会对路线的走向有影响。

所有上述的自然情况都是密切地相互联系与相互制约着的，并且处于经常相互作用和不断变化的过程中。因此道路选线时要细致调查、实地考察，充分考虑自然条件，并注意到今后的自然变化和道路建成后的影响，保证道路在复杂的自然条件下的坚固稳定与交通运输的畅通无阻。

5.1.2 公路选线原则

5.1.2.1 公路选线原则

选线是公路设计的重要环节，选线的质量直接关系到工程数量和工程费用以及公路使用的适用性、安全性、可靠性和耐久性。在选线时应综合考虑各种因素，妥善处理好各方面的关系，其基本原则如下。

1. 处理好近期与远期的关系

选线应根据公路的性质和任务，综合考虑沿线国民经济发展情况和远景规划，正确处理好远期与近期的关系，使路线在路网中发挥较好的作用。

2. 采用多方案比选

在路线设计的各个阶段，应运用各种先进手段对路线方案做深入、细致的研究，在多方案论证、比选的基础上，选定最优路线方案。

3. 正确掌握和运用技术标准

公路选线时应顺应地形，要尽可能利用原有地形和地貌，防止大填大挖、过度拆迁房屋。路线设计应在保证行车安全、舒适、快速的前提下，使工程数量小、造价低、营运费用省、效益好，并有利于公路施工和养护。公路路线设计是一项立体线形设计，应注意立体线形设计中平、纵、横面的顺适、合理的配合。在工程量增加不大时,平、纵线形应尽量采用较高的技术指标,不应轻易采用最小值或极限值,也不应不顾工程量的大幅增加,而片面追求高指标。

4. 注意与农业的配合

选线应同农业基本建设相配合,做到少占田地,并应尽量不占高产田、经济作物田或经济林园等。

5. 重视路线与沿线历史文物、革命史迹、旅游风景区等的联系

通过名胜古迹、风景区等的公路,应与周围环境、景观相协调,桥梁、隧道、沿线设施应与该地区自然景观相适应,与环境融为一体。

6. 重视水文、地质问题

选线时应对工程地质和水文地质进行深入勘测,查清其对公路工程的影响。

对于滑坡、崩塌、岩堆、泥石流、岩溶、软土、泥沼等严重不良地质地段和沙漠、多年冻土等特殊地区,应慎重对待。一般情况下,路线应设法绕避。当必须穿过时,应选择合适的位置,缩小穿越范围,并采取必要的工程措施。

对于高填、深挖路基地段,应做好路基边坡岩土情况的勘测工作,查清边坡及基底情况,据以进行填(挖)边坡的稳定性计算,必要时采取切实可行及安全可靠的边坡防护措施。

7. 重视环境保护工作

选线应重视环境,减小由于修建公路及汽车运行对环境产生的影响与污染。

一条公路除对公路使用者提供交通服务之外,还必须具有广泛的作用,必须把公路看作是整个环境的一个组成部分。这里所说的环境是指人们周围环境的总体,即社会的、物质的、自然的和人为的。它包括人类、植物和动物三类群体以及对这三类群体起作用的各种力量。公路的选线及设计,可以而且应该使其环境更加完美并作为改善环境的促进因素。

围绕着一条拟建公路的地区,是一个自然的、人为的、社会的,三者变量相互关联的系统。在这个系统中,如果没有对其他变量的某种影响就不会出现一个变量的变化,某些结果可以忽略不计,但另一些则可能对环境(包括人类生存和生活方式的性质)有强烈和持久的影响。由于公路选线及设计的抉择对邻近地区的发展有一定的影响,所以说环境变化并入总体考虑十分重要。

对于上述原则的应用,不同等级的道路选线时,应根据道路的使用任务和功能,有不同的侧重。

影响路线方案选择的因素是多方面的,而各种因素又多是互相联系、相互相影响的。路线在满足使用任务和性质要求的前提下,应综合考虑自然条件、技术标准和技术指标、工程投资、施工期限和施工设备等因素,精心选择、反复比较,才能提出合理的推荐方案。

5.1.2.2 公路选线步骤

一条路线在确定起、终点后,在起、终点间有许多种路线方案,选线的任务就是在众多的方案中选出一条符合设计要求,经济合理的最优方案。选线的范围是一个由面→带→

线的过程，选线一般按以下三个步骤进行。

1. 全面布局

全面布局主要解决路线的基本走向问题，即在路线总方向（路线的起点、终点和任务书规定经过的中间控制点）之间，寻找出最合理的"通过点"作为大的控制点。这就是在路线的起、终点之间进行"面"的搜索，一般会有几个有比较价值的路线方案。此项工作通常是在工程可行性研究阶段进行的，先在小比例尺（1∶10000～1∶50000）地形图上从"面"上找出各种可能的方案，然后进行现场勘察确定控制点，收集各可能方案的有关资料。将多个有比较价值的方案列入《工程可行性研究报告》，供《工程可行性研究报告》评审采用。

2. 逐段安排

逐段安排是解决局部性路线方案，在路线基本走向确定的前提下，根据沿线的地形、地质、水文等自然条件结合技术标准进一步加密控制点，然后连接这些控制点，即构成路线带。在《工程可行性研究报告》评审批复后，路线的基本走向问题，即路线"面"的问题已解决。路线基本走向选定后需要进一步加密细部控制点，解决局部路线方案问题，此项工程通常在初步设计阶段进行。先在 1∶1000～1∶5000 比例尺地形图上研究，然后到现场进行初测工作，逐段结合地形、地质、水文等自然条件选定一些细部控制点，将一些具有比较价值的细部方案列入初步设计文件。

3. 具体定线

具体定线是确定道路中线具体位置的过程。经过上述两个步骤的工作后，路线的基本雏形已勾绘出来，定线就是根据技术标准和路线方案，结合有关条件在有利的定线带内进行平、纵、横综合设计，具体定出道路的中线。具体定线的内容将在第 6 章内容中讲述。

由此可见，选线是一个调查范围由大到小，工作深度由粗到细的工作过程，是一项涉及面广，影响因素多，政策性及技术性都很强的工作。

选定公路中线位置按具体做法不同有实地选线、纸上选线和自动化选线等。

（1）实地选线。实地选线就是由选线人员根据设计任务书或合同书的要求，在现场实地进行勘察测量，经过反复比较，直接选定路线的方法。这是我国传统的选线方法。

其特点是方法简便，切合实际，实地容易掌握地质、地形、地物的情况，做出的方案比较可靠。但这种方法野外的工作量很大，体力劳动强度大，野外工作时受季节、气候的影响也大。同时，由于实地视野的局限性，使路线的整体布局有一定的片面性和局限性。实地选线一般适用于等级比较低、方案比较明确的公路。

（2）纸上选线。纸上选线是在地形图上确定路线，然后再将此路线放到实地的选线方法。

其特点是野外工作量小，工作时受季节、气候的影响小，能在图纸上纵观中线全局，结合地形、地物等条件，综合平、纵、横三方面的因素，所选定的路线比较合理。但纸上定线需要大比例尺地形图。纸上定线随着测设技术的进步，应用越来越广泛。特别是对于高等级公路和地形、地物、路线方案十分复杂的公路更为适用。

（3）自动化选线。自动化选线是将航测或数字化地形图按选线的设计要求转化为数学模型，通过计算机按一定的要求进行自动选线、分析比较、优化，最后通过输出设备将设计成果输出。

自动化选线用计算机代替人工进行大量的计算、绘图工作,能省工省时,是今后公路选线的发展方向。

5.1.3 路线方案比选
5.1.3.1 路线方案选择的方法和步骤

路线方案是通过许多方案的比较选择而确定的。路线起、终点之间的自然情况越复杂,距离越长,可能的比较方案就越多,需要淘汰的方案也就越多。淘汰的方法,不可能每条路线都通过实地查勘进行,因而要尽可能收集已有资料,先在室内进行研究筛选,然后就最佳的、而且优劣难辨的有限方案进行调查或踏勘。

路线方案选择的一般步骤如下:

(1) 搜集与路线方案有关的规划、计划、统计资料及各种比例尺的地形图、航测图、水文、地质、气象等资料。

(2) 根据确定了的路线总方向和公路等级,先在小比例尺(1:50000或1:100000)的地形图上,结合搜集的资料,初步研究各种可能的路线走向。研究重点应放在地形、地质、地物复杂,外界干扰多,牵涉面大的路段。比如可能沿哪些溪沟,越哪些垭口,路线经城镇或工矿区时,是穿过、靠近,还是避开而以支线连接等,要进行多种方案的比选,提出哪些方案应进行实地踏勘。

(3) 按室内初步研究提出的方案进行实地调查,连同野外调查中发现的新方案,都必须坚持跑到、看到、调查到,不遗漏一个可能的方案。

(4) 分项整理汇总调查成果,编写工程可行性研究报告,为上级编制或补充修改设计任务书提供依据。

野外调查要求做到以下几点:

(1) 初步落实各据点的具体位置,路网规划所指定的控制点如确因干扰或技术上有很大困难或发现不合理必须变动时,应及时反应,并经过分析论证提出变动的理由,报有关部门审定。

(2) 对路线、大桥、隧道均应提出推荐方案,对于确因限于调查条件不能肯定取舍的比较方案,应提出进一步勘测比较的范围和方法。

(3) 分段提出采用技术标准和主要技术指标的意见。

(4) 在深入调查的基础上,通过比较,选定路线必经的控制点,如越岭的垭口、跨较大河流的桥位与铁路或其他公路交叉地点,以及应绕避的城镇及大型的不良地质地段等。对于地形、地质、地物情况复杂的地区,应提出路线具体布局的意见。

(5) 分段估算各种工程量,如路基土石方数量,路面工程量,桥梁、涵洞、隧道、挡土墙等的长度、类型、式样和工程数量等。

(6) 经济方面,应调查:路线联系地区的资源情况及工矿、农、林、牧、副、渔业以及其他大宗物资的年产量、年输出量、年输入量、货运流向以及运输季节和运输工具,路线联系地区的交通网系规划,预计对路线运量发展的影响,沿线人口、劳动力、运输力、工资标准等资料,供估算交通量、论证路线走向及控制点的合理性和拟订施工安排的原则意见时参考。

（7）其他如沿线民族习惯、居住、生活供应、水源、运输条件、气候特征、沿线林木覆盖、地形险阻、有无地方病疫和毒虫害兽等情况也应进行调查，为下一步勘测提供情况。

5.1.3.2 路线方案比较示例

某省级公路干线，根据公路网规划要求按二级、三级路线标准进行调查，共调查了两个方案供路线基本走向的选择。两方案的主要技术经济指标汇总见表5.1。

表5.1　　　　　　　某路各方案主要指标比较表

指标		单位	第1方案	第2方案
路线长度		km	125	104
其中：新建		km	60	45
地形：平原、微丘		km	18	8
山岭、重丘		km	5	12
用地		亩	2880	2260
工程数量	土方	1000m³	380	290
	石方	1000m³	150	180
	次高级路面	1000m³	53	55
	大、中桥	m/座	52/3	18/2
	小桥	m/座	108/5	84/8
	涵洞	道	10	12
	防排水工程	m³	5350	8330
路线指标	平曲线最小半径	m	140	50
	最大纵坡	%	3	5.5
	路基宽度	t	8.5	8.5
劳动力		万工日	16	19
总造价		万元	2240	1956
比较结果			推荐	

比选结果：第1方案尽量绕越集镇，路线线形好，线形通畅，道路指标高，虽然路线偏长，但仍能连接各县市，对经济发展有一定作用；第2方案路线较多地利用了老路，路线短，但途经山岭区，增加了桥涵、防排水工程量，施工难度增加。最后通过综合考虑，选择推荐了路线基本走向合理、线形标准较高、用地省、投资也较经济的第1方案。

5.2　平原地区选线

5.2.1　平原区路线特点

5.2.1.1　自然特征

平原区是地面高度变化微小的地区，地形平坦，有时有轻微的波状起伏或倾斜。平原

地区除泥沼、盐渍土、河谷漫滩、草原、戈壁、沙漠等外，一般多为耕地，且分布有各种建筑设施，居民点较密；在天然河网湖区，还具有湖泊多、水塘多、河滩多等特点。从地质水文条件来看，平原区一般不良地质相对较少，但有时会遇到软土和沼泽地段。平原区地势平坦，往往排水比较困难，地下水位一般较高。平原区河流较宽阔，河床较浅，洪水泛滥较宽。

5.2.1.2 路线特征

平原区地势比较平坦，地形对路线的约束不大，路线布线容易，路线纵坡及曲线半径等几何要素比较容易达到较高的技术指标，但在选线时需解决平面线形与地物障碍的矛盾。其路线平面特征是：平面线形顺直，以直线为主体线形，弯道转角一般较小，平曲线半径较大；在纵面上，坡度平缓，以低路堤为主。路线布设除考虑地物障碍外，一般没有太大困难。

平原区路线往往由于受当地自然条件和地物的障碍，选线时应综合考虑多方面的因素。

平原区地形对路线的限制不大，路线的基本线形应是短捷顺直。两控制点之间，如无地物、地质等障碍和应协调的风景名胜、文物及居民点等，则与两点直接连线相吻合的路线是最理想的，但这只有在戈壁滩和大草原上才有可能，而在一般地区，农田密布，灌溉渠道网纵横交错，城镇、工业区较多，居民点也较稠密，由于这些原因按照公路的使用任务和性质，有的需要靠近，有的需要绕避，从而产生了路线的转折，虽增长了距离，但这是必要的。因此，平原区选线，先是把路线总方向内所规定经过的地点如城镇、工厂、农场以及文物风景地点作为大控制点；然后在大控制点之间进行实地勘察，了解农田优劣及地物分布情况，确定哪些可穿，哪些该绕以及怎样绕避，从而建立起一系列中间控制点。路线一般应由一个控制点直达另一个控制点，不作任意的扭曲。为了增进路容的美观，需要把路线的平、纵面配合好。在坡度转折处设置适当的竖曲线也是必要的。

平原区路线要充分考虑近期和远期相结合，在线形上要尽量采用较高标准，以便将来提高公路等级时能充分利用原路基、桥涵等工程。

5.2.2 平原区路线布设

平原区路线，因地形限制不大，布线应在基本符合路线走向的前提下，着重考虑政治、经济因素，正确处理对地物、地质的避让与趋就，找出一条理想的路线来。

综合平原地区的自然和路线特点，布线应注意如下要点。

1. 以平面为主安排路线

平面线形应尽可能采用较高的技术指标，不片面追求直线，也不应无故转弯，在避让局部障碍物时，要注意线形的舒顺和过渡，穿越时应有合理可靠的技术措施。

深入调查研究沿线自然环境，正确处理好地物、地质的避让与趋就，选择一条短捷顺直的路线方案。一般该方案应在符合路线总方向的前提下，在各必须避让的障碍物之间穿行。选线时，首先在路线起、讫点间把经过的城镇、厂矿、农场及风景文物点作为大的控制点，在控制点间通过实地视察进一步根据地形条件和水文条件选择中间控制点，除一般较大的建筑群、水电设施、跨河桥位、洪水泛滥线范围以外以及其他必须绕过的障碍物外均可作为中间控制点。在中间控制点之间，无充分理由一般不设交点。在安排平面线形时，既要使路线短捷顺直，又要注意避免过长的直线，可能条件下多采用转角小、半径大的长缓平曲线线形。纵面线形应综合考虑桥涵、通道、交叉等构造物，合理确定路基设计高度，以避免纵坡起伏频繁，但也不应过于平缓，造成排水不畅且增大工程量。

平原区路线在具体指标应用时应注意以下几点。

（1）合理选用直线长度。平原区路线应以直线为主，当必须采用长直线时，应作好平、纵组合设计，以消除长直线的弊端。

（2）直线与半径的关系。长直线的尽头不得连接急弯，有时尽管所接的曲线并不小，但不一定与其前面所接的直线相适应。

（3）保证路基稳定。平原区路线纵坡设计时应注意路基的最小填土高度；搞好路基的排水设计；横向排水不利时，应保障最小排水纵坡度的要求。最小排水纵坡度一般为0.5%，最小不小于0.3%。

2. 正确处理路线与农业的关系

平原区农田成片，渠道纵横交错，处理好公路与农田规划、农业灌溉、水利设施等的关系，是平原区选线的重要问题。一般在平原区选线时要注意以下几点。

（1）平原区新建公路要占用一些农田，这是不可避免的，但要尽量做到少占和不占高产田。布线要从路线对国民经济的作用、对支农运输的效果、地形条件、工程数量、交通运输费用等方面全面分析比较，既不能片面求直线占用大片良田，也不能片面强调不占某块田，使路线弯弯曲曲，造成行车条件恶化。如图5.1所示路线，如按虚线布设，直穿田间，路线短、线形好，但多占良田，填筑路基取土困难；如走实线（将路线移向坡脚），里程略长，但避开了大片高产田，而沿山脚布线，路基可半填半挖，既节省土石方，又避免了填方借土及远运。

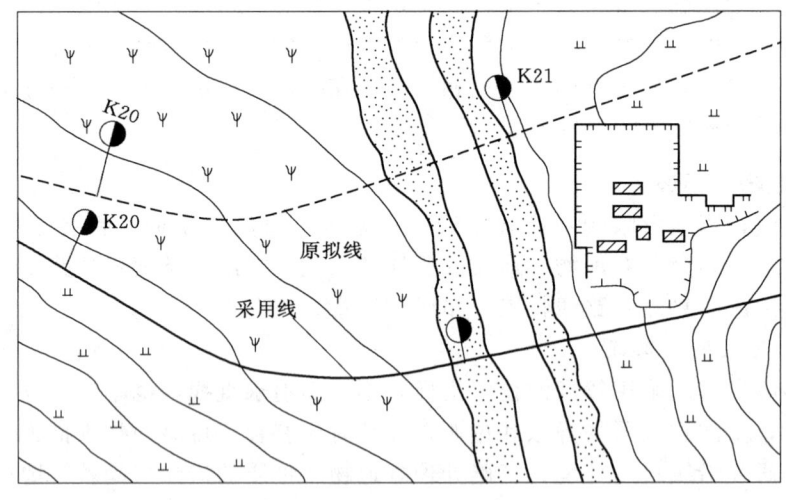

图 5.1 路线位置选择

（2）路线应与农田水利建设相配合，有利农田灌溉，尽可能少和灌溉渠道相交，把路线布置在渠道上方非灌溉的一侧或渠道尾部。当路渠方向基本一致时，可沿渠（河）堤布线，堤路结合，桥闸结合，以减少占田且便于灌溉。路线必须跨水塘时，可考虑设在水塘的一侧，并拓宽水塘取土填筑路堤，使水塘面积不致缩小。图 5.2 为某公路的一段，利用人工运河河堤与路堤相结合，减少了桥涵数量，节省了占地，且路线平顺。

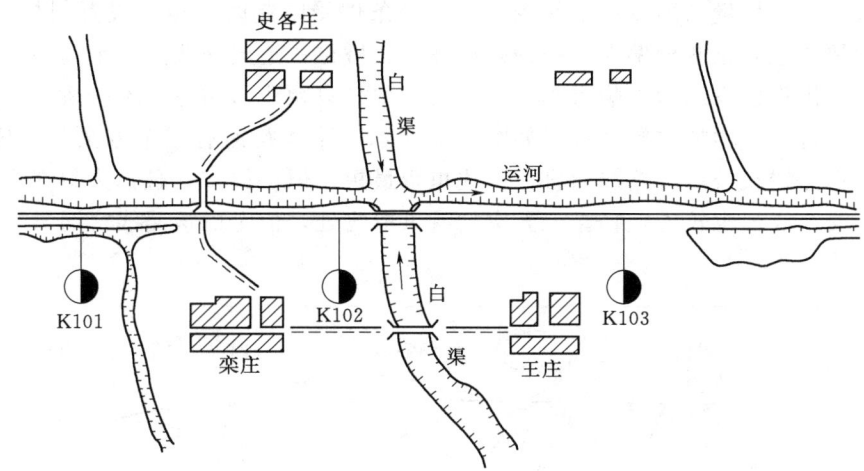

图 5.2 河堤与路堤结合的条件

（3）在可能的情况下，布线要有利于造田、护田。当路线靠近河边低洼的村庄或田地通过时，应争取靠河岸布线，利用公路的防护措施，兼作保村保田之用。

（4）布线时要注意考虑为农业服务，对于一般公路，应较多地靠近居民点，考虑地方交通工具的行驶，并要注意与农村公路和机耕道的连接及与土地规划利用相结合，方便地方群众。

3. 合理考虑路线与城镇的联系

平原区有较多的城镇村庄、工业及其他设施，布线应根据公路的功能、等级、交通量，并结合城镇发展规划布设等情况，正确处理穿越和绕避问题。

（1）国防公路和新建的高等级公路，应尽量避免穿越城镇、工矿区及较密集的居民点。但又要考虑到便利支农运输，便利群众，便利与工矿的联系，路线不宜离开太远，必要时还可修建支线联系，做到"靠村不进村，利民不扰民"，既方便运输又保证安全。

（2）一般沟通县、乡、村直接为农业运输服务的公路，经地方同意也可穿越城镇，但应有足够的行车视距，以保证行人、行车的安全。

（3）路线应尽量避开重要的电力、电信设施。当必须靠近或穿越时，应保持足够的距离和净空，尽量不拆或少拆各种电力、电信设施。

4. 处理好路线与桥位的关系

（1）指定的特大桥是路线基本走向的控制点。

（2）大桥桥位原则上应服从路线基本走向，一般作为路线走向的控制点。

（3）中小桥涵的位置应服从路线走向。

（4）一般情况下，桥位中线应尽可能与洪水的主流流向正交，桥梁和引道最好都在直线上。

大、中桥位常常是路线的控制点，但原则上应服从路线总方向并满足桥头引线的要求，桥路综合考虑。一般情况下，桥位中线应尽可能与洪水的主流流向正交，桥梁和引道最好都在直线上。位于直线上的桥梁，如两端引道必须设置曲线时，应在桥两端以外保持一定的直线段，并尽量采用较大平曲线半径。当条件受限制时，也可设置斜桥或曲线桥。桥位的选取要注意防止两种偏向，一种是单纯强调桥位，造成路线过多地迂绕，或过分强调正交桥位，出现桥头急弯影响行车安全；另一种是只顾线形顺直，不顾桥位，造成桥位不合适或斜交过大，增加建桥困难。如图5.3所示，路线跨河有三个方案，就桥梁而言，乙线较好，但路线较长；就路线而言，甲线里程最短，但桥梁多，且都为斜交；丙线则各桥都近于正交，线形也较为顺畅。三方案均有可取之处，但考虑该路线交通量较大，故采用甲方案。

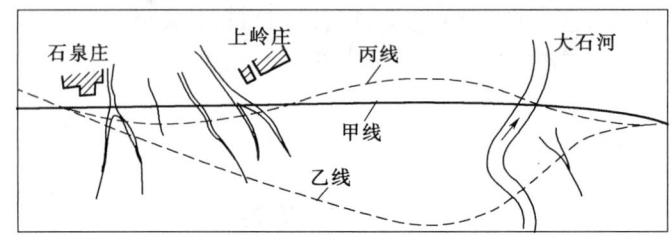

图 5.3 路线与桥位的关系

在设计桥孔时，应少压缩水流，尽量避免桥前壅水而威胁河堤安全和淹没农田，尤其上游沿河有宽阔低洼田地时，虽壅水水位提高不多，但淹没范围却往往很大。

小桥涵位置应服从路线走向，但遇到斜交过大（一般指桥轴线与洪水流向的夹角小于 45°时）或河沟过于弯曲的情况，可采取改河措施或改移路线，调整桥轴线与流向的夹角，以免过分增加施工困难和加大工程投资，选线时应全面比较后确定。

路线跨河修建渡口时，应在路线走向基本确定后选择渡口位置。渡口要避开浅滩、暗礁等不良地段，两岸地形应适宜修建码头。

5. 注意土壤水文条件

平原地区的土壤水文条件较差，特别是河网湖区，地势低平，地下水位高，使路基稳定性差，因此应尽可能沿接近分水岭的地势较高处布线。当路线遇到面积较大的湖塘、泥沼和洼地时，一般应绕避；如需要穿越时，应选择最窄最浅和基底坡面较平缓的地方通过，并采取有效措施，保证路基的确定。

6. 正确处理新旧路的关系

平原地区通常有较宽的人行大路或等级不高的公路，当设计交通量很大，需要新建公路时应尽可能予以利用。但要注意从公路长远发展考虑，根据该路在路网中的地位与作用，严格按技术标准的要求对老路进行改造，不能利用的可以恢复为耕地，或改造成为农用道路。

7. 尽量靠近建筑材料产地

平原地区一般缺乏砂石等建筑材料，特别是平原区高等级公路的填方工程量一般都很大，除设法尽可能降低设计高度以减少土方工程外，路线应尽可能靠近建筑材料产地为宜，以减少施工、养护材料运输费用。

5.3 山岭区选线

5.3.1 山岭区自然特征

5.3.1.1 自然特征

山岭地区包括分水岭、起伏较大的山及陡峻的山坡,一般地面自然坡度在 20°以上,其主要自然特征有以下几点:

(1) 山高谷深,坡陡流急,地面自然坡度在 20°以上,地形复杂,山脉水系清晰。由于山区自然高差大,加之陡峻的山坡和曲折幽深的河谷,形成了突起的山脊和凹陷的山谷及陡峻的山崖峭壁等,这些复杂的地形,使得道路线形差,弯急坡陡多,使道路的平、纵、横设计及施工难度大大增加。但是,清晰的山脉水系给山区公路走向提供了明确指向,在选线中根据山脉水系的走向和变化规律,对于正确确定路线的基本走向,选择大的控制点是十分重要的。

(2) 山岭构造特殊、地质复杂。山区土层薄,岩层厚,地形变化大,岩层产状和地质构造变化复杂。山区由于地质构造特殊,会引起强烈的风化、侵蚀和分割等作用,造成各种不良地质现象,如岩堆、错落、崩塌、滑坡、碎落、泥石流等。这些不良地质问题直接影响路线的位置和路基的稳定性。因此,在此地形下选线时,应认真作好地质调查工作,掌握该区域地貌和地质情况,摸清不良地质现象,并在选线设计中采取必要的防护措施。另外,山区大量岩层,为公路建设提供了丰富的石料来源。

(3) 地质水文条件复杂,气候多变,温差大,暴雨多,河流水位变化大。山区地形变化大,河流曲折迂回,雨季暴雨集中,流速快,流量大,冲刷和破坏力很强。在这种水文条件下选线应正确处理好路线和河流的关系,选择好桥位和高程,并对路基和排水构造物采取必要的加固措施,确保路基稳定。

(4) 山区地形和地貌变化多样,引起气候多变,且年温差较大。在山区,由于山高,很多地方常年没有日照,因此气温一般较低,在海拔较高处冬季多冰雪覆盖。在山区,空气湿度大,空气较稀薄,气压较低,山高雾大。这些气象特征对于汽车行驶效率、安全和通行性能都有很大的影响,这些在选线时应充分考虑。

5.3.1.2 路线特征

由于山区自然条件复杂,地形变化很大,使得路线在平、纵、横三方面受到很大限制,因而技术指标一般多采用低限。在所有自然因素中,地势起伏是选线的主要控制因素,因此,在路线布设时,一般多以纵面线形为主安排路线,然后考虑横断面和平面要求。在选线时要注意分析平、纵、横三方面因素,结合路线的主要自然影响因素综合考虑,求得协调合理线形。

山岭地区山高谷深、坡陡流急、地形复杂,但山脉水系清晰,这就给山区选线指明了方向,不是顺山沿水,就是横越山岭。顺山沿水的路线按路线经过地带的部位不同又可分为沿溪(河)、山腰、山脊等,通过不同部位的路线分别称为沿溪线、山腰线及山脊线;横越山岭的路线称为越岭线。由于各种线形所处的部位不同,地形特征、地质条件决定了选线过程中要解决的主要问题也不一样,本节重点叙述沿溪(河)线、越岭线、山脊线三种路线的选线布局。

5.3.2 沿溪（河）线布设

沿溪（河）线是指沿着溪（河）岸布置的路线，如图 5.4 所示，它是山区选线中常被优先考虑的方案。

山区的河谷一般具有如下特点：山区河流、谷底一般不宽，两岸台地较窄，谷坡时缓时陡，间或为浅滩和悬崖峭壁。

图 5.4 沿溪（河）线

河流多具有弯曲的特点，凹岸较陡而凸岸较缓，如沿一侧而行，常常是陡岸缓岸相间出现。两岸均为陡崖处即为峡谷，开阔处常有较宽台地，多是山区仅有的良好耕地；河谷地质情况复杂，常有滑坍、岩堆、泥石流等病害存在，寒冷地区的峡谷因日照少，常有积雪、雪崩和涎流冰等现象；山区河流，平时流量不大，但一遇暴雨，山洪暴发，洪流常挟带泥沙、砾石、树木等急速下泄，冲刷河岸，毁坏田园，危害甚大。

上述自然条件会给选线工作造成一些困难，但和山区其他线形相比较，沿溪（河）线平、纵线形标准一般较山岭区其他线形好，而且便于为分布在溪河两岸的居民点及工农业生产服务，且有丰富的砾石、石料以及充足的水源，可供施工、养护使用，沿河设线只要善于利用有利地形，克服不良的地质、水文等不利因素，在路线标准、工程造价等方面都有可能胜于其他线形。因此，当有与路线顺向的河谷时，沿溪（河）线是首选方案。但其防护工程量一般较大，占地矛盾突出。

5.3.2.1 沿溪（河）线布局要点

适于布线的河谷一般要符合下列条件：河谷走向接近路线基本走向；河岸地形比较连续；河岸横向坡度比较平缓；支流较少；地质条件较好；居民点较多。在根据上述有利条件而确定选用沿溪（河）线时，还要进一步处理好路线选择走河流的哪一岸、线位放在什么高度和在什么地点跨河这三个问题。

1. 河岸选择

由于河谷两岸情况各有利弊，选线时应比较两岸地形、地质、水文等条件以及农田水利不良地质地带,或为争取缩短里程,提高线形标准,可考虑跨河换岸设线;但河流越大,建桥工程也越大,跨河换岸就越要慎重考虑。河岸的选择一般应结合下列主要因素经过技术经济比较决定。

(1) 地形、地质、水文条件:路线应选在地形宽坦,有台地可利用,支沟较少、较小,水文及地质条件良好的一岸。这些有利的条件常交错出现在河流的两岸,选线时应深入调查,综合比较,全面权衡,决定取舍。

图 5.5 为沿响水河一段路线,左岸地形陡峻,有断续悬崖。乙方案跨河利用了右岸一段较好的地形,但在夏村前方遇到更陡峻的悬崖,崖前为深潭,不宜占河设线,只好再跨回左岸,在 3km 内跨河两次,需建造中桥两座。如路线不跨河(甲方案)则需集中开挖一段石岗,但较建桥经济得多,因此不宜跨河换岸。

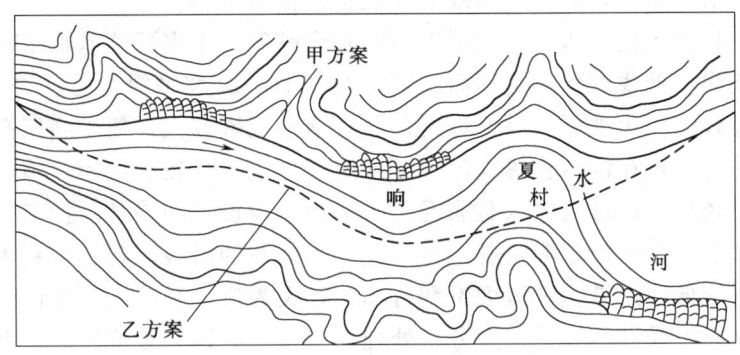

图 5.5 跨河换岸的比较

(2) 积雪和冰冻地区的河岸选择:积雪和冰冻地区的阳坡和阴坡、迎风面和背风面的气候差异很大,在不影响路线整体布局的前提下,尽可能选择阳坡和迎风的一岸,以减少积雪、涎流水等病害。有时即使阳坡工程大些,也应当从增长通车时间和保证行车安全着眼,选择阳坡方案。

(3) 考虑城镇及居民点的分布:除国防公路外,一般路线应尽可能选择村镇较多、人口较密的一岸,便于支农和出行,其他如对历史古迹、文物古址、风景区等要创造便于联系的条件。

(4) 考虑路线等级、公路投资及后期施工、养护等情况。

任何一条沿溪线公路,除了起、终两点在同一岸,且相距又很近,工程量又不大时,不考虑跨河外,一般情况下路线涉及是否跨河两岸设线的问题。对于较大的河流,如果不是中间控制点的需要,一般因跨河桥梁工程过大而不宜跨河。但是,对于中小河谷,由于跨河较易,为充分利用两岸有利地形,往返跨河时有发生。当路线起讫点在河岸两侧,至少跨河一次。有时,起讫点虽在河流同一岸,但控制点在对岸(图 5.6),这时,可有两种布线方式:一种是两次跨河方案,如图中虚线;另一种是一次跨河方案,如图 5.6 中实线,用支线与中间控制点连接。一般情况,后一方案可省一座桥梁,且干线直达,是应优先考虑的方案。

2. 线位高程的确定

沿溪(河)线的线位高低,是根据河岸两侧地形、地质条件以及水流情况,结合路线

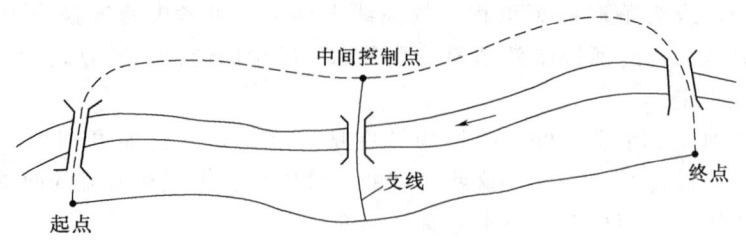

图 5.6　连接中间控制点的跨河方案

等级标准，工程经济要求，施工条件来选定的。最好将路线设在地质稳定、水文条件良好，路基不受洪水侵袭的平整台地上。但在谷坡陡峻的河谷中，一般较缺乏这种有利地形，而必须傍山沿河布线，因此，路线的高低必须慎重考虑。

低线一般是指高出设计水位（包括浪高和安全高度）不多，路基临水一侧边坡可能遭受洪水威胁的路线。低线的优点是平面线形比较顺直，纵坡平缓，易获得较高路线标准，且路基土石方量较省，边坡低，易于稳定；路线活动范围较大，便于利用有利地形和避让不良的地形、地质；可在沟口直跨支流，必须跨越主流时也较易处理，施工时用水、取材比较方便，难度较低。但最大缺点是易受洪水威胁，需设置的路基防护工程设施多。

高线是指高出设计水位较多，基本上不受洪水威胁的路线。若有可利用的大段较高台地时，或傍山临河低线易被积雪掩埋不利行车，以及为避让艰巨工程等情况下可采用高线位。高线的优点是不受洪水侵袭，弃方易处理。但由于高线一般位于山坡上，路线随山势曲折弯曲，线形差，纵面不易处理；遇山坳时，路线有缺口，需设置较高的挡土墙或其他构造物，而形成路基稳定薄弱地带；此外，避让不良地质或路线跨河，都较低线难于处理。

两种线形，一般来说，低线优点较多，在满足规定频率的设计水位的前提下，路线越低工程越经济，线形标准也越高，但必须考虑防止路基被水毁的措施。因此采用低线方案时，要特别重视洪水调查，把路线放在安全高度处，同时要采取切实的防洪措施，以保证路基稳定和安全。图 5.7 中，原路线为了避让沿河约 1.7km 断续的陡崖，崖顶线位提得过高，由沿河低线位提高到崖顶。改线后，升坡路段增长，路线平面弯急纵面坡陡，对行车极不安全。经局部调整，纵向坡度有所改善，但增加了小半径曲线，平面线形更加弯曲，最后改为低线位，直穿陡崖，路线平、纵指标显著提高，还缩短里程 760m，行车顺畅。选线时，需结合具体地形综合考虑各种因素最终确定结果。

3. 桥位选择

按路线与河流的关系，有跨支流和跨主流两类桥位。跨支流的桥位选择，一般属于局部方案问题，而跨主河的桥位选择多属于路线布局的问题。跨主河的桥位通常决定路线走向，属主要控制点，它与河岸选择相互依存，互相影响，当路线由于地形、地质原因需要换岸布线时，如果桥位选择不好，勉强跨河，就可能造成桥头线形差，或增大桥梁工程量，给行车安全或施工带来影响。因此在选择河岸的同时，要研究处理好桥位及桥头路线的布设问题。

路线跨越主河，由于路线与河流接近平行，桥头布线一般比较困难，因此，在选择桥

5.3 山岭区选线

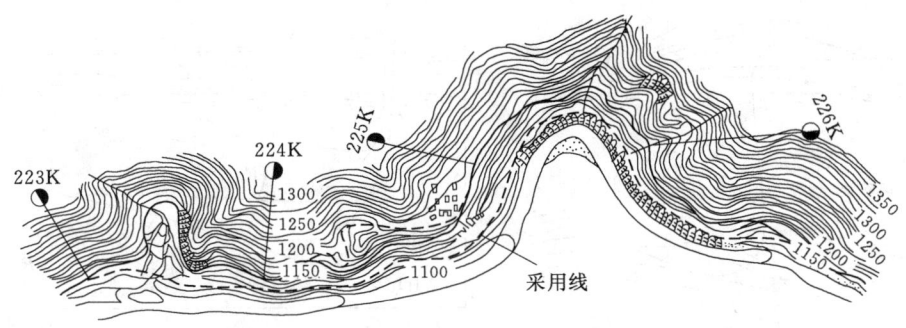

图 5.7 高低线位的比较

位时除应考虑桥位本身水文、地质条件外,还要注意桥头路线的舒顺,处理好桥位与路线的关系,一般有以下几种情况:

(1) 如图 5.8 所示,在 S 形河段腰部跨河,以争取桥轴线与河流成较大交角。本例是中小桥,采用斜桥方案,则更有利于路桥配合。

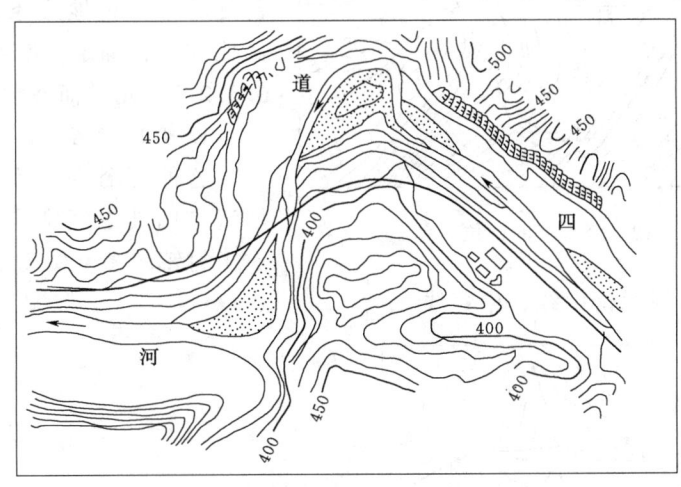

图 5.8 在 S 形河段腰部跨河

(2) 如图 5.9 所示,在河弯附近选择有利位置跨越。但应注意河湾水流对桥的影响,采取防护措施。

(3) 在与路线接近平行的顺直河段上跨河,桥头引道难以顺适,这种桥头线形应尽量避免,如图 5.10 所示。当必须在这种河段跨越时,中、小桥可考虑设置斜桥以改善桥头线形;如为大桥,当不宜设斜桥时,宜把桥头路线作成构形或布置一段弯引桥,

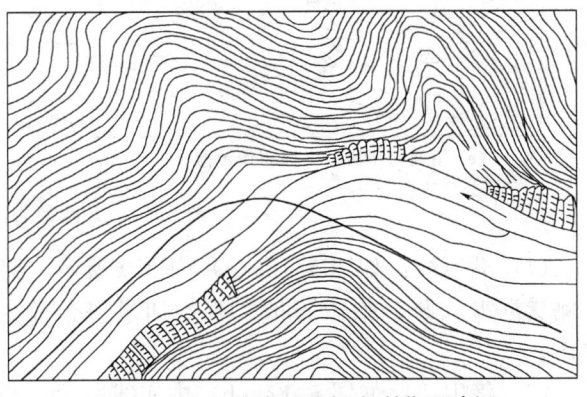

图 5.9 在河湾附近选择有利位置跨河

如图 5.11 所示,或两者兼用。总之,桥头曲线要争取较大半径,以利行车。

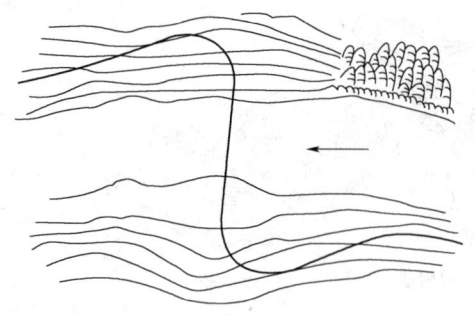

图 5.10 应避免的桥头线形

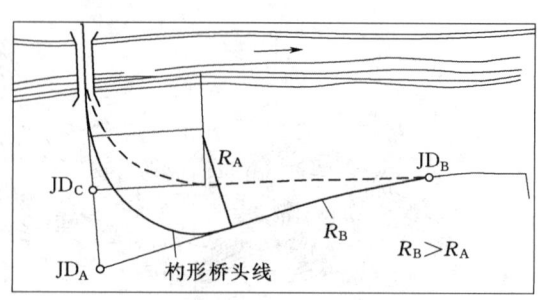

图 5.11 桥头线形的处理

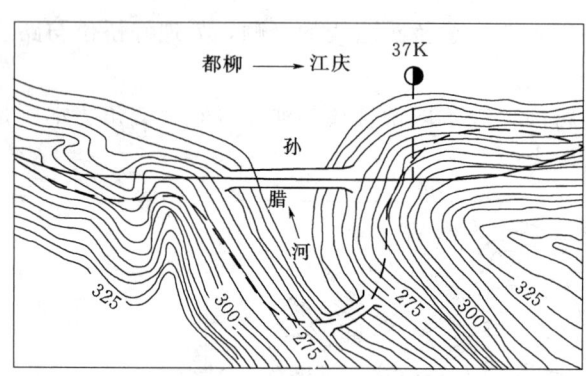

图 5.12 跨支流的桥位

路线跨越支流的桥位,有从支河(沟)口直跨和绕进支沟上游跨越两种方案,如图 5.12 所示。具体选用情况,应根据道路等级,线形标准和桥位处的地质、地形条件,经过技术经济比较综合确定,不可轻率决定。

5.3.2.2 几种河谷地形的选线

1. 开阔河谷

这种河谷谷底地形简单、平缓,河流与山坡之间常有较宽的台地,且农田村镇较多(图 5.13),布线时一般有三种选法:沿河线、傍山线、中穿线。

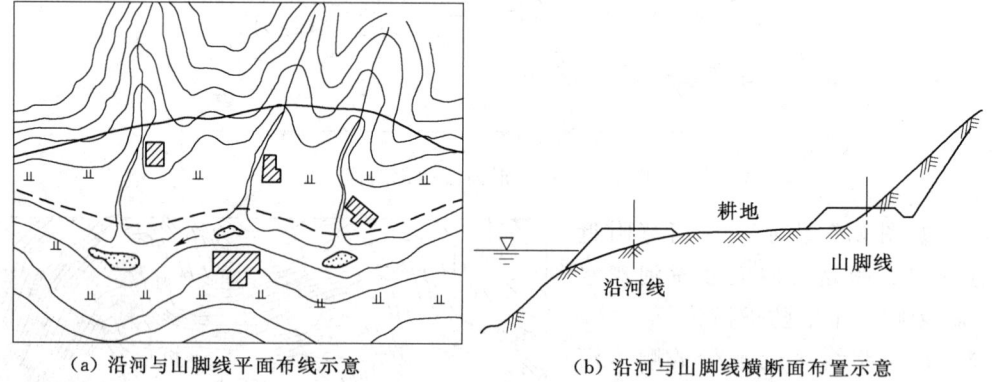

(a) 沿河与山脚线平面布线示意 (b) 沿河与山脚线横断面布置示意

图 5.13 开阔河谷路线方案

(1) 沿河线:如图 5.13(a)中虚线所示,路线坡度均匀平缓,线形指标高,但临河一侧受洪水威胁,须做防护工程。如果将公路路堤和河堤相结合,可利于防洪和保护农田。

(2) 傍山线:如图 5.13(b)中实线所示,路线略有增长,纵面有一定起伏,可不占或少占良田,且不受洪水威胁,路基稳定,是常采用的一种布线方案。

(3) 中穿线：线形指标高，但占田最多，在稻田区，路基稳定性差。有时还需换土，一般不宜采用。

2. 河道弯曲、狭窄的河谷

这种河谷一般凹岸多陡峭，而凸岸则多有浅滩，有时也有突出的山嘴，有时出现迂回的深切河曲。

河谷段主要布线方式有：

(1) 沿河岸自然地形，绕山嘴、河弯布线。

(2) 取直路线。遇河湾，则需两次跨河，如图 5.14 所示；遇山嘴，采用隧道或深路堑通过。

(3) 改移河道。为了减小桥梁的工程量，可以考虑改移河道。

最终采用哪种方案，应通过技术经济比较决定。一般来讲，技术等级高、交通量大的路线宜取直，等级较低的道路则需顺应地形，采用工程量较小的方案为宜。

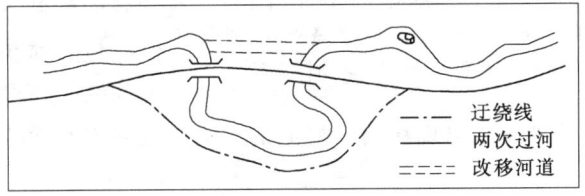

图 5.14 河湾路线示意图

3. 陡崖峭壁河段

山区河谷常有陡崖峭壁错综复杂地交替出现，两岸都是陡崖峭壁的河段，即峡谷。峡谷一般河床狭窄，水流湍急。路线通过这种地段一般采用绕避或直穿两种方案。应根据峡谷的水文、地质条件和路线性质、任务、路线标准、工程大小、施工条件等因素综合比较确定。

绕避的方法有两种：一是翻越峡谷陡岸顶部，选择有利地带通过；二是另找越岭路线。前者需要崖顶有可供布线的良好地形，后者需要附近有基本符合路线走向的垭口。两种绕避方法的共同点是纵断面上下起伏次数多，都需要适合过渡段的地形。

直穿陡崖峭壁河段和峡谷的路线，其平、纵面受岸壁形状和洪水位的限制，活动空间小。路线的线位主要决定于河床泄洪情况，路线一般以低线为宜。但若洪水位过高或有严重积雪情况，则不宜采用这种方案。

直穿峡谷的路线，可根据河床宽窄、水文状况、岸壁陡缓程度等因素采用以下方法通过：

(1) 与河争路，侵占部分河床。当河床较宽，水流不因压缩部分河床而引起洪水位抬高过多时，路线可在崖脚下按低线设计通过。根据河床可能压缩的程度，有以下两种情况：河床宽阔，河床压缩对洪水位影响小，此时路基可全面或大部分设在紧靠崖脚的水中或河滩上，借石或开凿小部分石崖填筑，路基临水侧应做防护工程；河床狭窄，压缩后，洪水位会有较大提高时，可采取筑路与治河相结合的办法，路基也可部分占用河床，"开""砌"结合，以砌为主，使路基占用河床的泄水面积能从河床清理中得到补偿，如图 5.15 所示。

(2) 硬开石壁。当两岸峭壁逼近，河床很窄，不能容纳并行的河流与道路时，可硬开石壁通过（图 5.16）。应用时应注意：在石壁上硬开路基，如图 5.16 (b) 所示，会造成

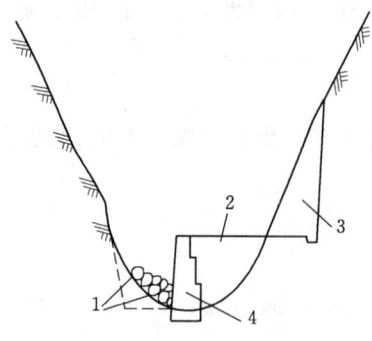

图 5.15 路基部分占用河床
1—开挖清理河床；2—填筑路基压占河道；
3—开挖石崖；4—支档构造物

大量弃方，必须妥善处理，同时要考虑弃方对水位的影响，适当提高线位；石质良好，可开凿半隧道，以减少石方和废方，如图 5.16（c）所示；硬开石壁的路基，对个别路线缺口或不够宽的路段，可用半边桥或悬出路台处理；当两岸石壁十分逼近（有时仅几米宽），不宜硬开路基时，可建顺水桥通过。

4. 河床纵坡陡峭的河段

急流、跌水河段，河床断面在短距离突降几米以至几十米，形成急流或跌水。路线由急流、跌水的上游延伸到其下游时，线位较谷底高很多，为了尽快降低线位，避免继续走陡峻的高线山腰线，可利用急流、跌水下游支沟或平缓的山坡展线下降（图 5.17）。这类河段多出现在山区河流的上游，是沿溪线和越岭线之间的过渡段。

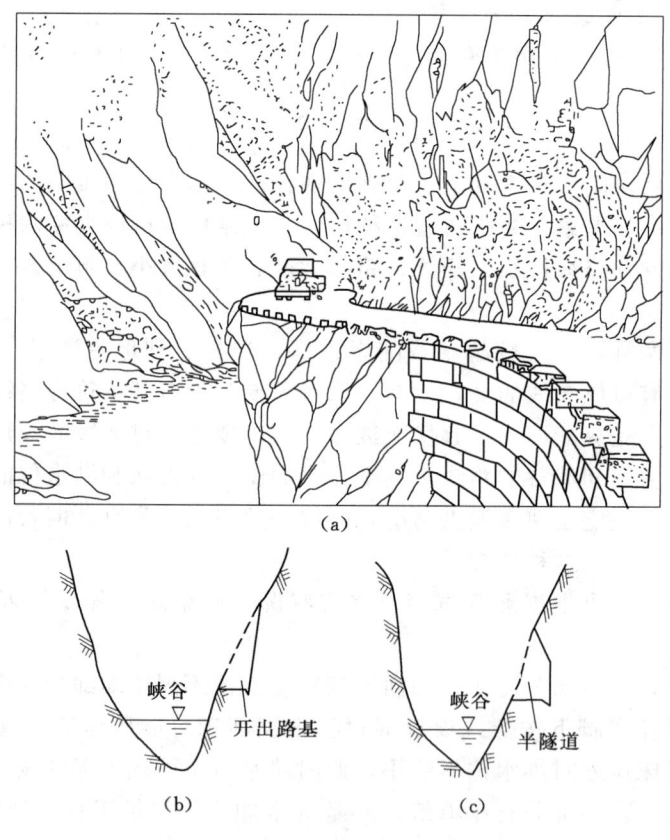

图 5.16 石壁上硬开路基

5.3.3 越岭线布设

沿分水岭一侧山坡爬上山顶，在适当地点穿过垭口，再沿另一侧山坡下降的路线，称为越岭线。它的特点是：路线需要克服很大的高差；路线的展线主要取决于路线纵坡的安

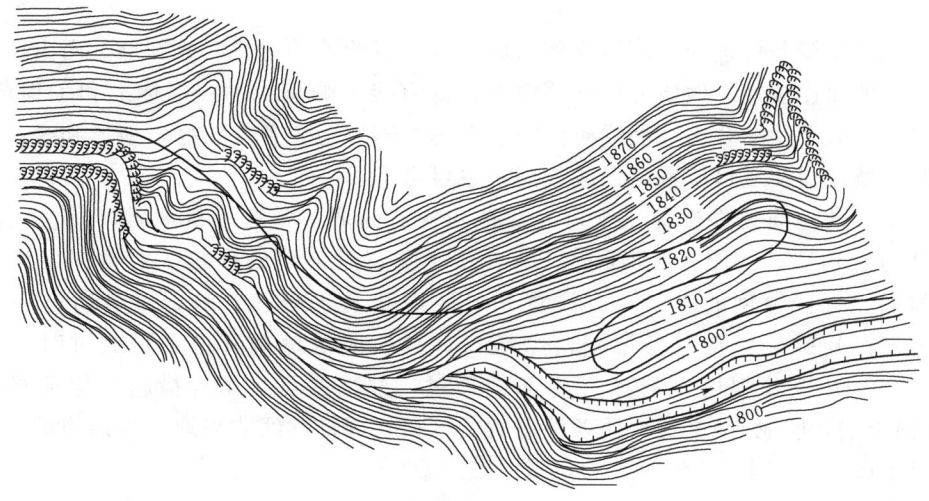

图 5.17 急流河段展线

排。因此，在越岭线的选线中，须以路线纵断面为主导，结合平面和路基的横断面来安排路线。

越岭线布局主要应解决的问题是：垭口选择、过岭高程选择和垭口两侧路线展线的方式的确定。它们是相互联系、相互影响的，布局时应综合考虑，处理好三者的关系。

1. 垭口选择

垭口是在分水岭山脊上的凹形地带（又称鞍部）。由于它是山脊上高程较低的地带，所以低垭口一般是越岭线方案的重要控制点，应在基本符合路线走向的较大范围内选择可能通过的垭口。选择垭口时要全面考虑垭口的位置、高程、地形条件、地质情况和展线条件。

(1) 垭口位置选择。找出基本符合路线走向的各个垭口，首先考虑高度低且与两侧山坡展线方式能与山下控制点直接相连，不需无效延长路线的垭口。其次再考虑稍微偏离路线方向，但接线较顺，且不致过于增长里程的其他垭口。如图 5.18 所示，A、B 控制点间有 C、D 两个垭口，从平面位置看，C 垭口在直线上，D 垭口偏离直线较远，但从符合路线基本走向来看，穿 D 垭口比穿 C 垭口反而展线短些，平面线形还要好些，因此，D 垭口比 C 垭口更合乎路线走向。

(2) 垭口高程选择。垭口高程与山下控制点的高差，直接影响路线里程长短、工程量大小和运营条件好坏。为便于垭口两侧展线，一般应选择高程较低的垭口，但在高寒地区，特别是有积雪、冰冻地区，海拔高的路线对行车极为不利时需另作考虑。选线时，有时为了走低垭口，即使垭口位置偏离路线方向较远，也可作为选线方案进行比较。但若积雪、冰冻不是太严重，对于基本符合路线走向，展线条件较好，接线方向较顺，地质条件较好的垭口即使线位稍高，也可

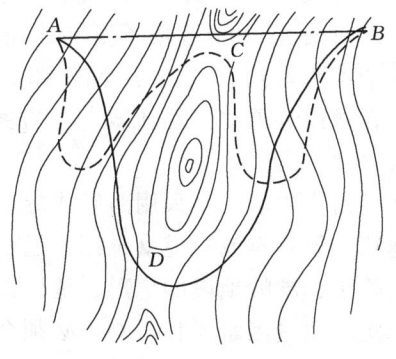

图 5.18 垭口位置选择

考虑。

（3）垭口展线条件选择。垭口两侧山坡展线是越岭线的主要组成部分。而山坡坡面的陡折程度、坡面连续性、地质完整性等情况，都直接影响路线的线形标准和工程量大小。因此，选择垭口必须结合山坡展线条件一起考虑。若有地质条件较好，地形和缓，利于展线降坡的山坡，即使垭口位置略偏或较高，也可考虑。

（4）垭口的地质条件选择。垭口一般地质构造薄弱，常有不良地质存在，应深入调查研究其地层构造，如图5.19所示，摸清其性质及对公路的影响。对软弱层型、构造型、松软层型和侵蚀型的垭口，应注意到岩层产状及水对其影响，路线通过一般问题不大。但对断层破碎带型及断层陷落型垭口，一般应尽量避开；必须通过时，应查清破碎带的大小及破碎程度，选择有利部位通过，并采取可靠工程措施以保证路基稳定（如设置挡土墙，明洞等）。对地质条件恶劣的垭口，局部移线或采取工程措施都不解决问题时，应予放弃。

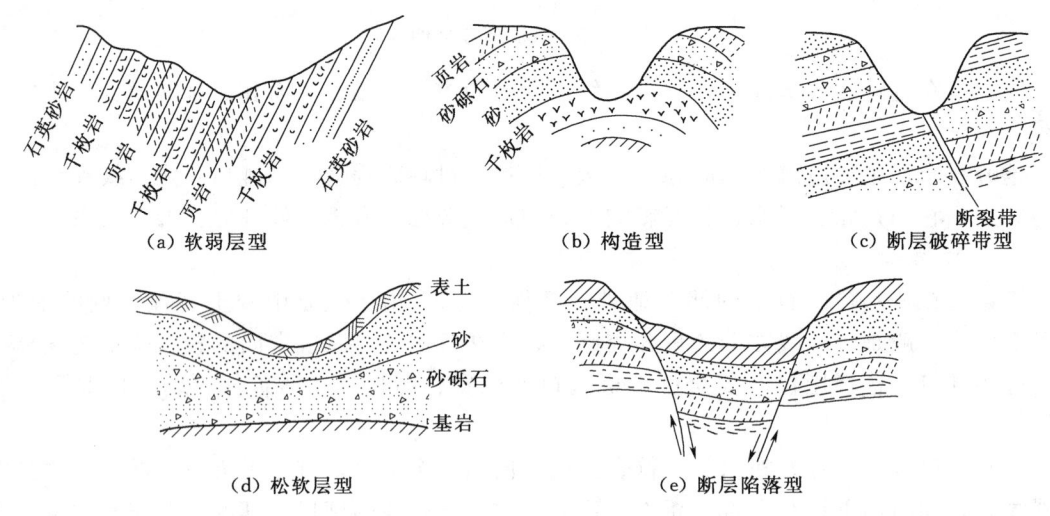

图5.19 垭口的地质条件选择

2. 过岭高程的选择

过岭高程是越岭线布局的重要控制因素。不同的控制高程，不仅影响工程规模和工程量的大小、路线里程长度、线形标准高低，还关系到垭口两侧的展线布局。如图5.20所示，由于选用了不同的控制标高，出现了三个展线方案：甲方案浅挖9m，需设两个回头弯道；乙方案挖深13m，需设一个回头弯道；丙方案挖深20m，不设回头弯道，顺山势展线。经比较，丙方案线形好，路线最短，利于行车，在地质条件许可时是较好的方案。

路线过岭，可采用路堑或隧道两种方式通过。过岭高程越低，越利于路线降坡，路线越短，但路堑或隧道就越深、越长，工程量也越大，造价也更高。因此过岭高程应结合路线等级、越岭地段的地形、地质以及两侧展线方案、过岭方式等因素经过技术经济比较来选定，这些因素互相影响，必须全面分析研究各种可能的比较方案，作出合理地选择，过岭方式主要有如下几种。

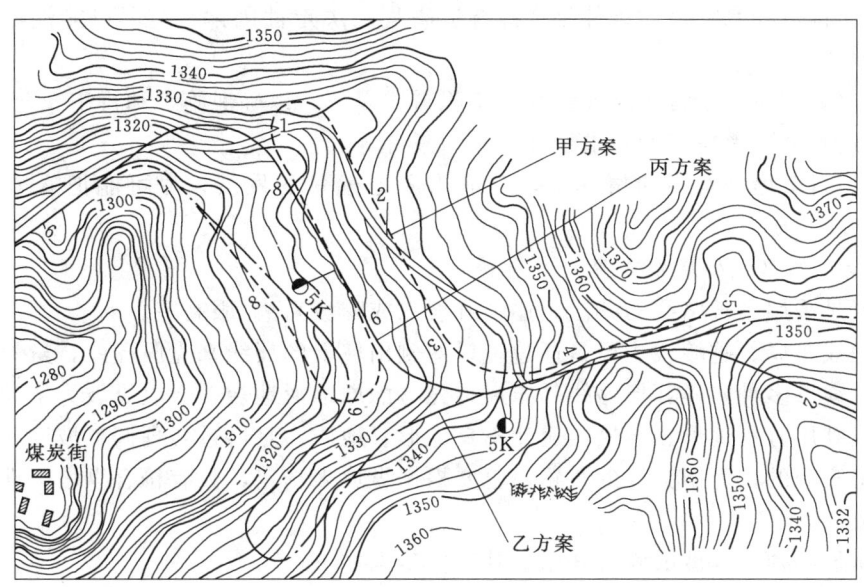

图 5.20 垭口采用不同挖深的展线布局方案

(1) 浅挖低填。遇到过岭地段山坡平缓，垭口宽而厚（有的达到 1～2km，有时还有沼泽出现）的地形，展线容易，只宜采用浅挖低填的方式过岭，过岭高程基本上就是垭口高程。

(2) 深挖垭口。当垭口比较瘦薄时，常用深挖的方式过岭。深挖垭口，虽土石方工程较大，但由于降低了过岭高程，相应缩短了展线长度，总工程量并不一定增加。即使有所增加，也可从改善行车条件，节约运营费中得到补偿。垭口深挖程度，应视地形、地质、气象条件以及展线要求等因素确定。根据现有资料，一般挖深在 20m 以内，地质情况良好时，还可深些。垭口越瘦，越宜深挖。但垭口通常地质条件较差，挖深应以不致危及路基稳定为度。否则应采取有效措施，以防止遗留病害。有条件时，也可采用隧道通过。

深挖垭口，土石方工程量集中，需要处理大量弃方，施工条件差，施工难度增大，工期受到影响，这些问题在选定过岭高程时都应充分考虑。

(3) 隧道穿越。当垭口挖深在 20～25m 以上，采用隧道往往比明堑经济，特别是垭口瘦薄时，采用短隧道就能大大降低路线爬升高度，缩短里程，提高路线线形指标，在经济上非常合算。另外，为了避让严重不良地质以及减轻或消除高山严重积雪、结冰对公路的不良影响，也应结合施工条件及施工期限，考虑采用隧道通过的方案。

一般情况，隧道高程越低，路线越短，技术指标也越易提高，对运营也越有利。但路线高程低，隧道就长，造价就高，工期也长。因此，隧道高程的选定通常根据越岭地段的地质条件，并以临界高程作为研究的基础。临界高程就是隧道造价和路线造价总和最小的过岭高程。设计高程如高于临界高程，则路线增长费用将多于隧道缩短的费用；设计高程如低于临界高程，则隧道加长费用将多于路线缩短费用。如设计高程降低，可节约运营费用，这对交通量大的路线意义尤大，也应作为方案比选的考虑因素。

隧道高程的选定在考虑经济要求的同时，还应考虑以下因素：

1) 地质构造和水文地质条件是选择隧道高程的决定性因素，应尽可能把隧道放在地质稳定的地层中。

2) 隧道高程应处于常年冰冻线和常年积雪线以下，以确保施工和行车安全。

3) 隧道长度要考虑工期要求和施工技术条件等。

4) 在不过多增加费用的情况下，应适当考虑远景的发展，尽可能把隧道高程降低一些。

3. 垭口两侧路线的展线布置

展线就是采用延长路线的办法，逐渐升坡（或降坡），克服高差。

(1) 展线布局。越岭线主要是通过垭口两侧山坡上的展线来克服高差，虽然山坡地形千差万别，线形多种多样，但路线的布局首先考虑原地形地貌，要以纵坡为主导。

越岭线利用有利地形、地质，避让不良地形、地质，是通过合理调整坡度和设置必要的回头线来实现的，而回头线的布置，也要根据纵坡来选定，只有符合纵坡标准的路线方案，才能成立。

展线布局必须从纵坡的安排开始，其工作步骤如下：

1) 拟订路线大致走法。在调查或踏勘阶段已确定的路线主要控制点之间，进行广泛勘察，调查周围地形及地质情况，以带角度的手水准粗略勘定坡度作为指引，注意利用有利地形、地质，拟订路线可能的大致走法。

2) 试坡布线。试坡的目的是进一步落实初步拟订的路线走法的可能性，发现并加密中间控制点，发现局部比较方案，拟订路线布局。

试坡用固定坡度（一般以平均坡度），由已定的控制点开始，越岭线通常先固定垭口，由上而下，视野开阔，便于争取有利地形。因此，一般多由垭口向下试坡。试坡选用的平均坡度，应根据《标准》的规定。对于地形曲折，小半径曲线多的地段，可略低于规定值，在试坡过程中，遇到必须避让的地物、工程艰巨或地质不良地段，以及拟用作回头线的地点，要把路线最适宜通过的位置，暂时作为一个中间控制点，如果它和试坡线接近，并与前面一个暂定控制点之间的坡度未超过最大纵坡，就把这个点大致的里程、高程以及可活动的范围记录下来，供以后调整落实时参考。如果这个点和试坡线的高差较大，则应返回重新试坡，或修改前面的暂定控制点，认为合适后再向前试坡。如经过修改后的路线纵断面或路线行经地带不够理想，应另寻比较线。这就是通过试坡发现控制点和局部比较线的大致过程，当一系列中间控制点暂定下来后，路线布局就有大体轮廓了。

主要控制点间，可能有几个方案，要经过比选，剩下一两个较好的方案，以此进行下一步工作。

3) 分析、落实控制点，决定布局方案。控制点有固定点和活动点之分。固定点为位置和高程都不能改变，工程特别艰巨或受严格限制的回头地点，或为必须利用的桥梁，必须通过的街道等；活动点为位置固定，高程可以活动（如垭口、重要桥位等）的点，或者是位置、高程都可活动的点（如侧沟展线的跨沟地点，宽阔平缓山坡的回头地点等）。

固定点一般较少，而活动点较多。也就是说控制点大多是有活动余地的，但活动范围有大有小。对活动范围小的控制点,可视为固定控制点,把位置、高程确定下来。然后再研究固定控制点之间的、活动范围较大的控制点,以便通过适当调整,达到既不增加工程量又能使线形更加合理的目的。

活动控制点的调整落实,有下面两种情况和做法:

a. 活动性较大的回头地点,可从前后两个固定控制点以适当的坡度分头放坡交会得出。

b. 两固定控制点间的非回头的活动控制点,应在其可活动的范围内调整,以使固定控制点间的坡度尽量均匀。

(2) 展线方式。越岭线的展线方式主要有自然展线、回头展线、螺旋展线(图5.21)三种。

1) 自然展线:是以适宜纵坡,顺自然地形,经侧坡,绕山嘴、侧沟来延展距离,克服高差的布线方式。自然展线的优点是走向符合路线基本方向,路线升降顺应地形,路线最短。与回头展线相比,线形简单,技术指标一般也较高,路线不重叠,对行车、施工、养护均有利。如路线所经地带地质稳定,布线应尽可能采用这种方案。缺点是避让艰巨工程或不良地质的自由度不大,只有调整坡度这一途径。如遇到高崖、深谷或大面积地质病害很难避开,而不得不采取其他展线方式。

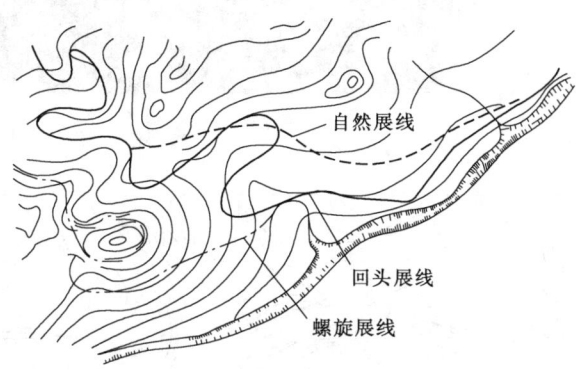

图 5.21 越岭线展线方式

2) 回头展线:当控制点间的高差大,靠自然展线无法取得需要的距离以克服高差,或因地形、地质条件限制,不宜采用自然展线时,路线可利用有利地形设置回头曲线进行展线(图5.22)。回头展线的缺点是在同一坡面上,上、下线重叠,尤其是靠近回头曲线前后的上、下线相距很近,回头点弯道急,坡度差大,对于行车、施工、养护都不利。优点是采用回头方式增长路线里程降低路线坡度,便于利用有利地形,避让不良地形、地质和难点工程。

回头地点对于回头曲线工程大小和使用质量关系很大,应慎重选择。回头曲线的形状取决于回头地点的地形,一般利用以下三种地形设置:

a. 直径较大、横坡较缓、相邻有较低鞍部的山包或平坦的山脊。

b. 地质、水文地质良好的平缓山坡。

c. 地形开阔,横坡较缓的山沟或山坳。

一般适宜布置回头曲线的地形如图5.23所示。

为尽可能消除或减轻回头展线对于行车安全、施工、养护不利的影响,要尽量把回头曲线间的距离拉长,以分散回头点位置、减少回头个数。回头展线对不良地形、地质的避让有较大的自由度,但不要遇见难点工程,不分困难大小和能否克服就轻易回头,致使路线在小范围内重叠盘绕,降低线形整体标准。

图 5.22 回头展线

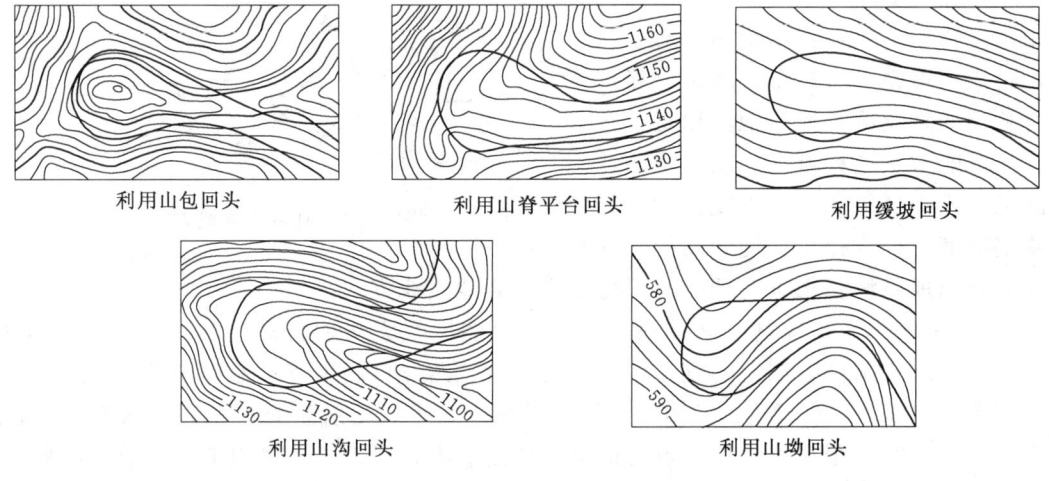

图 5.23 适宜布置回头曲线的地形

3）螺旋展线：当路线受到限制，需要在某处集中地提高或降低某高度才能充分利用前后有利地形时，可考虑采用螺旋展线。螺旋展线一般多在山脊利用山包盘旋，以旱桥或隧道跨线（图 5.24）；或在峡谷内，路线就地迂回，利用建桥跨沟跨线（图 5.25）。这种展线实际上是一种路线转角大于 360°的回头展线形式，可代替一组回头线。螺旋展线有上线桥跨和下线隧道两种方式，它虽具有比回头线线形好，避免路线重叠的优点，但因需建隧道或高桥、长桥，造价相对较高，因而较少采用。必须采用时，应根据路线性质和任务，与回头展线的方案作详细比较。

5.3.4 山脊线布设

1. 选线的特点及布线条件

大体上沿分水岭布设的路线，称为山脊线。分水线顺直平缓，起伏不大，岭脊肥厚的

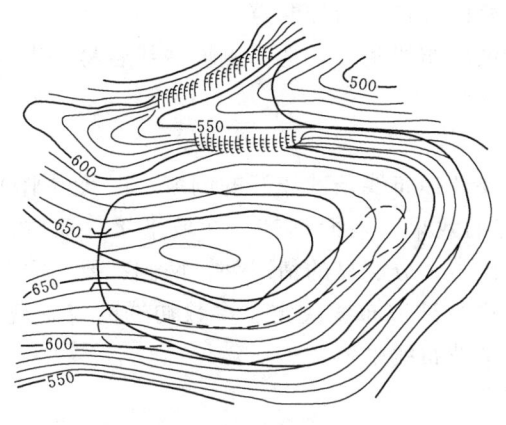

图 5.24 利用山包螺旋展线

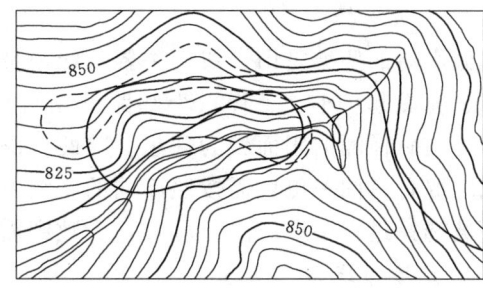

图 5.25 利用山谷螺旋展线

分水岭是布设山脊线的理想地形，路线可大部分或全部设在分水岭上。但高山地区的分水岭常常是峰峦、垭口相间排列，有时相对高差很大，这种地形的山脊线，则为一些较低垭口所控制，路线须沿分水岭的侧坡在垭口之间穿行，线位大部分设在山腰上。山脊线，一般线形大多起伏、曲折，其起伏和曲折程度则视分水岭的形状、控制垭口间的高差和具体地形而异。

山脊线一般具有土石方工程量小，水文和地质情况好，桥涵构造物较少等优点。但是否采用山脊线方案主要应考虑以下条件决定取舍。

（1）分水岭的方向不能偏离路线总方向过远。

（2）分水岭平面不能过于迂回曲折，纵面上各垭口间的高差不过于悬殊。

（3）控制垭口间山坡的地质情况较好，地形不过于陡峻零乱。

（4）上下山脊的引线要利于展线，这是能否采用山脊线的主要条件之一，往往山脊本身条件很好，但上下引线条件差而不得不放弃。

由于完全具备上述条件的分水岭不多，所以很长的山脊线比较少见。而往往是作为沿河线或山腰线的局部比较线及越岭线的两侧路线的连接段而出现。

山脊线线位较高，一般远离居民点，不便于为沿线工农业生产服务；有时筑路材料及水源缺乏、增加施工困难；另外地势较高，空气稀薄，有云雾、积雪、结冰等对行车和养护不利等缺点，这些都应在与其他路线方案作比较时予以充分考虑。

当决定采用山脊线方案以后，剩下要解决的是山脊线的布设问题。由于山脊线基本沿分水岭而行，大的走向已经明确，布线主要解决以下三个问题，即选定控制垭口；在控制垭口间，决定路线走分水岭的哪一侧；决定路线的具体布设（包括控制点）。三者是互相依存，互为条件，紧密联系的。

2. 控制垭口选择

连绵山岭上，分布着众多的垭口，每一组控制垭口代表着一个山脊线的方案。因此选择控制垭口是山脊线选线的关键。当分水岭方向顺直，起伏不大时，几乎每个垭口都可暂定为控制点。若地形复杂，地形变化大，地势起伏较大且较频繁，各垭口高低悬殊，则高垭口之间的各低垭口可作为路线的控制点，高垭口可舍去；若有支脉横隔时，相距不远的并列的垭口中，只选择其中与前后联系条件较好的垭口作为控制点。

控制垭口的选择还必须考虑分水岭两侧山坡的布线条件，选择侧坡展线容易、纵面易降坡的垭口。

3. 侧坡选择

分水岭的侧坡是山脊线的主要布线地带。要选择布线条件较好的侧坡，以获得平面线形好、纵面起伏小、工程量小和路基相对稳定的效果。坡面整齐、横坡平缓、地质情况好、无支脉横隔的阳面较为理想。除两个侧坡优劣十分明显的情况外，两侧都要作方案比较以定取舍；同一侧坡需按照不同的路线方案进行试坡布线决定。多数初选的控制垭口，在侧坡选择过程中即可决定取舍，少数则需在试坡布线中落实。

4. 试坡布线

在两固定控制点间布线，应力求线形平顺，坡度平缓。山脊线有时因控制点间高差大，需要展线；也有时为避免路线过于迂绕，直接升（降）坡，以缩短距离，但应注意最大纵坡的要求。从总体看，山脊线难免有曲折、起伏，但不可使其过于急促转折和频繁变坡，尽量提高平、竖曲线和视距等指标，以利行车。

山脊布线常见有三种情况：

（1）控制垭口间平均坡度不超过规定。在两控制垭口中间，若地形、地质方面没有太大障碍，应以均匀坡度沿侧坡布线。若控制垭口间平均坡度较缓，但其间有障碍或难点工程时，可加设中间控制点，局部调整路线走向来避让，中间控制点和各垭口之间仍应以均匀坡度布线。如图 5.26 所示的甲方案，AB、BD 两段，地面自然坡度较大，当适当挖深垭口 B 后，才分别获得 $+5.5\%$ 和 -5% 的合理坡度；BD 段两次跨冲沟，需设高挡土墙或护脚工程加以边坡防治，工程稍大。若欲减小防治工程，要在冲沟上方加设中间控制点，这将使 B 到 D 的一段纵坡过陡，不宜采用。采用乙方案，顺应地形，地面坡度小，线形较为顺畅，可以采用。

（2）控制垭口间有支脉横隔。路线穿过支脉，要在支脉上选择合适垭口作为中间控制点。该垭口应不致使路线过于迂绕或偏离主线方向，采用合理深挖后，两侧展线纵坡都不超过规定，并能使路线能在较好的地形、地质带通过。有时在支脉上选择的控制垭口虽能满足纵坡要求，但线形过于迂绕，为了缩短路线里程，控制点也可选择垭口进行局部调整。

如图 5.26 中的乙线是穿支脉的路线，支脉上有 C、E 两个垭口，选中间控制点时，首先考虑 C，因其位置过高，合理深挖后两侧路线坡度仍超过规定，只好放弃而选择垭口 E。E 的两翼自然纵坡均低于规定值，为了既保证坡度符合要求，又能尽量缩短距离，从低垭口 D 以 $5\%\sim5.5\%$ 的坡度沿山坡向垭口 E 试坡，定出控制点具体位置 E'，使乙线得到合理的最短长度。AE' 之间则按均匀坡度（约 3%）布线，乙线虽较甲线长 740m，但工程小，易施工，当交通量小时，宜予采用。

（3）控制垭口间平均坡度超过规定要求。根据具体地形条件、地质情况，采用填挖工程、旱桥、隧道等措施来提高低垭口，降低高垭口，也可利用侧坡、山脊等有利地形设置回头展线或螺旋展线，如图 5.27 所示。

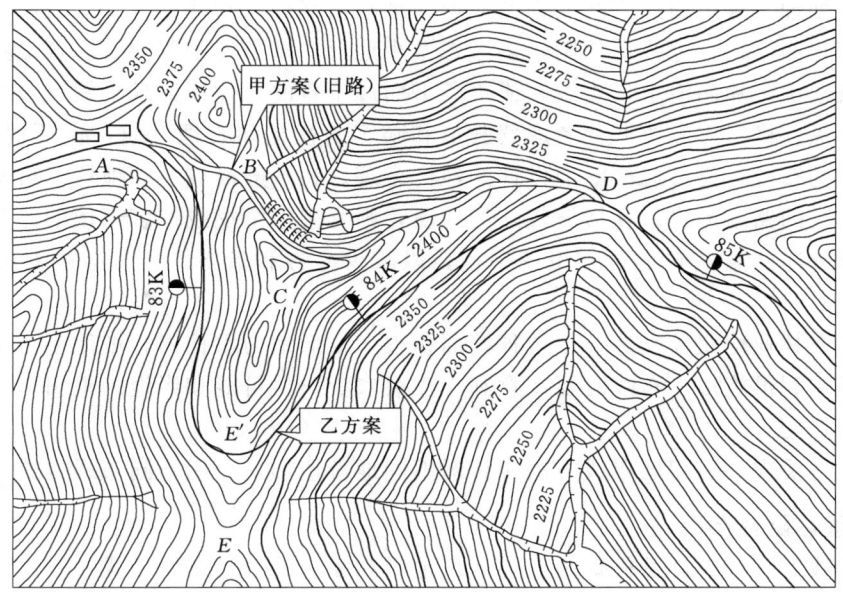

图 5.26 山脊线布局比较示意

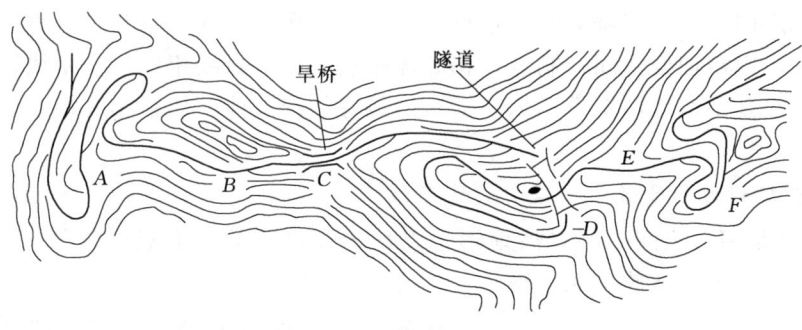

图 5.27 山脊线展线示意

5.4 丘陵区选线

5.4.1 丘陵区自然特征

丘陵地形是介于平原和山岭之间的地形，山势平缓起伏，山形迂回曲折，具有连绵不断的丘岗，地面有一定起伏，但高差不大，横坡不太陡，山脉和水系都不如山岭区明显。路线线形和平原区相比：平面上迂回转折，有较小半径的弯道，纵面上有起伏和偶尔较陡的坡道；路线由于受地形限制小，布线方案较多。丘陵区可分为重丘区和微丘区两类地形。其中微丘地形近似于平原，重丘则近似山岭。

丘陵区的地形决定了通过丘陵区的路线特点是：局部方案多，且为了充分适应地形，路线纵断面会有起伏，但路线布线则按照地形特点，采取不同的应对方式。在丘陵区布线，首先要因地制宜，掌握好线形技术指标。对于微丘地形按平原区布设，对重丘区则按山岭区方式处理。等级高的道路要强调线形的平顺,路线只和地形大致相适应,不应就微小地形的变化而变化;等级低的则较多考虑微小地形,以节省工程投资。各级路线都要避免不顾纵坡起伏,片面追求长直线,或不顾平面过于弯曲,片面追求平缓纵坡的倾向;都应注意平、纵、横三方面协调,考虑驾驶员和乘客的视觉和心理反应,保证视距要求等。

丘陵区路线的布设,要考虑横断面设计的经济合理。在一般横坡平缓地段,可采用半填半挖或以填为主的路基形式;在横坡较陡的地段,则宜采用全挖或挖多于填的路基形式。路基横断面设计还注意纵向土石方填挖平衡,以减少弃方和借方,尽量减少对自然景观的破坏。

丘陵区农林业均比较发达,土地种植面积很广,低地为水稻田,坡地多为旱作物和经济林,小型水利设施多,布线时要注意利于支援农业,尽可能和当地的整田造地及水利灌溉规划等密切配合。

根据上述要求,丘陵区布线方法应针对不同地带地形,采用不同布线方式。

5.4.2 丘陵区路线布设

根据选线实践经验,可概括为三类地形地带和相应的三种布线方式。

1. 平坦地带——走直线

两个已知控制点间,地势平坦,应按平原区以路线平面布线为主导的原则进行。如其间无地物、地质障碍,或应避就的风景点、古迹以及居民点等,路线应走直线;如有障碍物或应避就点,则需加设中间控制点,相邻控制点间仍以直线相连,在路线转折处设长曲线。这样的路线是平坦地形上平、纵、横三面最好的统一体,如果无故拐弯,就成为不合理的了。

2. 具有较陡横坡的地带——沿匀坡线布线

"匀坡线"是两点之间,顺自然地形,以均匀坡度定的地面点的连线,如图 5.28 所示。这种坡线常需多次试放才能获得。

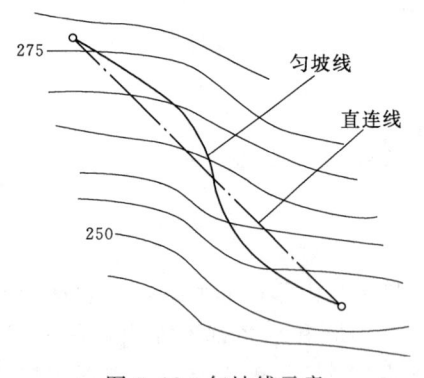

图 5.28 匀坡线示意

在具有较陡横坡的地带,两个已定控制点间,如无地物、地形、地质上的障碍,路线应沿匀坡线布线;如有障碍,则在障碍处加设控制点,相邻控制点间仍沿匀坡线布线。

上述两类地带的布线方式,与前已论述的平原区和山岭区布线方法类似,在此仅加以总结,不再详述。唯有起伏地带,是丘陵区所特有,下面对其布线原则和方法,作重点讨论。

3. 起伏地带——走直连线和匀坡线之间

起伏地带属于具有一定横坡的地带,但横坡较缓,匀坡线很迂回。其布线原则和方法按起伏次数分述如下。

(1) 两已定控制点间包括一组起伏时。路线要交替跨越丘梁和谷坳,即在两个相邻的梁顶(或谷底)之间出现一组起伏。在这种地形上布设路线,如沿直连线走,路线最短,但起伏很大,路面纵坡过大不利于行车。为减缓纵面起伏,将出现高填深挖,但这样将增大工程;若沿匀坡线走,坡度最好,但路线长,工程一般也较大,这种"硬拉直线"和"弯曲求平"的做法,都是不正确的。

如果路线设在直线和匀坡线之间,则比连直线的起伏小,比匀坡线的距离短,而工程也将有所节省(图5.29方案Ⅰ、方案Ⅱ)。总体来说,这种方案在使用质量上有所提高,工程造价上有所降低,故在起伏地带应在连直线与匀坡线之间寻求最合理的路线方案。至于路线在平面上的具体位置,则应根据路线等级结合地形作具体分析,做到路线平、纵、横三方面最恰当的结合。

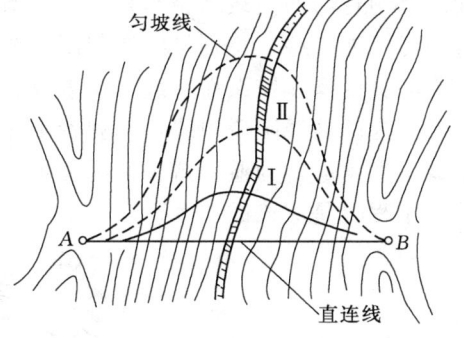

图 5.29 起伏地带路线方案

对于起伏较小的情况,首先要选择坡度和缓方案,在这个前提下,再考虑平面与横断面之间的关系。一般情况下,低等级道路工程量小,平面上稍多迂回增长些距离是可以的,即路线可离直连线稍远些;高等级道路则尽可能提高线形指标,即使工程量偏大也可进行比较。

对于起伏较大的情况,两侧的山坡高差常不相同,高差大的一侧的坡度常常成为决定因素,要根据合理坡度要求并结合梁顶的挖深及谷底的填高来确定路线的平面位置。

直线和匀坡线给起伏地带指出一个布线范围,大大减小布线工作量。

(2) 两已定控制点间有多组起伏时。两个已定控制点间有多组起伏时,需要在每个山顶(或谷底)都定出控制点,然后按上述方法处理各组起伏。如何选定这些控制点要考虑多种因素,如上述"起伏地带路线走连直线和匀坡线之间"的原则,可以为寻找这些控制点提供一个线索。

已定控制点间包括的起伏组数越多,连直线和匀坡线所包范围越大,路线的方案也越多。布线可分头从两个已定控制点向中间逐步进行,以减少包括的起伏组数,因而也缩小了直连线和匀坡线所包范围,直到路线最后合龙。

两个已定控制点间,若因地形、地质、地物上的障碍影响,路线会突破直连线与匀坡线的范围。这种为避让障碍物所定的中间控制点,应视为增加的新控制点,即把原来两定点间的路线分割成两段,仍然按上述"走直连线和匀坡线中间"的原则分别适用于两段内。

4. 平、纵线形及其配合

丘陵区具体定线时还应注意平、纵线形及其配合。总结丘陵区选线的实践经验,应注意以下几点。

(1) 平面:平面上不强拉长直线,而尽量利用与地形协调的长缓平曲线,路线转折不要过于零碎频繁,相距不远的同向曲线尽可能并为一个单曲线或复曲线,反向曲线间应有一定长度的直线段;否则,可设计成 S 形。

(2) 纵断面:起伏地区路线采用起伏坡型来缩短里程或节省工程是行之有效的方法。但起伏切忌过于频繁和急剧,应适当增加坡长以缓和坡度,避免形成锯齿坡型和短距离的"驼峰"和"凹陷";陡而长的坡道中间可利用地形插设缓坡段,竖曲线也应像平曲线一样长而缓，距离不远的同向曲线尽量连接起来，反向曲线间最好有一段匀坡。

（3）平、纵面的配合：长陡下坡尽头应避免设小半径平曲线。平、竖曲线的位置，在两者半径很大的情况下，没有特别要求，但在起伏地形如梁顶、沟底等处，应使暗弯与凸曲线、明弯与凹曲线结合起来，则能增进行车安全感和路容的美观。但要注意两者的半径都应尽可能大些，特别是明弯与凹曲线重合处，因此处车速一般都比较高，半径太小将引发驾驶员的操作错误而造成交通事故。最不好的情况是凸曲线与一个小半径平曲线相隔很近，因为凸曲线阻碍视线，驾驶者不能预先看到前方的平曲线而早做转弯准备，从而操作错误引发事故。为避免这种情况发生，平纵组合设计时要把平、竖曲线重合起来，即使多费些工程也是应该的。

思考题及习题

1. 公路路线方案比选通常采用方法有哪些？
2. 公路选线的要求是什么？
3. 方案比选时主要考虑哪些因素？
4. 哪些主要的自然因素影响公路路线的选择？关系如何？
5. 选线主要经过哪几个步骤？每步需解决的主要问题是什么？
6. 平原区公路选线的特点是什么？选线时要处理好路线和哪几个方面的关系？
7. 选定沿河（溪）线时，应注意哪些主要问题？
8. 越岭线选线的要点有哪些？如何选择垭口？
9. 什么是山脊线选线的关键因素？
10. 对丘陵区公路选线应掌握哪些要点？
11. 沿溪线高、低线位的特点是什么？

第6章 公 路 定 线

【学习目标】
(1) 了解公路定线的基本方法及各自适用条件。
(2) 掌握纸上定线的操作步骤及操作方法。
(3) 掌握直接定线的操作步骤及操作方法。
(4) 了解航测定线的基本方法。

【技能目标】
(1) 能够运用地形图进行纸上定线,并将其进行实地放线。
(2) 能够运用仪器在实地进行直接定线。

定线是根据既定的路线技术标准和路线方案,结合有关条件,根据选线布局阶段选定的"路线带"(或称定线走廊),结合细部地形条件、地质水文条件,综合考虑平、纵、横三方面的合理安排,确定并通过实地放线定出道路中线的确切位置的工作。

定线的主要内容包括:在平面上定出交点、平曲线半径、缓和曲线长度及参数,在纵断面上初定纵坡,在横断面上初估公路中心桩的填挖尺寸和路基边坡坡率;跨越河沟时,从路线和构造物的最佳方案出发,合理确定跨越的平面位置和高度。

定线是公路设计中的关键步骤,公路定线除受地形、地质及地物地貌等有形的制约外,还受技术标准、国家政策、社会影响、道路美学(构成优美线形的所有规则)以及其他因素的制约,定线不仅要解决工程投资、道路施工、经济效益等方面的问题,还需很好地解决路线与周围环境协调性,满足驾驶人员视觉和心理反应要求等。因此,定线工作要求设计人员具有广博的专业知识、熟练的定线技巧、精益求精的精神和大量的定线经验,充分掌握所测设公路的性质、任务和要求,深入了解路线所经地区的地形、地质情况,通过反复试线,多作方案比较,才能得出一条最佳的路线方案。

公路定线时应邀请桥梁、水文、地质等各相关专业人员参加,发挥各专业人员的才能和集体智慧,使定线成为各专业组协作的共同目标。

公路定线质量还在较大程度上取决于采用的定线方法。定线的方法有纸上定线、直接定线和航测定线三种。技术等级高的公路,地形、地物复杂的路线,应采用纸上定线,即先在地形图上定出道路中线,再把它移到地面上。直接定线即直接在实际现场确定中线,此法常用于技术标准较低和地形等条件简单的公路。航测定线是利用航空测量资料(航摄相片、航测地形图等)借助航测仪器来建立立体模型进行定线,再将其实地放线,如此可将大量野外工作移到室内,且能扩大视野,不受气候、自然地理环境的限制。

6.1 纸 上 定 线

6.1.1 纸上确定路线

纸上定线是在大比例尺（一般以 1∶1000 为宜）地形图上确定道路中线的位置的定线方法。对定线而言，不同的地形有不同的问题需处理。譬如平原、微丘地区，由于地形平坦，路线一般不受高程限制，定线的主要问题是正确绕避平面上的障碍，力争控制点间路线顺直便捷。对于山岭、重丘陵地区，由于地形复杂，地势陡峻，定线时需对有利地形加以利用，并避让艰巨工程、不良地质地段或地物，定线时都需涉及纵坡调整问题，而山岭区纵坡的限制又较严，因此在山岭重丘区安排好纵坡就成为首要问题。道路的定线条件不一样，工作重点也会有所不同。

1. 平原、微丘区定线步骤

（1）定导向点。在选线布局确定的控制点之间，根据平原、微丘区路线布设要点，通过分析比较，确定可穿越、应趋就和该绕避的固定点和活动点范围，建立各个中间导向点。

（2）试定路线导线。参照各导向点，试穿出一系列直线、将其交会出交点，作为初定的路线导线。

（3）初定平曲线。读取交点坐标，计算或直接量测转角角度和交点间距，初定圆曲线半径和缓和曲线参数及长度，计算曲线要素。

（4）定线。检查各技术指标是否满足《标准》要求，以及平曲线线位是否合适，不满足时应调整交点位置、圆曲线半径、缓和曲线长度，直至满足为止。

2. 山岭重丘区定线步骤

（1）定导向线。

1）在大比例尺地形图（一般以 1∶1000 为宜）上，仔细研究路线选线阶段选定的主要控制点间的地形、地质情况，选择有利地形，如平缓、顺直的侧坡，开阔的台地，利于回头展线的地点等，拟定路线各种可能的走法。

2）根据等高线间距 h 及选用的平均坡度 $i_{均}$（一般为 5.0%～5.5%，具体视地形起伏程度而定），按 $a=h/i_{均}$ 计算出等高线间平面距离 a，使两脚规的开度等于 a（比例尺与地形图相同，如图 6.1 所示）。从某一固定点如图 6.2 的 A 开始，沿各拟定走法在等高线上依次截取 a、b、c 等点，若最后一点的位置和标高均接近另一固定点 D 时，说明这个方案能够成立，否则，修改走法或调整 $i_{均}$，重新试验至方案成立为止。

3）定导向线。连接 $Aab…D$ 各点，形成一条折线。分析研究这条折线在利用地形和避让地物、工程艰巨情况等方面问题，从中选择出应穿越或应避让的特征点作为中

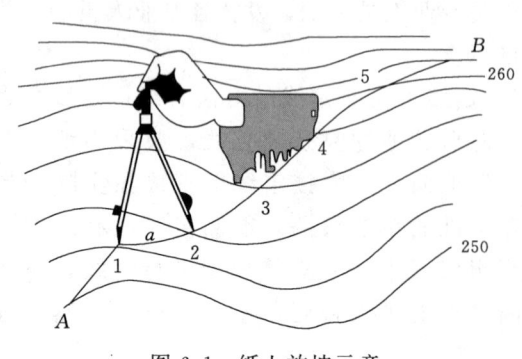

图 6.1 纸上放坡示意

6.1 纸 上 定 线

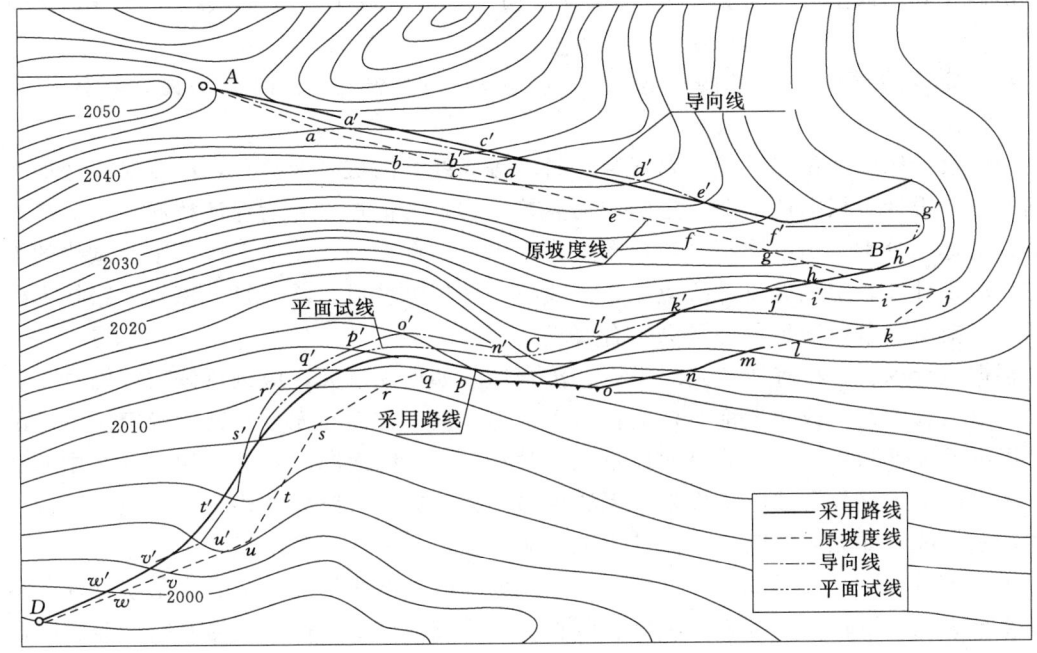

图 6.2 纸上定线示意

间控制点。如图 6.2 所示，$Aab\cdots D$ 折线从 C 处陡崖中间通过，B 处利于回头的地点也未利用上，如果调整 B、C 前后路段的坡度，既能避开陡崖，还可利用有利的回头地点，因此把 B、C 定为中间控制点。然后再分段仿照上法截取 a'、b' 等点，连接 $Aa'b'\cdots D$ 的折线，示出了路线将行经的部位，称为"导向线"。

（2）修正导向线。

1）参照导向线定平面线，注明平曲线半径，量出地形变化特征点的桩号及地面标高，绘出纵断面图，参考地面线设计理想纵坡，量取各桩的概略设计标高。

2）在平面线各桩的横断方向上，点出与概略设计标高相应的点，这些点的连线是具有理想纵坡，不填不挖的折线，称为修正导向线（图 6.2 中未示出）。

3）在修正导向线各点的横断图上，用路基模板逐点找出该桩号处最经济或起控制作用的最佳路基中线位置，及其可以活动的范围（图 6.3）。根据最佳位置点的性质分别用不同符号标在平面图上。如图 6.3 中Ⅱ—Ⅱ中线位置处，其填方面积与挖方面积大致相等，而Ⅰ—Ⅰ处挖方较填方多，Ⅲ—Ⅲ处填方较挖方多。因此Ⅱ—Ⅱ点为经济控制点。将路线上的各控制点连线，形成一条有理想纵坡，且横断面上最经济的平面折线，称为二次修正导向线（在小比例尺地形图上，最佳位置点显示不出者，可不做）。

（3）定线。纸上定线成果应该既符合该等级道路规定的几何线形标准，又能充分适应当地地形，避开了尽可能多的障碍物。为此定线必须在分析研

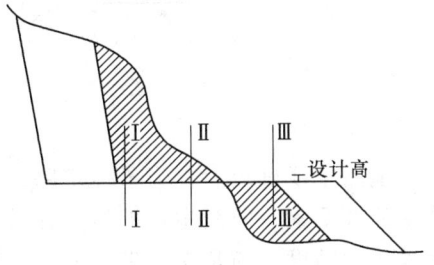

图 6.3 横断面最佳位置

究二次修正导向线上各特征点的性质和可活动范围的基础上,反复试线才能得到满意的结果。

纸上定线的具体操作有两种做法：直线型法（传统法）、曲线型法，具体内容见 6.1.2 小节。

(4) 设计纵断面位置。量出路线穿过每一等高线处的桩号及高程,绘制路线地面线的纵断面图。设计者根据地形图,把竖向需要控制的各特征点（如为保证桥涵净空的最小高度等）的标高分别采用不同符号注在图上作为填挖平衡控制点。然后仿照平面试线的方法确定纵坡设计线。定纵坡设计线应参考试线时的理想纵坡值,既要符合该级公路技术标准要求,又要努力争取满足各种平纵组合要求。

根据设计纵坡,检查所定路线是否经济合理,如填挖过大,应进行修改。修改是调整纵坡还是改移中线,或两者都改,应在对平、纵、横三方面经充分研究后确定。山岭区选线,以纵面坡度为主导,纵坡灵活性不大,常常要平、纵面同时考虑。如图 6.2 中 *CD* 之间,挖方较大,该处纵坡已是极限值无法再做调整,但如将路线外移至崖顶边缘通过,如虚线所示,线形并无多大变化,但挖方工程减少很多,宜作为采用线。

纸上定线是一个反复试验的过程,在选线范围内,试线越多,最后成果就越好。多次试线直至无论采取什么措施都无法显著节省工程量或增进线形标准或提升路线美感时,才可认为纸上定线工作已告完成。

6.1.2 纸上定线的操作方法

1. 直线型定线方法

直线型定线方法是根据控制点或导向线及相应的技术指标,按照照顾多数控制点,并注重重要控制点的原则,试穿出一系列与地形相适应的直线作为基本线形单元,然后在两直线转折处用曲线予以连接的定线方法,即传统的以直线为主的穿线交点定线法（图 6.4）。路线上每一条直线的方向要经过多方面分析比较才能确定,对于平原、微丘区应以选线方案确定的控制点为依据,而对于山岭、重丘区应参照导向线进行试定。此法一般适用于地形简易平缓的平原、微丘地区。而在地形复杂,转折较多或转弯处控制较严时,地势起伏较大地段,则应先定曲线,后用直线把曲线顺滑地连接起来。

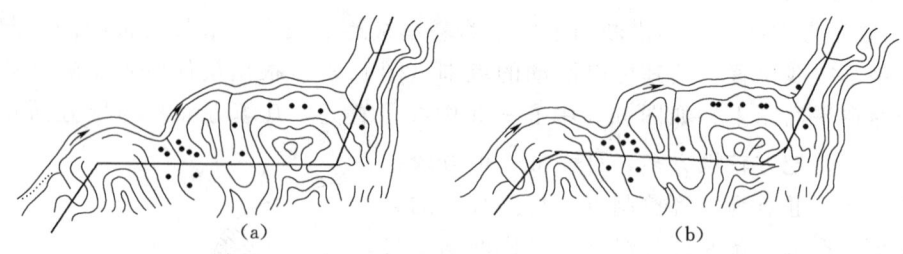

图 6.4 直线型定线

道路中线确定后,为了标定路线,需要根据选定的圆曲线半径及缓和曲线长度,来计算平曲线要素、曲线主点桩号、加桩里程、逐桩坐标等。这些数据的准确性有赖于交点坐标采集的精度,通常交点坐标采集有两种办法。

(1) 直接采集法：在绘有格网的地形图上读取各交点坐标,一般只能估读到米。此法适用于交点前后直线方向和位置限制不严的情况。

（2）先定交点前后直线段，由交会点推算交点坐标法。

当交点前后直线方向和位置受限制较严时，可先固定交点前后直线，即在每条直线上读取两个点的坐标，将两条直线的交会点用解析法计算出坐标。

如已知交点前直线上两点的坐标为 (X_1, Y_1) 和 (X_2, Y_2)，后直线上两点坐标为 (X_3, Y_3) 和 (X_4, Y_4)，则交点坐标 (X, Y) 可由下式计算。

$$X = \frac{k_1 X_1 - k_2 X_3 - Y_1 + Y_3}{k_1 - k_2}$$
$$Y = k_1(X - X_1) + Y_1 \tag{6.1}$$

$$k_1 = \frac{Y_2 - Y_1}{X_2 - X_1}, k_2 = \frac{Y_4 - Y_3}{X_4 - X_3} \tag{6.2}$$

2. 曲线型定线方法

在地形复杂，转折较多或转弯处控制较严时，地势起伏较大地段，一般采用先定曲线，后用直线把曲线顺滑地连接起来的方法定线。采用曲线型定线法，首先根据地形条件、地物特点设置合适的圆曲线，然后把这些圆曲线用适当的缓和曲线连接起来。当相邻圆曲线之间相距较远时，根据线形需要在中间插设适当的直线段，形成以曲线为主的连续线形（图6.5）。

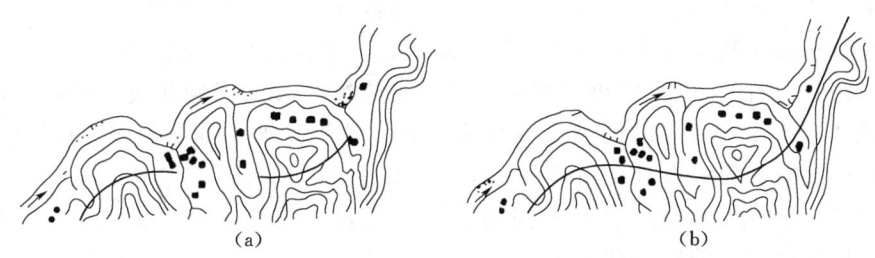

图 6.5 曲线型定线

（1）定线步骤。

1）在地形图上根据选线方案确定的路线带和限制较严的固定控制点，徒手画出线形顺适、和缓并与地形相适应的路线概略位置。

2）选用直尺和不同半径的曲线尺拟合徒手画线，把该画线分解成规则的数学单元——圆弧和直线，形成圆弧和直线共同组成的具有错位（即设缓和曲线后圆曲线的内移值）的间断线形，选取最逼近徒手画线并符合该道路等级半径要求圆曲线。

3）在绘出的圆弧线和直线上各采集两个点的坐标，将直线和圆曲线固定下来。通过试定或试算，用合适的缓和曲线将固定的直线和圆曲线光滑平顺地连接，形成一条以曲线为主的连续平面线形。

（2）确定回旋线参数 A。回旋线是缓和曲线常用的线形，其缓和参数 A 的确定是曲线型定线法的重要环节，常用方法有：回旋曲线尺法、回旋曲线表法、近似计算法以及解析计算法等。

1）回旋曲线尺法。回旋曲线尺是根据回旋线相似性特点制做的。通常为米制，比例尺为1：1000，外形为刻有主切线的S形曲线，如图6.6所示，在各个位置上刻出整数半径的法线方向及相关数值，代表某位置的曲率半径。一个参数值A对应一把曲线尺，A值刻在曲线板上。

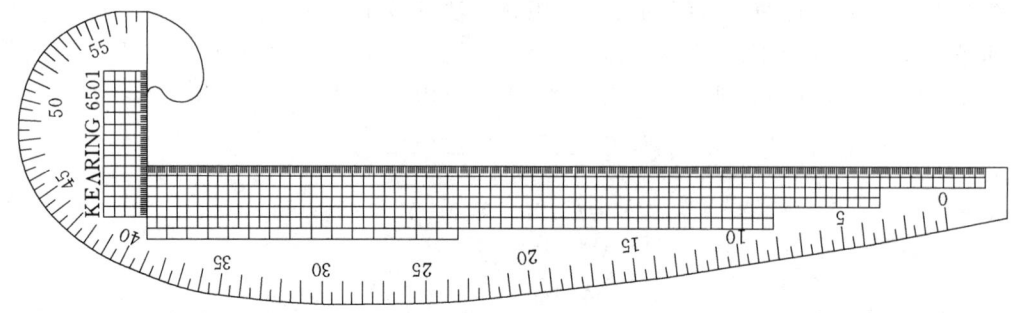

图6.6 回旋曲线尺

选用不同参数值的曲线尺去逼近相邻线形单元，从而定出A值。回旋曲线尺除用于直线与圆曲线的连接、S形、卵形曲线外，还可以使回旋曲线尺组合起来，用于其他复杂的组合线形。

回旋线参数A的确定是曲线型定线法重要的核心任务，在各种确定方法中，以回旋曲线尺法最简单，该法易于修改线形，但精度不高，适用于公路规划阶段或绘图使用。解析法精度高，适用于精细定线，但计算过程复杂，一般在计算机上使用。

2) 回旋曲线表法。可采用单位回旋曲线表或整参数A的回旋曲线表来确定A值。单位回旋曲线表是参数$A=1$时的回旋曲线要素表，计算其他不同参数A的回旋曲线要素时，对单位回旋曲线表中有长度量度的要素值乘以A即可。

整参数A的回旋曲线表，是按不同的整数半径R为自变量计算出来的。这种回旋线表实际上是回旋曲线尺的数字化表示。

3) 近似计算法。如图6.7所示的S形、卵形曲线。

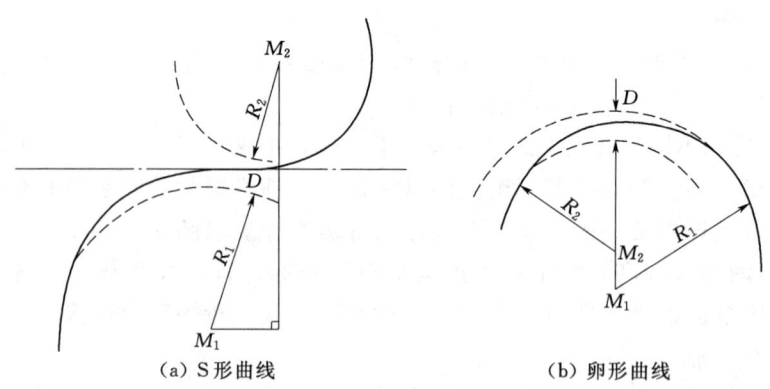

(a) S形曲线　　(b) 卵形曲线

图6.7 S形、卵形曲线示意

回旋线参数A可用下式近似计算：
$$A=\sqrt[4]{24DR^3} \tag{6.3}$$

式中 D——圆弧之间距离；

R——换算半径。

S 形曲线：
$$R=\frac{R_1 R_2}{R_1+R_2} \tag{6.4}$$

卵形曲线：
$$R=\frac{R_1 R_2}{R_1-R_2} \tag{6.5}$$

式中 R_1——大圆半径；

R_2——小圆半径。

A 值算出后，先要检查是否满足 $R/3 \leqslant A \leqslant R$ 的要求，不满足时，可调整圆弧位置，使 D 变化后重新计算 A 值，直到满足为止。

4）解析计算法。解析法是根据几何关系，建立含有参数 A 的方程式，通过计算精确求解 A 值。分下面三种情况：

a. 直线与圆曲线连接。如图 6.8 所示，已知直线上两点 $D_1(X_{D_1},Y_{D_1})$，$D_2(X_{D_2},Y_{D_2})$ 和圆曲线上两点 $C_1(X_{C_1},Y_{C_1})$，$C_2(X_{C_2},Y_{C_2})$，以及圆曲线半径 R。求解过程如下：

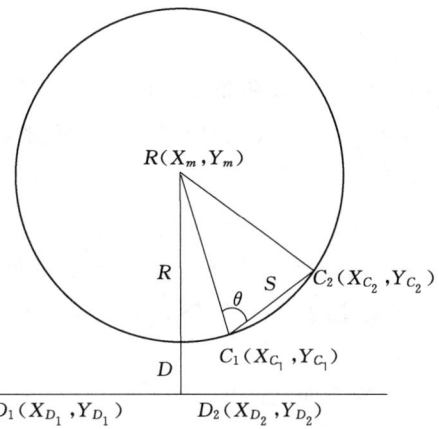

图 6.8 直线与圆曲线连接

计算 C_1C_2 两点间的距离：
$$S=\sqrt{(X_{C_1}-X_{C_2})^2+(Y_{C_1}-Y_{C_2})^2} \tag{6.6}$$

由图 6.8 得
$$\theta=\cos^{-1}\frac{S}{2R} \tag{6.7}$$

C_1C_2 的象限角：
$$\alpha_{C_{12}}=\arctan\frac{Y_{C_1}-Y_{C_2}}{X_{C_1}-X_{C_2}} \tag{6.8}$$

C_1C_2 的方位角 $\alpha'_{C_{12}}$ 取值：
$$\alpha'_{C_{12}}=\begin{cases}\alpha_{C_{12}} & (Y_{C_1}-Y_{C_2}>0, X_{C_1}-X_{C_2}>0)\\ 180°-\alpha_{C_{12}} & (Y_{C_1}-Y_{C_2}<0, X_{C_1}-X_{C_2}>0)\\ 180°+\alpha_{C_{12}} & (Y_{C_1}-Y_{C_2}<0, X_{C_1}-X_{C_2}<0)\\ 360°-\alpha_{C_{12}} & (Y_{C_1}-Y_{C_2}>0, X_{C_1}-X_{C_2}<0)\end{cases} \tag{6.9}$$

C_1M 的方位角：
$$\alpha_M=\alpha'_{C_{12}}+\mathrm{sgn}(R)\theta \tag{6.10}$$

式中 $\mathrm{sgn}(R)$——R 的符号，曲线右转取"$+$"，左转取"$-$"。

则圆心 M 坐标为
$$\left.\begin{array}{l}x_M=x_{C_1}+R\cos\alpha_M\\ y_M=y_{C_1}+R\sin\alpha_M\end{array}\right\} \tag{6.11}$$

直线 D_1D_2 的斜率为
$$k=(Y_{D_2}-Y_{D_1})/(X_{D_2}-X_{D_1})$$

直线与圆曲线间距 D 为

$$D = \frac{|k(X_M - X_{D_1}) - (Y_M - Y_{D_1})|}{\sqrt{1+k^2}} - R \tag{6.12}$$

由回旋线的几何关系，其内移值为

$$p = y + R\cos\beta - R$$

$$y = \frac{L_s^2}{6R}\left(1 - \frac{L_s^2}{56R^2} + \frac{L_s^4}{7040R^4} - \cdots\right) \tag{6.13}$$

其中，
$$\beta = \frac{L_s}{2R}$$

式中　L_s——缓和曲线长度。

因 $p = D$，故式（6.13）中只含未知数 L_s，采用数值方法可解出 L_s，则参数用下式计算：

$$A = \sqrt{L_s R} \tag{6.14}$$

b. 两反向曲线连接。已知相邻两圆的半径 R_1，R_2 及其上各两点的坐标，用上述计算方法可求出两圆心坐标 $M_1(X_{M_1}, Y_{M_1})$ 和 $M_2(X_{M_2}, Y_{M_2})$ 后，可按下述步骤计算参数 A 值。

计算两曲线间距离：

$$D = |M_1 M_2 - R_1 - R_2| = \sqrt{(X_{M_2} - X_{M_1})^2 + (Y_{M_2} - Y_{M_1})^2} - R_1 - R_2 \tag{6.15}$$

《规范》规定，S 形两个回旋线参数 A_1 与 A_2 宜相等。当采用不同参数时，A_1 与 A_2 之比宜小于 2.0，有条件时应小于 1.5。这里用 K 表示回旋线参数的比值，即 $K = A_1/A_2$。

由几何关系知

$$M_1 M_2 = \sqrt{(R_1 + R_2 + p_1 + p_2)^2 + (q_1 + q_2)^2} \tag{6.16}$$

其中，$p_i = y_i + R_i \cos\beta_i - R_i$
$q_i = x_i - R_i \sin\beta_i$
$x_i = 2R_i\beta_i\left(1 - \frac{\beta_i^2}{10} + \frac{\beta_i^4}{216} - \frac{\beta_i^6}{9360} + \cdots\right)$
$y_i = \frac{2}{3}R_i\beta_i^2\left(1 - \frac{\beta_i^2}{14} + \frac{\beta_i^4}{440} - \frac{\beta_i^6}{25200} + \cdots\right)$
$\beta_2 = \frac{1}{k^2}\left(\frac{R_1}{R_2}\right)^2 \beta_1$

又因 $M_1 M_2 = R_1 + R_2 + D$，则

$$(R_1 + R_2 + p_1 + p_2)^2 + (q_1 + q_2)^2 - (R_1 + R_2 + D)^2 = 0 \tag{6.17}$$

上式只含有未知数 β_1，采用数值解法（如牛顿求根法）可求得 β_1，进而可求得 β_2，则可求得回旋曲线参数 A 为

$$\left. \begin{array}{l} A_1 = R_1 \sqrt{2\beta_1} \\ A_2 = R_2 \sqrt{2\beta_2} \end{array} \right\} \tag{6.18}$$

c. 两同向曲线连接。如图 6.7（b）所示，按上述方法求得圆心的坐标 $M_1(X_{M_1}, Y_{M_1})$ 和 $M_2(X_{M_2}, Y_{M_2})$，则：

间距：
$$D = |R_1 - R_2 - M_1 M_2| \tag{6.19}$$

由几何关系知：

$$M_1 M_2 = \sqrt{(R_1 - R_2 + p_1 - p_2)^2 + (q_2 - q_1)^2} \tag{6.20}$$

6.1 纸上定线

仿照上述可建立如下方程,即

$$(R_1-R_2+p_1-p_2)^2+(q_2-q_1)^2-(R_1-R_2-D)^2=0 \quad (6.21)$$

上式只含有未知数 β_1,采用数值解法(如牛顿求根法)可求得 β_1,按下式的方法可确定回旋线参数。

$$A_1=R_1\sqrt{2\beta_1}$$
$$\beta_2=\left(\frac{R_1}{R_2}\right)^2\beta_1 \quad (6.22)$$

直线型定线方法和曲线型定线方法无本质上的区别,但定线手法、计算过程及成果表示方式也不相同。由于适用性的差异,在线形设计质量上有所反映。一般来讲,前者适用于地形简易的平原微丘地区,后者适用于地形、地物复杂的丘陵、山岭地区。

6.1.3 实地放线

实地放线是将纸上定好的路线敷设到实际地面上的过程,供详细测量和施工之用。

把纸上路线放到地面上的方法很多,常用的有穿线交点法、拨角法、直接定交点法、坐标法等。应根据路线复杂程度和精度要求高低、测设仪器设备、地形难易程度等具体条件选用。

1. 穿线交点法

穿线交点法是根据平面图上路线与施测地形时敷设的控制导线(以下简称导线)的关系,把纸上路线的每条边逐一地放到实地上去,延伸这些直线交出交点,构成路线导线。由于放线的方法不同,又可分为支距法和解析法两种。

(1)支距法。通常所说穿线交点法多指此法,适用于地形不太复杂,路线离开导线不远的地段。其工作方法如下:

首先在图上量取路线与导线间的支距,如图 6.9 中导 1—A、导 2—B、导 3—D 等。注意纸上每条导线边至少应取三个点,并尽可能使这些点在实地上能互相通视。

然后在现场找出各相应的导线点,根据量得的支距用皮尺和方向架(或经纬仪)定出路线上各点(图 6.9 中 A,B,C 等点),并插上旗子。

穿线交点放出的各点应在一条直线上,但由于量距和放线工作的误差,不可能恰好在一条直线上,因此

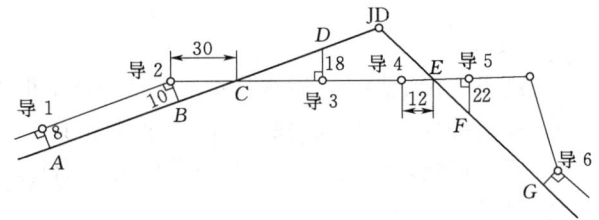

图 6.9 支距法放线

必须穿直线。穿直线多用花杆进行(长直线或地形起伏很大时可用经纬仪),穿出直线后要根据实际地形审查路线是否合理,否则要做现场修改,改善线路位置。两相邻直线的交点即为转角点,若交点距路线很远或交汇处无法架设仪器,可插成虚交形式。所有交点和转角点都应钉桩以标定路线。

(2)解析法。解析法是用经纬度坐标计算图(图 6.10)上路线与导线的关系,按极坐标原理在实地放出各路线点的方法。此法较为准确,精度较高,在地形复杂和直线较长、路线控制要求高时用此法。其工作步骤有以下三点。

1)计算路线与导线的夹角(以图 6.10 所示为例)。

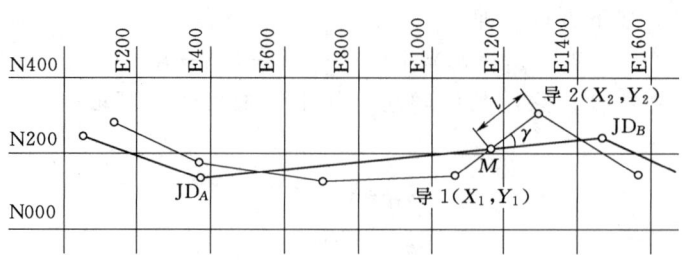

图 6.10 解析法放线

如图 6.10 所示，从平面图上量得纸上路线的交点 JD_A、JD_B 的坐标 (X_A,Y_A) 和 (X_B,Y_B)，则 $JD_A\sim JD_B$ 的象限角为：

$$\text{tg}\alpha=\frac{Y_B-Y_A}{X_B-X_A}=\frac{\Delta Y}{\Delta X} \tag{6.23}$$

导 1～导 2 的象限角为已知，则 $JD_A\sim JD_B$ 与导 1～导 2 的夹角为：

$$\gamma=\alpha-\beta \tag{6.24}$$

2）计算距离 l。$JD_A\sim JD_B$ 与导 1～导 2 的交点 M 的坐标 (X_M,Y_M)，可通过解下列联立方程式求得：

$$\left.\begin{array}{l}\dfrac{Y_2-Y_M}{X_2-X_M}=\dfrac{Y_2-Y_1}{X_2-X_1}\\[2mm]\dfrac{Y_B-Y_M}{X_B-X_M}=\dfrac{Y_B-Y_A}{X_B-X_A}\end{array}\right\} \tag{6.25}$$

式中　Y_1，X_1，Y_2，X_2——导 1、导 2 的坐标，为已知；

　　　Y_A，X_A，Y_B，X_B——$JD_A\sim JD_B$ 的坐标，可从平面图上量得。

则，导 2 至 M 的距离：

$$l=\frac{X_2-X_M}{\cos\beta}=\frac{Y_2-Y_M}{\sin\beta}=\sqrt{(X_2-X_M)^2+(Y_2-Y_M)^2} \tag{6.26}$$

3）放线。

a. 置经纬仪于导 1，后视导 2，丈量距离 l 得 M 点。

b. 移经纬仪于 M，后视导 2，转 γ 角定 $JD_A\sim JD_B$ 的方向。

c. 延长直线，用骑马桩交点法定出交点 JD_A。

d. 钉桩。

解析法虽计算比较麻烦，但精度较高。在实际工作中亦可用比例尺从平面图上直接量取距离 l。

2. 拨角法

拨角放线是根据纸上路线在平面图上的位置与导线的关系，用坐标计算每一条直线的距离、方向、转向角和各控制桩的里程，放线时就按照这些资料直接拨角量距，不穿线交点，外业工作较为迅速，但此法所依据的资料必须可靠准确。

（1）计算原理。如图 6.11 所示，当需要在现场放 A 点时，该点坐标可通过计算得到或直接从平面图上量得。在 A 点附近找到两个导线点（坐标为已知），通过坐标解析法计算出 A 点到导 1 的距离、导 1 和导 2 连线与导 1 和 A 点连线间的夹角，即可用拨角法放 A 点。

6.1 纸 上 定 线

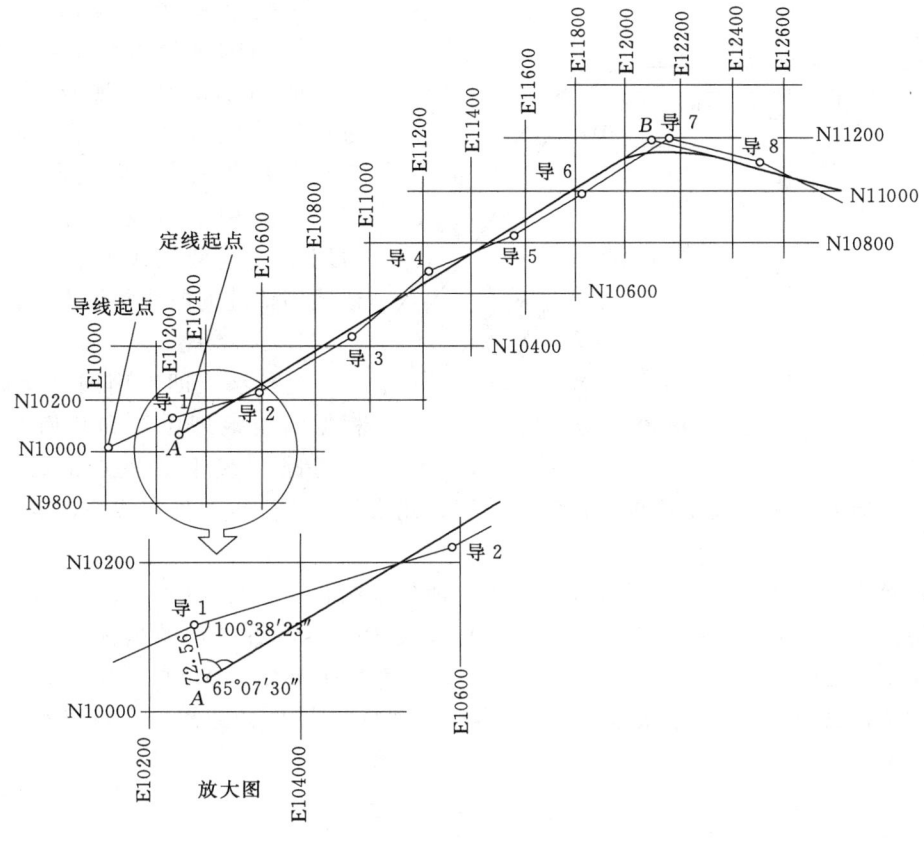

图 6.11 拨角法放线示例

（2）外业放线。根据内业计算得到的夹角和距离，先从导 1 上放出路线起点 A 和第一边 AB，以后各边按转向角及距离直接定出。

拨角法放线的精度主要决定于定线所依据的原始数据资料是否可靠准确及放线精度的大小。原始数据精度越高，放线精度越高；放线误差积累越小，则放线精度越高。为了消除拨角法量距误差积累增大的影响，放线时，应视现场具体情况，每隔一定距离，与导线联系闭合一次，并进行调整。

3. 直接定交点法

在地形平坦，视线开阔地段，路线通视性好，路线位置可根据地面明显目标决定的地区，可依纸上路线和地貌地物的关系，现场直接将交点定出。如图 6.12 所示，从图上得知交点 JD 离河岸约 200m，位于已有公路曲线内侧，一端切线距公路桥头 50m，另一端切线距房屋 25m，这样便可根据这些关系，直接于现场定出 JD。

如果在现场没有这样明显的地形条件，则路线的平面位置需要视地形、地质情况不同根据现场选线的原则，先定出交点，做法参见现场直接定线。

综上所述，穿线交点法定线费时较多，拨角法定线有误差积累，为了弥补这些工作方法的缺点，取长补短，既提高工作进度，又能截断拨角定线的误差积累，在放线前，应多做现场勘查，准备好放线所需的有一定精度要求各内业资料，则能大大提高工效。

第 6 章 公 路 定 线

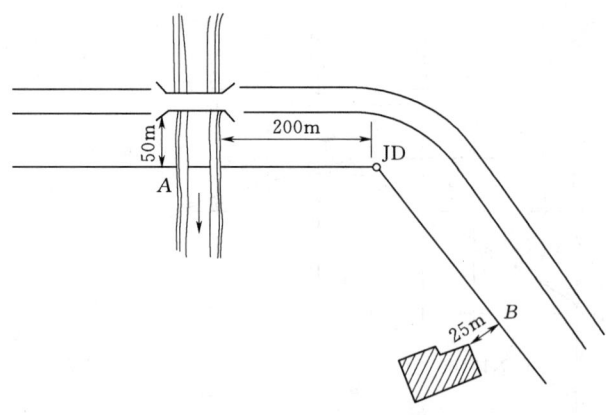

图 6.12 直接定交点法

穿线交点法和直接定交点法，放线资料大都来自图解，准确度不高，适用于活动余地较大的路线。拨角法放线资料虽较准确，但放线存在误差累积，也影响定线的精度。三法都只用于路线导线的标定，即适用于直线型定线方法，曲线部分还须用传统的曲线敷设方法标定。

4. 坐标法

坐标法，即采用国家坐标系统，根据路线地理位置和几何关系计算出道路中线上各桩点的统一坐标，编制逐桩坐标表，然后根据逐桩坐标实地放线。此法既可用于直线型定线法，也可用于曲线型定线法。

（1）极坐标放线法。极坐标放线的基本原理是以控制导线为根据，以角度和距离来定点。如图 6.13 所示，在导线点 $T_i(X_i，Y_i)$ 处设置仪器，后视点的坐标为 $T_{i-1}(X_{i-1}，Y_{i-1})$，待放点的坐标为 $P(X，Y)$，图 6.13（a）为采用夹角 J 来放 P 点，图 6.13（b）为采用方位角 A 放 P 点。计算出 J 或 A 及点 T_i 到待放点 P 的距离 D，就可在实地放出 P 点。

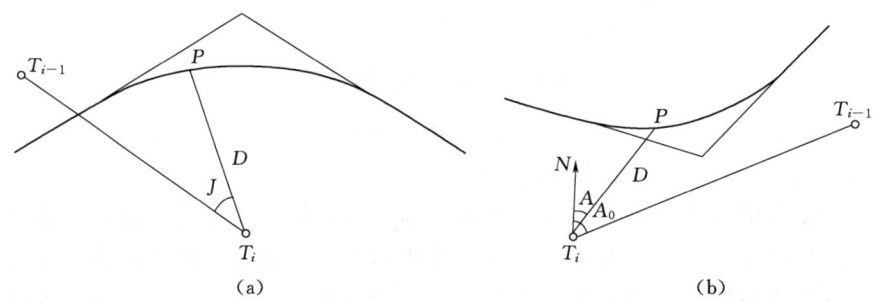

图 6.13 极坐标放线法

设置仪器点的坐标为 $T_i(X_i，Y_i)$，放样数据 D、A、J 可由直线定线法计算出，据此拨角测距即可放出待定点 P。

（2）坐标放线。此法是利用现代自动量测仪的坐标计算功能，只需输入有关点的坐标值即可，现场不需做任何手工计算，直接由仪器内电脑自动完成有关数据计算。

6.2 直 接 定 线

直接定线，又称现场定线或实地定线，是定线人员在现场通过反复试插路线，直接选定交点的定线方法，是低等级道路定线的常用方法。

直接定线的原则与纸上定线相同，但定线条件发生改变。直接定线时，定线人员直接

6.2 直 接 定 线

面对实际地形、地物、地质及水文等具体情况,有利于现场设计,但问题是在现场,由于受到视线范围的限制,不通视的影响,在定线上存在一定的片面性和局限性。因此,要求定线人员有足够的选线经验,不怕辛苦,不怕麻烦,要多跑、多看、多问,摸清路线所经地带的地形、地质、水文、气候等变化情况,反复试定路线,才能定出好的路线。

6.2.1 直接定线的工作步骤

1. 平原区直接定线

平原微丘区直接定线时,就是在路线布局和逐段安排阶段确定的控制点之间,结合各种因素,进一步选定影响中线位置的小控制点,然后根据这些小控制点,大致穿出直线,再结合路线的标准,进一步调整各段直线,使之在满足路线标准的前提下,通过主要的小控制点,最后延长相邻两直线交出交点。此外,在具体穿线定点时还应考虑两交点之间的直线长度、平面视距、纵坡度和平纵面线形的相互协调,以及路线与桥梁、路线与其他特殊构造物的配合等问题。

2. 山岭区直接定线的方法和步骤(以越岭线为例)

(1) 分段安排路线。在路线全面布局中所拟定的主要控制点之间,根据地形、地质、水文等情况,自上而下用粗略试坡的方法确定中间控制点,确定路线轮廓。

(2) 放坡。放坡就是在现场通过考虑合理纵坡的要求来确定越岭线平面基本走向,其实质就是现场设计纵坡,对纵坡的限制因素,如最大纵坡、最大与最小坡长及平均纵坡等进行合理安排。放坡是越岭线定线的一个重要环节,它对争取线位高程,处理平、纵、横之间的关系起着重要作用。

放坡一般从最高控制点(如垭口)开始,一人用带角手水准,对好与选用纵坡的相应倾斜角度,立于控制点处,指挥前点人员手持花杆在山嘴、山坳等地形变化处、计划变坡处及顺直山坡上每隔一定距离定点,插上坡度旗,并在旗上注明选用的纵坡值。按上述方法定出的这些坡度点的连线(如图 6.14 中 $A_0 A_1 A_2 \cdots$),相当于纸上定线的修正导向线,称为导向线。放坡传递坡度时,要估计平曲线的大概位置及半径,以便考虑纵坡折减。对拟定要跨越的山沟和要穿过的山嘴或山脊放坡时要"跳"过去,否则会使放出的坡度与设计纵坡相差太大,若准备对山沟或山嘴进行绕越,则坡度要放缓,距离上要考虑一定的折减。

放坡时可采用平均坡度法和设计坡度法两种方式。

1) 平均坡度法放坡。根据《标准》规定的平均坡度值 5.0%~5.5%(按相对高差而定),视具体地形确定适当的纵坡度,然后实地放坡。按平均坡度放坡只能在一定长度范围内控制高差和水平距离,其优点是放坡速度快,但不能反映公路等级对平均纵坡的不同要求以及地形、地质变化等情况。

2) 设计坡度法放坡。根据《标准》规定的平均坡度值 5.0%~5.5%,结合地形、地质、水文等具体情况分段,合理地拟定纵坡,使放出的坡度基本上就是以后纵断面的设计纵坡。此法放坡时工作量大,但能使直接定线的准确性提高,一般越岭线直接定线常用此法放坡。

(3) 与横断面进行核对,修正导向线。放坡定出的坡度线(即导向线),主要是从纵坡安排方面考虑的,对路基稳定性要求和横断面上的填挖方数量考虑较少。因此,还应根

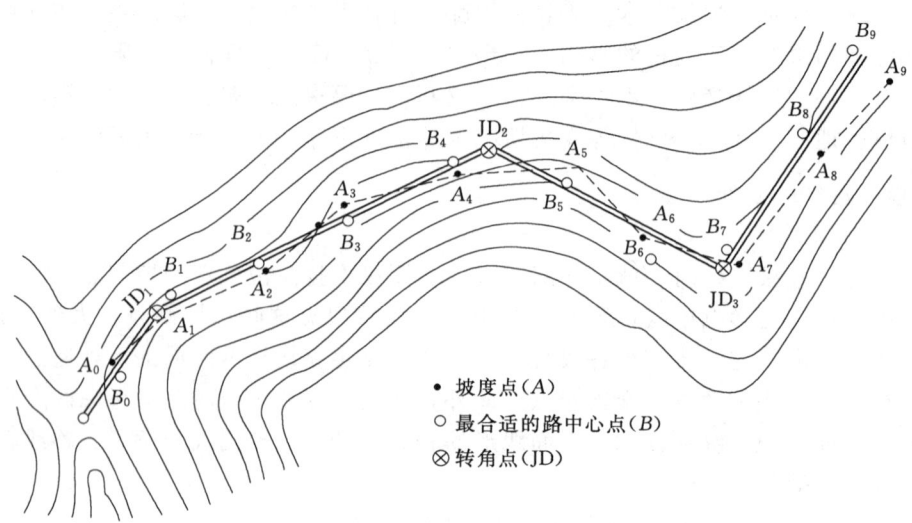

图 6.14 放坡定线示意

据路基设计的要求,在坡度线上,选择横坡较陡或高填、深挖的特征点位置,定出横断面方向上相应特征点(如经济点、制约性控制点)等,并插上标志,这些点的连线(如图 6.14 中 $B_0B_1B_2\cdots$)相当于纸上定线的二次修正导向线,称为修正导向线。

(4) 穿线定交点。修正导向线是具有合理纵坡,横断面上位置最佳的一条折线。根据修正导向线进行实地穿线。穿线应在满足平面线形要求的前提下,尽可能多地靠近或穿过导向线上各特征点,特别要注意穿过控制性严的点,裁弯取直,使路线平、纵、横三方面配合协调,穿出与地形相适应的若干直线,延伸相邻两条直线定出交点(如图 6.14 中 JD_1、JD_2、JD_3),即为路线的导线。穿线交点这一工作很重要,定线人员必须反复试插,多次修改,才能定出合理的路线。

(5) 设置平曲线。路线导线确定以后,即可根据交点转角及附近地形、地质等情况,确定合适的平曲线半径并敷设平曲线。

(6) 纵断面设计。根据有关外业资料,绘制纵断面图,进行纵坡设计。

直接定线的纵坡设计,一般都是在平面已经确定的基础上进行。虽然在直接定线时已充分考虑了纵断面及横断面的具体要求,但限于定线的经验、视野以及对所经地形、地质的了解程度,定出的路线难免会顾此失彼,存在一定的局限性。因此,直接定线的室内纵坡设计,不仅要解决工程经济和技术标准问题,还要实现平、纵面线形的配合和协调,这就要求设计人员不断调整纵坡,通过反复试坡修改,才能取得满意的结果。

在纵断面设计中,如果靠调整纵坡无法满足要求时,则应考虑调整平面线形。若平面线形改动不大,可根据已有路线导线和横断面资料,绘制带状平面图,通过纸上移线的办法解决;若工程经济要求与平、纵面线形配合出现较大矛盾时,平面线形必须做重大的改动,此时应按定线的具体要求,通过现场改线,重新定出路线。

6.2.2 曲线插设方法

地形曲折复杂的山区路线,曲线在路线总长中占很大比重,且曲线插设位置通常是地

6.2 直接定线

形困难处，因此必须研究曲线的插设方法。

1. 单交点法

单交点法是直接定线最常用的曲线插设方法之一。如图 6.15 所示，在确定出路线导线及前后直线的交点后，按下述步骤插设曲线。

(1) 按理想线位所需要的外距 E 或切线长 T 来反算曲线半径。

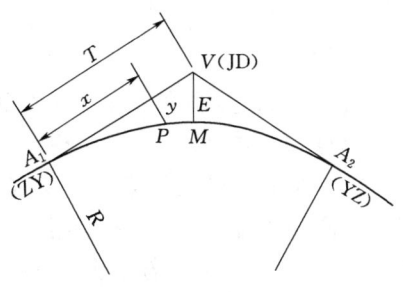

图 6.15 单交点法

(2) 根据路线标准选用一个合适的半径值（一般为 5m 或 10m 的倍数），算出曲线要素。

(3) 敷设曲线，并检查线位是否合适。一般情况下，只需将曲线三个主点（起点、终点、中点）设出，就可以看出曲线的全貌了。若地形复杂，单凭曲线三个主点无法判定出全曲线线位时，应在曲线上加设几个任意点 P，P 点支距可用式 (6.27) 求出。

$$y = x^2/2R \tag{6.27}$$

(4) 经检查，如曲线位置不合适，应视具体情况调整半径或修改前后切线位置。单交点法适用于交角不大、线位受限不严的地方。

2. 虚交点法

如图 6.16 所示，当交角较大、交点过远或交点处难以安设仪器（如河中、建筑物及陡崖上等）时，可采用虚交点法。

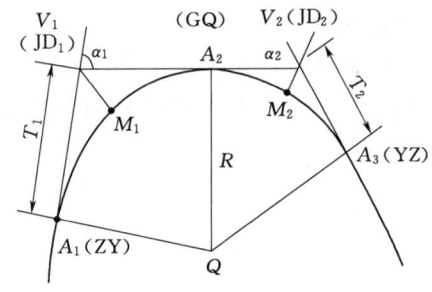

图 6.16 虚交点法

其步骤如下：

(1) 在前后曲线上选定副交点 V_1 和 V_2，并使 V_1V_2 靠近计划曲线要通过的部位。

(2) 测量转角 α_1 和 α_2，以及线段 V_1V_2 的长度。

(3) 按式 (6.28) 计算切于 V_1V_2 的曲线半径。

$$R_{切} = \frac{V_1V_2}{\tan(\alpha_1/2) + \tan(\alpha_2/2)} \tag{6.28}$$

(4) 计算切线长 T_1、T_2。

(5) 实地钉出 A_1、A_2、A_3 各点。当此三点尚不足以示出曲线全貌时，应加设两段圆弧的中点 M_1 和 M_2，及其他特征点 P。

(6) 检查曲线线位是否合适。如合适即取 $R_{切}$ 为该曲线半径；如曲线线位不合适，可增大或减小半径，这时曲线不再切于 V_1V_2，这就成为一般所谓的虚交形式；当使用单曲线不能适应地形时，可考虑采用两个半径不同的曲线连接起来，构成复曲线。

3. 曲线起（终）点法

如图 6.17 所示，此种方法的步骤如下：

(1) 在预计的曲线起点、终点附近的 Q、A_2 两点，测 ϕ_1 和 ϕ_2 角，并计算 $\alpha/2$。

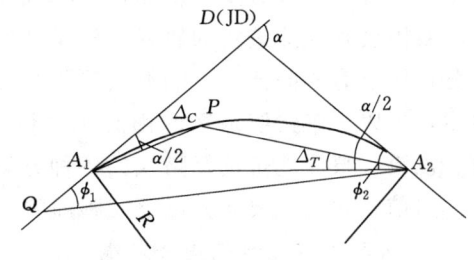

图 6.17 曲线起（终）点法

$$\frac{\alpha}{2} = \frac{\phi_1 + \phi_2}{2} \qquad (6.29)$$

(2) 在 A_2 处拨角 $\alpha/2$，与 QD 交点为 A_1，则 $A_1D = A_2D$，A_1、A_2 两点分别为该曲线的起点和终点。

(3) 检查线位是否合适。为了判定线位是否合适，可在曲线上加设任意点 P。方法是用简单测角仪器在 A_1、A_2 两点分别放 Δ_C 和 Δ_T 角，使放 $\Delta_C = \Delta_T$，则视线交点即为曲线上的 P 点。同法定出若干个 P 点，即可示出曲线的全貌。

若判明曲线位置不合适，可沿两切线将 A_1、A_2 同向移动相等距离，重新检查，直到定出路线线位。

丈量 A_1A_2 长，则相应的曲线半径为

$$R = \frac{A_1A_2}{2} \csc \frac{\alpha}{2} = \frac{A_1A_2}{2\sin\frac{\alpha}{2}} \qquad (6.30)$$

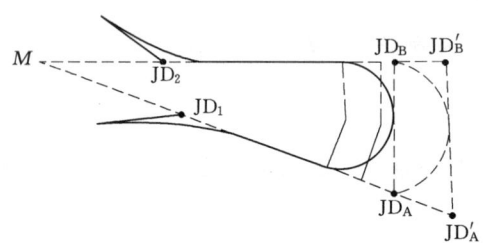

图 6.18 回头曲线定线法

4. 回头曲线插设法

回头曲线的插设比较麻烦，主曲线和前后辅助曲线的纵断面和平面相互约束，稍有不慎，可能使线形受影响，或是造成大量的填挖方，插线必须反复试插试算，才能得到理想的线位。回头曲线定线的方法很多，通常采用切极限的双交点定线。

按照放坡的导向线，先确定辅助交点 JD_1、JD_2 和上下线位置，如图 6.18 所示，然后反复移动基线 $JD_A - JD_B$，控制确定主曲线，直至最佳。

6.3 航 测 定 线

6.3.1 航测定线的发展与应用

直接定线由于受到视野的限制，容易遗漏方案；而纸上定线则需要测绘大比例尺的地形图，这两种方法都需要大量的人力、物力，劳动强度大。利用航测相片选线，或者通过航测成图在图纸上定线，可以把大量的野外工作搬到室内来做，选线人员可以在相片和图纸上找出许多比较方案，从而提高选线质量。

我国公路航测选线的研究工作是从利用国家已有的航测资料入手的。我国领土的绝大部分地区已有不同比例尺的航空摄影相片，容易收集。将相片拼接成地貌略图，通过立体观察，可以了解选线地区的山脉水系以及工程地质等情况。对于在特别困难的山岭、森林、沙漠、草原地带选择路线的各种方案，航测资料具有特别重要的实用价值。

目前，我国主要研究以下几种航测定线方法。

1. 利用立体镜和视差杆定线

这种方法所使用的设备简单，容易推广。但是，航测相片是中心投影，加之投影时的

6.3 航 测 定 线

倾斜误差,航高误差都难以消除,所得的距离和高程误差大、精度低。所以,这种方法只能作为初选路线方案的一种辅助手段。

2. 多倍仪定线

多倍仪有两种功能:立体测图和建立立体光学模型。多倍仪是全能法成图的基本仪器,尽管它放大倍数小,但用多倍仪可以建立与实地完全相似的立体光学模型,可以在模型上直接选线,对于公路航测选线的初期阶段,仍是一种经济实用的手段。

3. 在用"精密立体测图仪"绘制的大比例尺地形图上或用"正射投影仪"制作的"影像地图"上定线

这种方法属于纸上定线的范畴,不过用航测图进行纸上定线时可以辅以立体镜观察,既可定性,又可定量,可提高定线质量。

6.3.2 航测相片定线的程序

1. 研究路线方案

在1:10000或1:50000的地形图上初选规划方案,从若干比较线中选出1~2个方案作为收集资料的范围。

2. 收集资料

凡路线所经地区的地形、地质、水文、气候等各种图纸、调查报告、文献、航测资料都尽可能收集。

(1) 地形图。路线经过地区的各种比例尺的地形图在不同设计阶段都各有其用途:小比例尺地形图可以初选路线方案作初步设计之用,大比例尺地形图则可以直接作纸上定线。

(2) 航测资料。包括航摄相片、镶嵌复照图、相片平面图等。在收集航摄相片的同时,还应收集测区的控制测量资料,这些资料对相片选线或成图都有重要的作用。

(3) 其他资料。包括铁路、水利等部门勘测过的各种图纸、控制点、高程资料等。

3. 制作航片镶嵌复照图

将路线所经地区的航片按顺序拼接起来,生产照相复制成图,这就是镶嵌复照图。在镶嵌复照图上,进行简单地貌调绘和工程地质调绘。

调绘的主要内容是:用彩色笔绘出河流及水流方向;画出分水岭的山脊线,注明对选线有实际意义的垭口位置和标高;用不同的颜色和符号标出各种地物——公路、铁路、城镇、村庄、湖泊、河塘、高压电线等,画上轮廓线并写上名称;记注所收集到的高程信息;标注不良地质地段,标明其位置和特征。这些信息的标注有利于路线方案的选定。

4. 初选路线方案

在镶嵌复照图上初选路线方案,相当于传统勘测设计中的路线调查。此工作在室内进行,不但减轻了劳动强度,而且在一定程度上避免了由于视野不良而遗漏方案,这对于在人们难以到达的困难地点选线尤为重要。具体做法如下。

(1) 根据公路网总体规划,在图上将路线起讫点、主要控制点连接起来,这条线就是路线的大致走向。由于控制点的选取有所不同,可能会有几条比较线出现。

(2) 按作业草图所注航片排列编号,用立体镜逐片观察沿线细部地貌,结合地质判释、桥位选择、路线标准等修改局部方案。

(3) 在镶嵌复照放大图上，量取路线长度，主要点的高程，画出路线的准确位置，统编里程，点绘路线的概略纵断面图和有代表性的横断面图，试拉纵坡度，估计主要工程数量。

(4) 当有几条比较线时，可根据各条线的工程数量和路线标准决定取舍，初步选出最佳路线方案。

5. 现场调查核对

我国公路航测工作在现阶段由于受各种条件的限制，如航片的摄影年代较久，地物多有变化，或者发灰模糊，判读难免出错。为了使所选路线切合实际，准确可靠，应进行现场调查核对。

现场调查的内容是：桥涵地质调查、水文调查；筑路材料调查；工程地质调查；占用土地、拆迁调查及路线附近地物、地形补充调绘等。根据调查的实际情况，核对初选方案是否合适，必要时可做相应的修改。

6. 纸上定线

采用多倍仪一般可以将航摄相片绘制成 1∶5000 的地形图，用精密立体测图仪（或其他精密成图仪器）可以制成 1∶2000 或更大比例尺的地形图。将这些图纸经整饰晒印后即可进行纸上定线；前者可以满足初步设计之用，后者可以满足技术设计之用。纸上定线的方法如前节所述。

纸上定线经现场核对、修改，在室内完成平、纵、横设计和各种构造物设计，计算工程数量，编制设计文件。

6.3.3 多倍仪定线程序

多倍仪有两种功能：立体测图和建立立体光学模型。

多倍仪测图是使用由航摄底片缩制成的透明正片，利用摄影过程的几何反转原理，在室内恢复摄影时的几何光束及摄站的相关位置，建立与地面相似的立体光学模型，再根据少量控制点使模型与地面的位置和高程对应，然后在这个模型上测绘地物、地貌。

下面重点介绍多倍仪建立的立体光学模型上定线的方法和步骤。

1. 准备工作

(1) 收集路线经过地区的航摄片、调绘片、控制成果等。选出要使用的相片并复制若干份。根据控制成果，在这些相片上转绘平面和高程控制点。

(2) 绘制作业草图。作业草图应包含下列内容：

1) 相主点相关位置及片号。

2) 航带间的关系。

3) 平面及高程控制点的分布。

4) 路线大体经过的部分。

(3) 制订作业计划。根据已有的资料，视控制点的分布情况，决定是否需要在多倍仪上进行加密控制点或采用双模型定线，并确定作业的先后次序及划分网段。

(4) 制作缩小片，即按纠正投影器的镜头像角大小将航摄负片缩小复制为玻璃正片。

(5) 绘制控制点坐标图。

6.3 航测定线

2. 在多倍仪上建立立体光学模型

多倍仪的作业步骤为：装片归心，相对定向，绝对定向，模型置平，当完成以上步骤后，带上互补色眼镜即可对立体模型进行观察和选线。

3. 在立体光学模型上定线

（1）以纵坡为主导的定线方法。

1）山岭重丘区的越岭线，当地面的自然坡度大于设计纵坡度时，定线是以纵坡为主导，与实地定线一样，首先应"放坡"。方法是：在多倍仪的测绘台上，按模型比例尺，在距测绘器中心相当于地面 50m 和 100m 的地方点绘若干点。这些点分别用 P_{50}，P_{100} 表示，这个测绘器就相当于纸上定线放坡用的"卡规"。地形顺适时用 P_{100}，地形破碎时用 P_{50}。

将测绘器的中心亮点对准模型上的一个控制点（如垭口），并使测绘器上的高程读数为该点的设计标高（如垭口的过岭标高），然后将测绘器的成像面降低（若从下往上放坡则应升高）一个读数 h：

$$h = 50(100) \times i_{平均} \text{(m)} \tag{6.31}$$

旋转成像面，使点 P_{50}（P_{100}）与光学模型地面相切，将它投影记注在图纸上。移动测绘器使其中心亮点与刚才记注的坡度点对准，再使成像面降低 h，用同样的方法找出下一个地面切点，如此得出一系列坡度点。

2）在放坡过程中，注意发现中间控制点和适宜回头的地点，避难就易，使路线尽量放在有利的位置上。

由于立体模型比等高线地形图更加详尽和逼真，便于辨认细部地形地物，所以，定线人员应该仔细观察，调整纵坡度并反复试放，以求得路线的最佳位置。

3）连接上述坡度点即得导向线。按以下的步骤进行操作：试定平面、试拉纵坡度、量距钉桩、定半径，直至看到作出路线的平、纵、横设计都与"纸上定线"相同。

4）在光学模型上测绘路线的纵、横断面，与纸上定线相似。纸上定线是以等高线内插求得各点的高程，而多倍仪是以测绘器中心的亮点与待测点的地面相切，然后直接读出该点的高程。

5）在最后选得的路线上通过量测台作立体观察，每一直线上选出三个以上明显地物点作为转点（ZD）绘于底图上，并转刺在 18cm×18cm 相片上，作为日后定测放线的依据。交点（JD）也刺在相片上，找出它与附近明显地物点的关系。各交点的距离和高程都加以测定，供放线时参考。

（2）以方向为主导的定线方法。平原、微丘区，路线纵坡一般不受限制，定线时以方向为主导，方法如下：

1）在立体光学模型上，用测绘器点出各控制点的位置，如跨河桥位，需要避开的地物，与铁路、公路、水渠的交叉点等，一并记注在底图上。

2）用直线依次连接各控制点，沿线检查有无纵坡不顺或出现高填深挖的路段。通过立体观察仔细研究路线所经地区是否有各种地物或不良地质的障碍，如果有则应调整平面位置。调整完毕后设半径，分桩，测绘纵、横断面，方法同前。

立体光学模型虽然有形象逼真的优点，但它要有"光"才能有"像"，将所定路线送交有关部门审批或请专家评议都得重新挂灯在暗室进行。另外，在模型上量测高程或用测绘器"卡"导向线操作起来也不方便，故多倍仪定线的使用受到一定的限制。

6.3.4 影像地图在定线中的运用

影像地图在一定程度上可以弥补多倍仪的缺点。在影像地图上，既有在摄影时记录下来的全部地物地貌信息，又有用等高线表示的高程，为纸上定线提供了较好的条件。

影像地图的制作常采用以下两种方案：

（1）先用带有正射投影装置的立体测图仪制作正射投影相片，然后将已定向好的立体像对按常规办法绘制等高线图。将正射相片和等高线图套印，即制成正射影像地图。

（2）在立体测图仪上对立体像对定向后，在其中一张相片上描绘等高线，然后根据绘有等高线的相片利用立体测图仪和正射投影仪一次制成正射投影图。

在利用国家已有的航测资料进行公路定线的若干方法中，正射影像地图是比较理想的一种。但它要求有配套设备，成本较高，若条件不完全具备，可与测绘部门合作进行。

必须指出，航测定线必须要与电算相结合才能形成生产力，只有将地形以数字形式输入计算机才谈得上路线的优化设计和辅助设计。今后航测应用于公路选线的研究重点为数字地形模型的建立，能通过航测、遥感和全球定位系统（GPS）高速度、高精度地获得地面数据，实现选线自动化。

1. 简述平原、微丘区纸上定线步骤。
2. 简述山岭区纸上定线步骤。
3. 简述不同地形的定线步骤有何不同。
4. 简述航测相片选线的程序。

第7章 公路交叉设计

【学习目标】
(1) 了解平面交叉口的设计任务、原则,掌握平面交叉口的类型与适用范围。
(2) 了解公路交叉口的交通组织措施方式。
(3) 熟悉立体交叉口的类型与适用范围。
(4) 熟悉立体交叉的布置与选择。
(5) 熟悉匝道设计。
(6) 了解公路与其他路线交叉设计。

【技能目标】
(1) 能够进行公路交叉口的交通分析。
(2) 能够进行公路平面交叉口和立体交叉口的设计。

7.1 公路交叉口设计概述

7.1.1 公路交叉口设计的意义

公路交叉口是道路交通的咽喉,在这里各个方向的机动车、非机动车辆、行人汇集、转向、通过,所以就产生了交通冲突、相互干扰的现象,极易引发事故和造成交通的阻塞。而公路交叉口的设计目的就在于使不同方向的车流按秩序汇集和相反方向车流有序分流。

因此,科学地设计交叉口,并合理组织交通,对于提高公路通行能力、减少交通事故都具有很重要的意义。

7.1.2 公路交叉口交通分析

进入交叉口的车辆,因为行驶方向不同,可能会产生不同的交错类型。根据方向种类可将交错点分为以下三类:同一行驶方向的车辆向不同方向分离行驶的地点称为分流点;来自不同行驶方向的车辆以较小的角度,向同一方向汇合行驶的地点称为合流点;来自不同行驶方向的车辆以较大的角度相互交叉的地点称为冲突点。

以上三类交错点都存在相互尾撞、挤撞或碰撞的可能性,是影响交叉口通行顺畅和发生交通事故的主要原因。其中,以直行与直行、左转与左转以及直行与左转车辆之间所产生的冲突点,对交通的干扰和行车的安全影响最大;其次是合流点,再次是分流点。因此,在交叉口设计时,应尽量采取措施减少冲突点和合流点,尤其要减少或消灭冲突点。

无交通管制时,三路、四路和五路相交平面交叉口的交错点分布情况如图7.1所示,其数量见表 7.1。

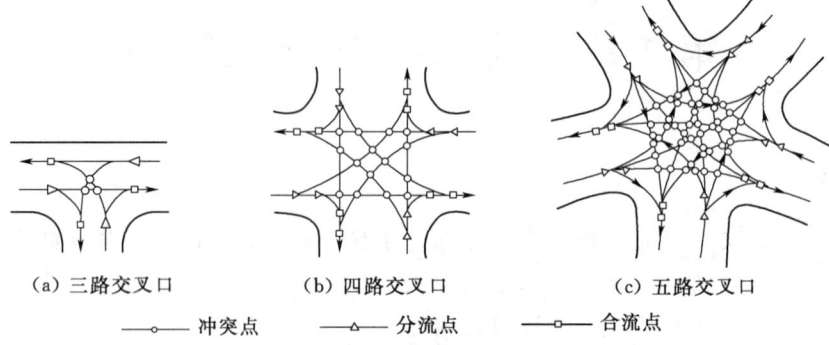

(a) 三路交叉口　　　(b) 四路交叉口　　　(c) 五路交叉口

———○——— 冲突点　　———△——— 分流点　　———□——— 合流点

图 7.1　平面交叉口交错点

表 7.1　　　　　　　　　　平面交叉口交错点数量表

交叉口类型	交错点数量/个			
	冲突点	分流点	合流点	总数
三路交叉口	3	3	3	9
四路交叉口	16	8	8	32
五路交叉口	50	15	15	80

分析上述图表可得出以下两点结论：

(1) 在无交通管制的交叉口，都存在各种交错点。其数量是随相交道路条数的增加而显著增加，其中增加最快的是冲突点。当相交道路均为双车道时，各交错点的数量可用下式计算：

$$分流点 = 合流点 = n(n-2)$$
$$冲突点 = \frac{n(n-1)(n-2)}{6} \tag{7.1}$$

式中　n——交叉口相交道路的条数。

因此，在规划和设计交叉口时，应力求减少相交道路的条数，尽量避免五条或五条以上道路相交，使交通简化。

(2) 产生冲突点最多的是左转弯车辆，如图 7.1(b) 所示，四路交叉口若没有左转车流，则冲突点可由 16 个减至 4 个，而五路交叉口则从 50 个减到 5 个。因此，在交叉口设计中如何正确地处理和组织左转弯车辆，是保证交通通畅和安全的关键所在。

根据交通特点，可采取以下做法来减少冲突点：

1) 实行交通管制。例如在交叉口设置交通信号灯，或高峰时期派交通警察指挥，使发生冲突的车流从通行时间上错开。若禁止车流左转可完全消灭冲突点。

2) 采用渠化交通。在交叉口内合理布置交通岛、交通标志和标线或增设车道等，引导各方向车流沿一定路径行驶，减少车辆之间的相互干扰。如环形平面交叉口可消灭冲突点。

3) 修建立体交叉。将相互冲突的车流从通行空间上分开，使其互不干扰。这是解决交叉口交通问题最彻底的办法。

7.1.3 公路交叉口设计任务及原则

1. 公路交叉口的设计任务

（1）研究交通类型和车流方向。

（2）根据调查交通结果正确选择交叉口形式，并合理确定各组成部分的尺寸。

（2）确定必须保证的行车视距，从而确定交叉口的视距范围。

（3）正确合理地进行交通组织。

（4）交叉口设计应满足相关技术参数。

2. 公路交叉口的原则

（1）交叉口位置选择应服务于周围公路网现状及规划要求。

（2）根据公路的功能、等级、交通量、交通管理方式、用地条件和工程造价等因素确定交叉形式。

（3）平面交叉选型应有利于减少冲突点。

（4）平面交叉几何设计应结合交通管理方式并考虑相关设施的布置。

（5）平面交叉范围内相交公路线形的技术指标应能满足视距的要求。

（6）相交公路在平面交叉范围内的路段宜采用直线；当采用曲线时，其半径宜大于不设超高的平曲线半径。

（7）平面交叉处行人穿越岔路口的设施应根据行人流量、公路等级和交通管理方式等设置人行横道、人行天桥或人行通道。

（8）平面交叉的几何设计应与标志、标线和信号设施一并考虑，统筹布设。视距不良的小型平面交叉，可根据具体情况设置反光镜。

7.2 公路与公路平面交叉

7.2.1 平面交叉口的类型与适用范围

1. 按照交叉口几何形式分类

如图 7.2 所示，按照其几何形式，平面交叉口可分为以下几类：

十字形交叉（$90°\pm15°$）、T 形交叉（$90°\pm15°$）、X 形交叉（$\theta<75°$或 $\theta>105°$）、Y 形交叉（$\theta<75°$或 $\theta>105°$）、错位交叉（两个 T 形）、多路交叉（$n\geqslant5$）。

2. 按有无信号灯管制划分

（1）无信号管制交叉口。

1）环形交叉。

2）优先交叉方式。

a. 先入为主：后进入交叉口的车辆，应让先进入交叉口的车辆通过。

b. 主路交叉优先：对于主、次相交的路口，在次要道路上设立"停"或"让"标志，警示驾驶员要伺机而行。

3）无优先交叉方式。两条道路的等级接近、且均较低时，采用无优先交叉方式，而

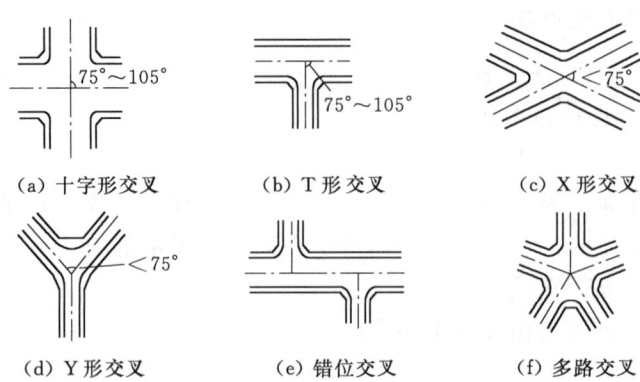

图 7.2 交叉口类型（按几何形式分）

在各个路口上均设置"停"或"让"标志，令驾驶员相互谦让而行。

（2）有信号管制交叉口：包括点、线、面三种控制类型。

1）点控制。在各个交叉口上，根据交通流量大小和交通特点，事先确定合理的信号周期和各向绿灯时间，逐步做到各相位的变化规律符合路口的流量。

2）线控制。在一条主干线上，根据流量的大小、交叉口的间距、车辆行驶的速度，定出信号灯周期、相位及时段转换。利用各路口信号之间的相位差，形成一条"绿波带"，以提高全线的通行能力。

3）面控制。把该区各个交叉口的控制系统连接起来，组成能自动适应各个方向交通量需求的交通控制网络。根据监测器测得的交通数据，自动调节信号的周期时间、相位分配及绿灯时差。

7.2.2 平面交叉口的交通组织设计

7.2.2.1 机动车交通组织

1. 交通组织原则

（1）交叉路口供分流行驶用的车道数，应根据路口流量和流向确定。

（2）交叉口交通岛的位置应按车流顺畅的流向设置。

（3）进、出口道的分隔带或交通标线应根据渠化要求进行布置，并应与路段上的分隔设施衔接协调。

2. 渠化交通

渠化交通是通过设置交通标线、标志和交通岛，引导车辆和行人各行其道的方法。

利用在路面上划分车线，设分隔岛、分隔带或交通岛等限制行车路线，使不同类型、车速和行驶方向的车辆，顺着规定的方向通过交叉口，减少车辆相互碰撞的机会，提高了行车的安全性。

交通岛有以下三种。

中心岛：是设置在平面交叉中央的圆形岛。

导流岛：是将车流引向规定的行进路线而设置的异形小岛。

安全岛：设置在路口车道中间，供行人横穿道路临时停留用。

交通岛一般是用路缘石围筑而成。缘石高度一般为 15～25cm，对于有行人通过的交通安全岛高度为 12~15cm。交通岛顶端处应做成圆弧状,半径不小于 0.5m。

3. 进口道交通组织

一般采取设置专用车道的方法,通过组织不同行驶方向的车辆在各自的车道上分道行驶,使得各个方向的车辆互不干扰。

(1) 根据行车道宽度和左、直、右行机动车辆交通量的大小,可做出多种车道的组合形式,组合有以下几种。

1) 左、直、右各设一个专用车道——适用于各方向车辆组成均匀。

2) 两条直行车道和左、右转各一条车道——适用于直行车辆多,而且左、右转车辆也有一定数量。

3) 设一条左转车道,直行和右转共用一条车道——适用于左转车多,而右转车辆少。

4) 设一条右转车道,直行和左转共用一条车道——适用于右转车多,而左转车辆少。

5) 左、右转分别与直行车合用一条车道——适用于左、右转车辆都较少。

6) 只划出快、慢车分道线,不设专用车道——适用于行车道宽度较窄的支路。

7) 快、慢车分道线也不划分——适用于行车道宽度很窄的街坊道路。

(2) 左转车辆交通的组织形式。

1) 设置专用左转车道。

a. 一般情况下,在行车道宽度内,紧靠中线处划出一条车道供左转车辆专用。

b. 当原有行车道宽度不足时,可向行车道左侧适当拓宽,设置专用的左转车道。

设置专用左转车道可以排除左转车辆对直行车辆的干扰,减少红灯时间内的排队长度,提高交叉口的通行能力。

2) 变左转为右转。

a. 利用环道组织逆时针单向交通,变左转为右转。

b. 使左转车辆环绕临近的街坊道路右转行驶,而完成左转弯。

7.2.2.2 非机动车的交通组织

在交叉口内,非机动车道通常布置在机动车道与人行道之间。

(1) 非机动车按交通规则,在机动车右侧行驶。

1) 一般不设分离设施。

2) 当车流量较大时,应用分隔带将机动车与非机动车分开。

3) 当车流量很大,机、非车流干扰严重时,可考虑采用立体非机动车交通组织。

(2) 交叉口左转非机动车流量较大,且用地条件允许时,可组织非机动车流实行两次过街。

(3) 右转非机动车多,且交叉口条件允许时,可设置专用的非机动车右转车道。

7.2.2.3 行人的交通组织

应为行人交通提供安全、方便的通行条件。

1. 交叉口转角处的人行道

转角处的人行道的宽度应大于或等于路段人行道的宽度。在人流繁多的交叉口上,宜用栏杆分隔车行道与人行道。

2. 人行横道

在交叉口进口处,用斑马线等标线规定行人横穿车道的步行范围,称人行横道。

人行横道的设置方向,原则上应垂直于道路,使行人过街的距离最短,以减少交通信号控制中对行人的配时。

(1) 停车线设在人行道后至少 1m,通常与相交道路中心线平行。停车线和人行横道的位置宜尽量靠近交叉口,以缩小交叉区域,减少车辆通过交叉口的时间。

(2) 人行横道的宽度:4~8m。

(3) 人行横道的长度一般应控制在 15m 以下;当车行道的宽度大于 15m 时,可在车行道的中央设置安全岛。

(4) 人行横道与缘石交接处应设置缘石开口坡道。

7.2.3 平面交叉口的立面设计

交叉口立面设计(也称竖向设计)的目的是通过调整交叉口范围内的行车道、人行道及附近地面等有关各点的设计标高,合理确定各相交道路之间及交叉口与周围建筑物之间共同面的形状,以符合行车舒顺、排水迅速和建筑艺术三方面的要求。

交叉口立面设计的要求和原则如下:

(1) 主要道路与次要道路相交时,主要道路的纵、横断面一般均保持不变,次要道路的纵、横坡度可作适当改变。

(2) 相同等级道路相交时,一般维持各自的纵坡不变,而改变它们的横坡度。

(3) 路口设计纵坡不宜太大,一般不大于 2%,困难时不大于 3%。

(4) 交叉口立面设计标高应与周围建筑物的地坪标高相协调,道路标高应低于建筑物的地坪标高,并为日后的路面补强留有余地。

(5) 为了保证交叉口排水流畅,设计时至少应有一条道路的纵坡方向背离交叉口。如遇特殊地形,所有道路纵坡方向都向着交叉口时,应在交叉口内合理设置排水设施,以满足排水要求。

(6) 合理布置雨水口。雨水口多设在人行横道处地面水流的上游和设计等高线的低洼处。

7.2.4 平面交叉勘测设计要点

1. 现场调查

(1) 搜集原有公路的等级、交通性质、行车密度、今后交叉口处的转向车流的分布和行车密度,以及各条道路的远景规划。

(2) 根据所搜集的资料,结合当地的地形和自然条件,依照前述的规定要求,拟定交叉口的形式。

(3) 选择交叉位置及交叉点,平面交叉口位置及交叉点的选定,应根据地形与原有公路密切配合,以使平、纵、横有较好的衔接。一般交叉点宜设在原有公路中心线的延长线上。

(4) 测量交叉角、中线及纵、横断面,其要求与一般路线测量相同。

(5) 当地形和交叉口比较复杂时,为更合理地选定交叉口的位置和形式,以及更有利于排水,应详测地形图,一般采用 1:500~1:1000 的比例尺。

2. 平面交叉口基本设计资料

(1) 平面交叉口布置图。比例尺采用 1:500~1:1000。图中应示出路中心线和路基边缘线，注明交叉点、各岔道起讫点、加桩、控制断面的位置和桩号等，并列出平曲线要素表。此外，图中还应标出各控制断面的宽度，横坡度及两侧设计标高，并注明交叉口处各坡段的纵坡等。

（2）纵、横断面图。纵断面水平比例尺采用1∶500～1∶2000，垂直比例尺用1∶50～1∶200。横断面比例尺用1∶100～1∶200。要求与一般路线设计相同。

（3）交叉口地形图（地形和交叉口比较复杂时），以及交叉口工程数量等资料。

7.3 公路与公路立体交叉

7.3.1 立体交叉的类型

1. 按结构物形式分类

立体交叉按相交道路结构物形式可分为上跨式立交和下穿式立交两类。

（1）上跨式立交。用跨线桥从相交道路上方跨过的交叉方式，如图7.3（a）所示，多用于乡村、市郊或附近有高大建筑物处。这种立交施工方便，造价低，排水容易处理，其缺点是占地大，纵坡大，引道长，高架桥影响视线和市容。

（2）下穿式立交。用地道从相交道路下方穿过的交叉方式，如图7.3（b）所示，多用于用地较紧张的市区。这种立交正线低于地表面，占地较小，构造物对视线和周围景观影响较小，其缺点是施工期较长，造价较高，排水困难，多用于市区。

(a) 上跨式立交　　　　　　　　　　(b) 下穿式立交

图7.3 立体交叉的分类

2. 按交通功能分类

立体交叉按交通功能可分为分离式立交和互通式立交两类。

（1）分离式立交。仅设一座跨线构造物，使相交道路空间分离，上、下道路无匝道连接的交叉方式。这种立体交叉结构简单，占地少，造价低，但相交道路的车辆不能转弯行驶。一般适用于主要道路与铁路、主要道路与次要道路之间的交叉。

（2）互通式立交。设跨线构造物使相交道路空间分离，且上、下道路用匝道连接，以供转弯车辆上下的道路交叉方式。采用立体交叉道路的车辆在转弯行驶时，全部或部分消除了冲突点，各方向行车干扰较小，但结构复杂，占地多，造价高。

互通式立体交叉的形式多样，各具特色，适用于不同的场合。互通式立交，随匝道布置的不同，会形成多种不同形式的立交。

3. 互通式立交的类型

互通式立交根据交叉处车流轨迹线的交错方式和几何形状的不同，又可进一步分为完全互通式、部分互通式和交织形立体交叉三种类型。

(1) 完全互通式立交。相交道路的车流轨迹线在空间上全部分离的交叉形式。它是一种比较完善的高级形式，其匝道数与转弯方向数相等，各转向都有专用匝道。其代表形式有喇叭形、苜蓿叶形、Y形、X形等众多形式。

1) 喇叭形立交：如图7.4所示，喇叭形按车辆沿环形匝道的出入方式又分为A形和B形两种。沿环形匝道驶入正线为A形，沿环形匝道驶出正线为B形。环形匝道因车辆迂回而增加行驶路程，因此，转向交通量小的匝道宜采用环形匝道。实际应用中，A形环形匝道通常采用单圆曲线，且匝道上跨正线；B形环形匝道常常采用水滴形或卵形曲线，且匝道下穿正线。一般适用于高等级公路与一般公路之间的交叉，也适用于高等级公路与高等级公路之间的交叉。喇叭形立交适用于T形交叉或收费公路的十字交叉。双喇叭互通式立体交叉如图7.4（c）所示，适用于匝道上设有收费站的一般互通式立体交叉。

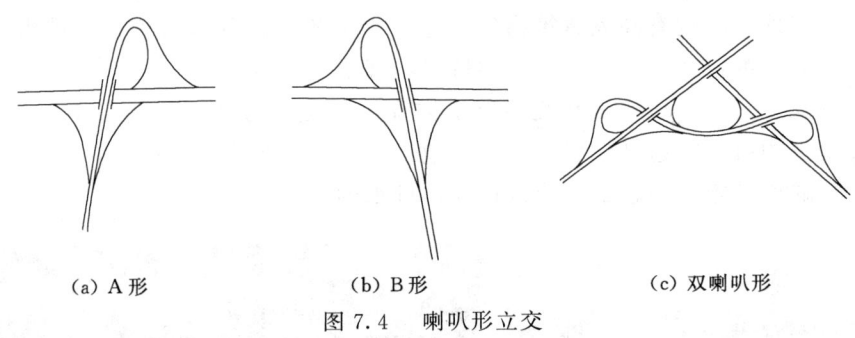

(a) A形　　　　(b) B形　　　　(c) 双喇叭形

图7.4　喇叭形立交

2) 苜蓿叶式立交，标准形和带集散车道形如图7.5所示。该立交平面形似苜蓿叶，交通运行连续而自然，无冲突点，可分期修建，仅需一座构造物。但这种立交占地面积大，环圈式匝道左转绕行距离较长，且环圈式匝道适应车速低；在桥上和桥下存在交织问题，限制了通行能力；布设时视具体情况，环圈式匝道可采用单曲线、多心复曲线、长圆形等多种形式。为消除正线上的交织问题，常在正线外侧加设集散车道。

3) 子叶式立交，如图7.6所示。是三路立交的一种，只需一座构造物，造价较低，造型美观。布设时以正线下穿为宜。但图中立交与全苜蓿叶立交一样在桥下存在进出车辆的交织问题。

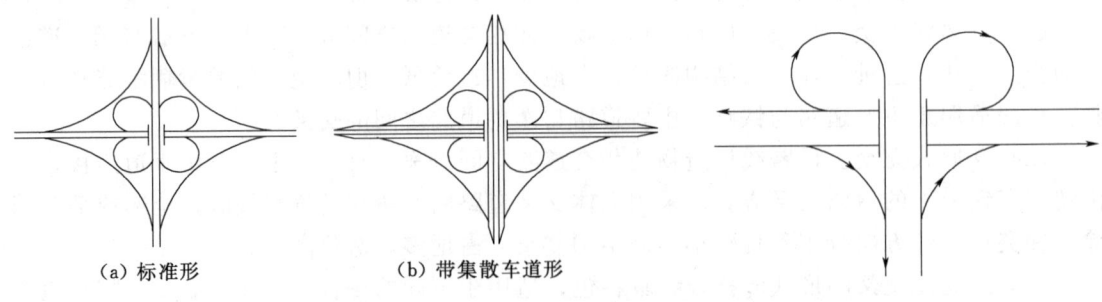

(a) 标准形　　　　(b) 带集散车道形

图7.5　苜蓿叶式立交　　　　图7.6　子叶式立交

4）Y形立交，定向Y形和半定向Y形立交如图7.7所示，右下图为三层式。

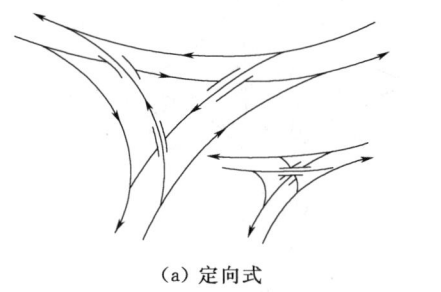 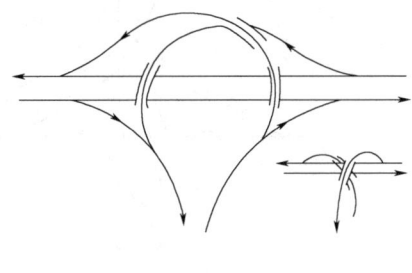

(a) 定向式　　　　　　　　　　　　(b) 半定向式

图 7.7　Y形立交

Y形立交为三路立交的一种，匝道全部采用定向或半定向形式。能为转弯车辆提供高速的定向或半定向运行；无交织，无冲突点，行车安全；方向明确；正线外侧占地宽度较小，但需要的构造物多，造价较高。

5）X形立交，又称半定向式立交，是全互通的最高级形式之一。对向左转匝道对角靠拢布置和对向左转匝道对角拉开布置方式如图7.8所示。

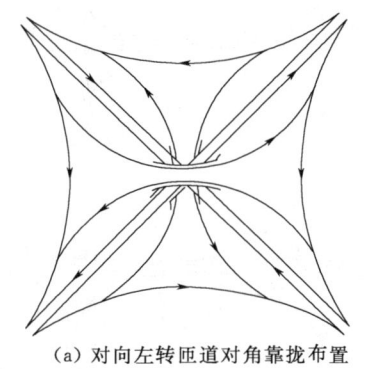 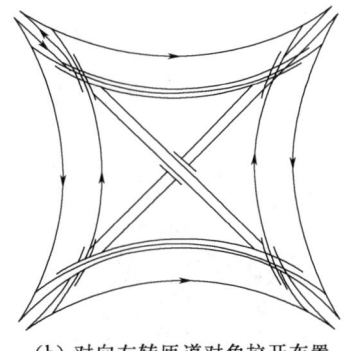

(a) 对向左转匝道对角靠拢布置　　　　(b) 对向左转匝道对角拉开布置

图 7.8　X形立交

X形立交各个方向运行都有专用匝道，自由流畅，转向明确；无冲突点，无交织，通行能力大；适应车速高。但占地面积大，层多桥长，造价高，在城区很难实现。

6）定向式立交，如图7.9所示，它是由定向左转匝道组成的一种高级的全互通式立体交叉。

定向式立体交叉行车方向明确，路径短捷；车辆高速运行，通行能力大；无冲突点，行车安全。但存在左侧分离和汇入的困难；正线双向行车道之间必须拉开足够的距离；跨线构造物数量多，层数多，占地面积大，造价高。

7）混合式立交：左转弯匝道既有环形匝道，又有半直连式匝道（图7.10）。其中，环形匝道不超过两条，而且应布置在对角象限中。它适用于一个或两个左转弯交通量较小的枢纽互通式立体交叉。

8）复合式立交：当两处互通式立体交叉相距很近而不能保证应有的立交间距时，可将它们复合成一个立交，亦即在被复合的立交的直行车道旁设置分隔的集散道，将出入口

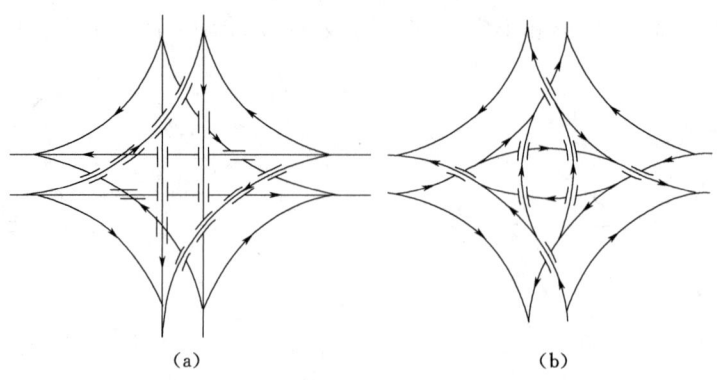

图 7.9 定向式立交

串联起来,使主线一个行驶方向上只保留一对出入口或减少某些出入口,如图 7.11(a)所示。对于出入交通量较大的复合立交(如其中一个为枢纽立交时),应采用匝道间的立体分离等措施来避免所有交织或高速公路间的主流匝道上的交织,如图 7.11(b)所示。

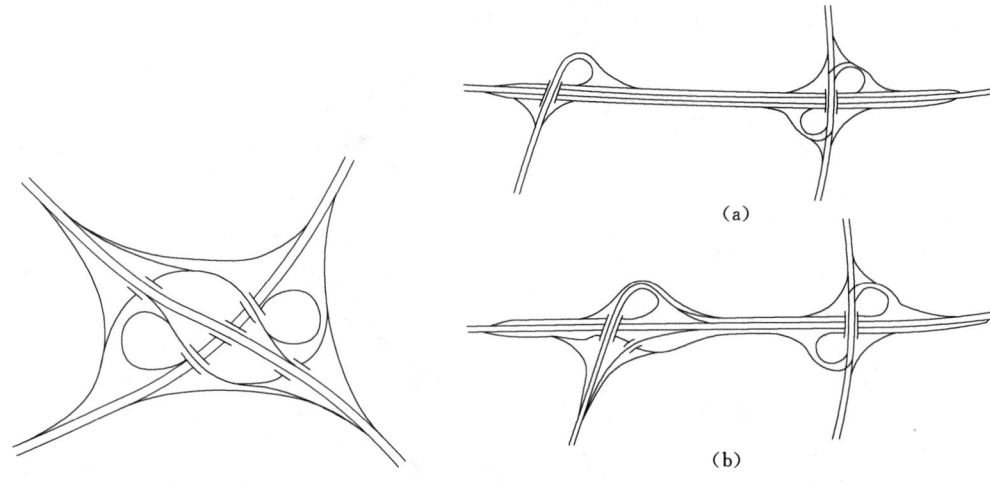

图 7.10 混合式立交　　　　　图 7.11 复合式立交

(2) 部分互通式立交。相交道路的车流轨迹线之间至少有一个平面冲突点的交叉。当个别方向的交通量很小或分期修建时,高速道路与次要道路相交或用地和地形等受限时可采用这种类型立交。部分互通式立交的代表形式有菱形立交和部分苜蓿叶式立交。

1) 菱形立交,三路立交和四路立交如图 7.12 所示。

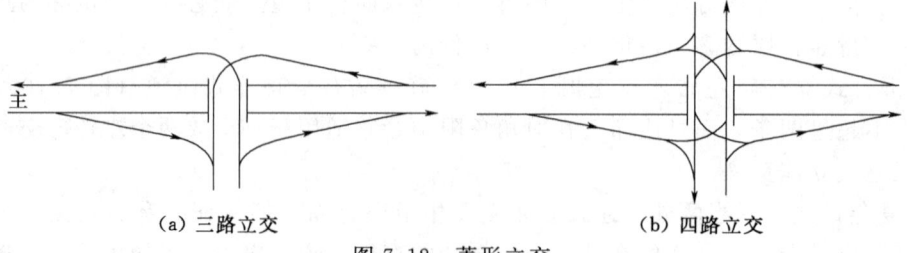

(a) 三路立交　　　　　　　　(b) 四路立交

图 7.12 菱形立交

这种形式立交能保证主线上的直行车辆快速通过；转弯车辆绕行距离较短；主线上具有高标准的单一进出口，交通标志简单；主线下穿时匝道坡度便于驶出车辆减速和驶入车辆加速；仅需建一座桥，用地与工程费用小。但次线与匝道连接处为平面交叉，影响了通行能力和行车安全。

2）部分苜蓿叶式立交。部分苜蓿叶式立交是相对于全苜蓿叶式立交而言，在部分左转弯方向不设环圈式匝道，而在次要道路上以平面交叉的方式来实现车辆左转弯的立体交叉，如图7.13所示。实际中可根据转弯交通量的大小或场地的限制，采用图示任意一种形式或其他变形形式。

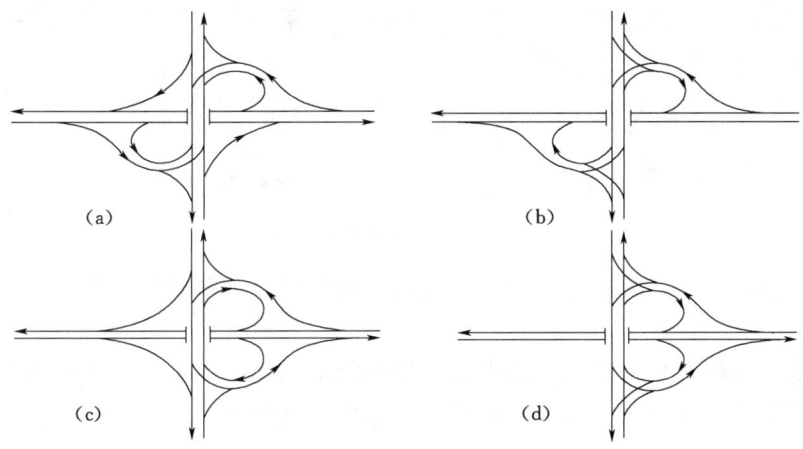

图 7.13　部分苜蓿叶式立交

这种形式立交能保证主线上的直行车辆快速通过；单一驶出方式简化了主线标志；仅需建一座桥，用地与工程费用小；远期可扩建为全苜蓿叶式立交。但次线上存在平面交叉，有停车等待和错路运行的可能，影响了通行能力和行车安全。

布设时应使转弯车辆的出入尽可能少妨碍主线的交通，最好使每一转弯运行均为右转弯进入，不得已时应优先考虑右转出口。另外，平面交叉口应布置在次线上。

3）交织形立交。交织形立交是将转弯车辆依靠交织来消除冲突点的方法。一般适用于高等级公路与一般公路之间的交叉，城市道路采用较多。

a. 三路交织形立交，如图7.14所示。

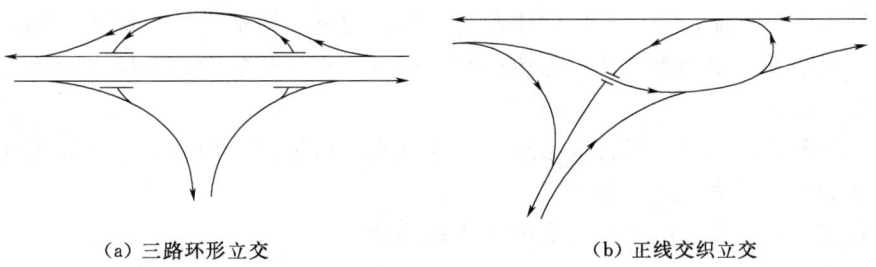

(a) 三路环形立交　　　　　　　　(b) 正线交织立交

图 7.14　三路交织形立交

交织形的立交主要优点是转弯车辆行驶方向明确，交通组织方便，不需要信号控制，结构紧凑，占地较少。缺点是左转绕行距离较长，交织运行限制了通行能力。图 7.14 (b) 正线交织会限制正线的通行能力和车速，应慎重采用。

b. 四路交织形立交，如图 7.15 所示，其中四路环形交叉较为多见。环形交叉能保证正线的直行交通，无冲突点，占地较少。但次要道路的通行能力受到环道交织能力的限制，左转弯车辆绕行距离较长。

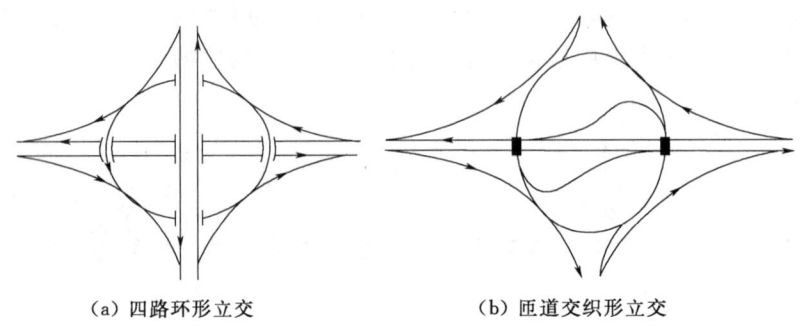

(a) 四路环形立交　　　　　　(b) 匝道交织形立交

图 7.15　四路交织形立交

五路以上的道路相交的多路立交主要是前几种类型组合形成的，但多路立交的设计更为复杂。

前面论述的几种立交类型在立交中是最基本的形式，在实际应用中，根据实际条件的差别，对这些立体交通常加以改造，而形成全新的立交形式。

7.3.2　立体交叉的布置规划

1. 立交位置选择的一般要求

立交的位置选择应满足路网规划、交通特征及技术经济条件等方面的要求，在满足交通快速、安全、畅通的前提下，结合通行能力、工程经济等其他各方面的因素来确定。

一般根据下列条件选定立交的位置：

(1) 相交道路的性质：如高速道路之间及高速道路与其他各级道路相交时，一级公路与交通繁忙的一般公路相交时，均应设置互通式立交。

(2) 相交道路的任务：通往大城市的重要政治、经济中心，重要港口、机场、车站和旅游胜地的道路，在路网中应不低于次要干道或集散路的功能，不应有较大的横向干扰。

(3) 相交道路的交通量：相交道路的通行能力应满足过境和集散交通量的要求，与主要交通源的连接应短捷，分配到路网中附近公路的交通量应适当，不应使某些道路或路段负荷过重。根据路网布局等条件而选定的相交公路，在通行能力和其他方面不能满足需要时，应进行改建设计。

(4) 地形条件：当立交所在地形适宜修建立交时可采用，如高填方路段与其他道路交叉处，较高的桥头引道与滨河路交叉等。

(5) 立交的位置布局应该与立交的间距相协调。

2. 立交的间距

立交的间距主要取决于拟建道路所在区域道路网的交通密度，确定互通式立交间距时，应考虑以下影响因素：

(1) 能均匀地分散交通：相邻立交之间应保持合适的间距，间距过大会使交通联系不便，间距过小则又影响高等级道路功能的发挥，且使建设投资增加。

(2) 能满足交织路段长度的要求：相邻立交之间应有足够的交织路段，以便在相邻立交出、入口之间设置足够的加、减速车道。

(3) 能满足交通标志和信号设置需要：相邻立交之间应保证足够的距离，在此路段内设置一系列交通标志和信号，以便连续不断地告诉驾驶员下一个立交出口的距离。高速公路上一般要有 2km 的视距确认标志距离，而城市道路中约需 300～500m 的距离。

(4) 能满足驾驶员操作顺适的要求：相邻立交之间的距离如果过近，特别是在城市道路上，因立交的平面连续变化，纵断面起伏频繁，对车辆运行和驾驶员操作均不利。

对互通式立交的标准间距，公路与城市道路不尽相同。公路上，在大城市、重要工业区周围为 5～10km，其他地区为 15～25km，最大间距不超过 30km，最小间距不应小于 4km。城市道路互通式立交的间距一般比公路上小，但最小间距按干道设计速度为 80km/h、60km/h、50km/h 和 40km/h，分别采用 1000m、900m、800m 和 700m。

3. 系列立交的统一性

当一条道路上布设一系列立体交叉，在选择立交形式的时候，要考虑到这些立交在形式与风格以及进、出口匝道上保持通用性和形式上的一致性的原则。实际上，立交形式的统一和路线的连续性是相互关联的，不统一的进出口布置方式，在接连不断的立交之间会引起主线上车辆的减速和意外的操纵运行，甚至发生事故，从而会降低主线和立交的通行能力、服务水平和安全性。立体交叉在规划设计中应主要注意以下问题：

(1) 一条道路上应避免平交和立交交错布置，尤其应避免连续多个立交中间突然出现一个平交的布置。

(2) 互通式立交的出入口都为右转驶出且放在构造物之前是比较有利的，要避免一条道路上一系列互通式立交的出口都为右转驶出，且都设置在构造物之前，却突然出现一个出口在构造物之后的形式。另外，应避免出口变成左转驶出。如图 7.16（a）所示就是不统一的出口形式。

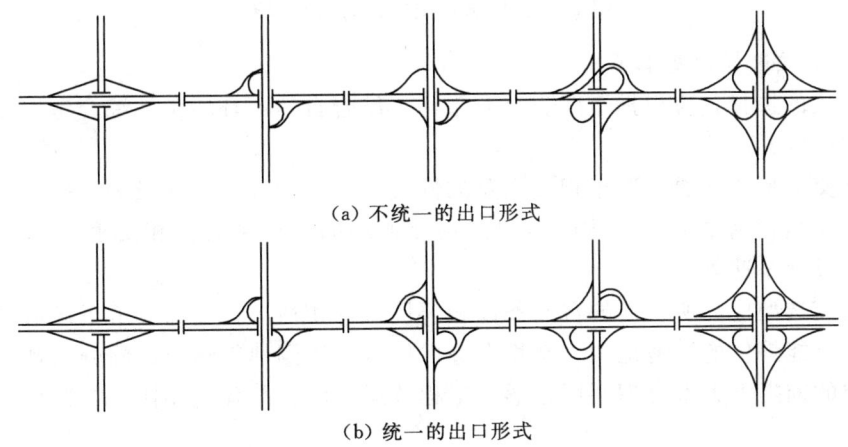

(a) 不统一的出口形式

(b) 统一的出口形式

图 7.16 连接不断的互通式立交的出口布置

（3）采用右出右进式匝道，对行车安全最为有利，要避免一连串立交都是右出右进的匝道，却突然夹杂一个从左侧驶入或驶出匝道，这种形式对行车安全极为不利。

（4）一条道路上立交的出口应相似，包括端部楔形端设计、标志的设置与标线的画法都应该相似。

总之，在实际可能的范围内，沿高速道路的所有互通式立交的几何布置和整个外观都应合理统一。图 7.16（b）所示就是对图 7.16（a）的改进，出口形式达到了统一。

7.3.3 立体交叉的形式选择与适用条件

立交形式选择的目的，是为了提供行车效率高，安全舒适，适应设计交通量和设计速度，满足车辆转弯需要，并与行车环境相协调的立交形式。立交形式的选择是否合理，不仅影响立交本身的功能，如通行能力、行车安全和工程经济等，而且对地区整体规划、地方交通能力的发挥以及市容环境等方面都有密切的关系。

1. 影响立交形式选择的因素

影响立交形式选择的因素很多，归纳起来可概括为道路、交通、环境及自然条件，具体内容如图 7.17 所示。

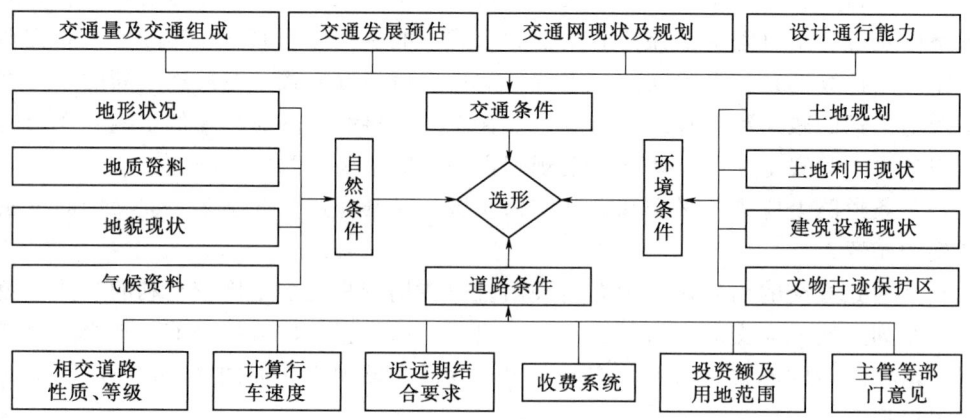

图 7.17　影响立交形式的基本因素

2. 立交形式选择的基本原则

立交形式的选择，应根据道路、交通条件，结合自然、环境条件综合考虑而定，并遵循下列基本原则：

（1）立交的形式主要取决于相交道路的性质、任务和远景交通量等，确保行车安全畅通和车流的连续，满足交通功能的需要。相交道路的性质主要指相交道路的重要性、类型、等级、设计车速等。

（2）立交选型应与所在地的自然条件和环境条件相适应，要充分考虑区域规划、地形地质条件、可能提供的用地范围、文物古迹保护区、周围建筑物及设施分布现状等。在满足交通要求的前提下力求合理利用地形、工程营运经济、与环境相协调、造型美观、结构新颖合理。

（3）选型应全面考虑近、远期结合，既要考虑近期交通要求，减少投资费用，又要考虑远期交通发展需要改建提高的可能。

(4) 选择立交的形式和总体布置要全面安排，分清主次，考虑平面线形指标和竖向高程的要求。如铁路与道路相交，常以铁路上跨为宜，可减小净空高度；高等级公路与其他道路相交，原则上高等级公路不变或少变，其他道路抬高或降低。

(5) 选择立交的形式应与定位相结合。立交的形式随所在地的自然条件和环境条件而异，通常先定位后选形，并使选形与定位结合考虑。

(6) 选择立交的形式应考虑收费制式问题，根据转弯交通量的大小确定连接线的象限及其具体位置。

3. 立交的适用条件

表 7.2 为常用互通式立交形式的选择条件（相交道路按六车道计，交通量为当量小客车数），可供参考。

表 7.2　　　　　　　　　　　互通式立交形式的选择

立交形式	设计速度/(km/h)			交叉口总通行能力/pcu	占地面积/hm²	相交道路等级及交叉口情况
	直行	左转	右转			
定向式立交	80～100	70～80	70～80	13000～15000	8.5～12.5	1. 高速公路相互交叉； 2. 高速公路与市郊快速路相交
苜蓿叶式立交	60～80	30～40	30～40	9000～13000	7.0～9.0	1. 高速公路相互交叉； 2. 高速公路与快速路、主干路相交； 3. 用地允许的市区主要交叉口
部分苜蓿叶式立交	30～80	25～35	25～35	6000～8000	3.5～5.0	1. 高速公路与快速路、主干路相交； 2. 苜蓿叶式立交的前期工程
菱形立交	30～80	25～35	25～35	5000～7000	2.5～3.5	1. 高速公路与次要公路相交； 2. 快速路与主干路相交
三、四层式环形立交	60～80	25～35	25～35	7000～10000	4.0～4.5	1. 快速路相互交叉； 2. 市区交叉口； 3. 高等级公路与次要公路相交
喇叭形立交	60～80	30～40	30～40	6000～8000	3.4～4.5	1. 高速公路与快速路相交； 2. 高等级公路相互交叉； 3. 用地允许的市区交叉口
三路环形立交	60～80	25～35	25～35	5000～7000	2.5～3.0	1. 高等级公路相互交叉； 2. 市区T形、Y形交叉口
三路子叶式立交	60～80	25～35	25～35	5000～7000	3.0～4.0	1. 高等级公路相互交叉； 2. 苜蓿叶式立交的前期工程
三路定向形立交	80～100	70～80	70～80	8000～11000	6.0～7.0	1. 高速公路相互交叉； 2. 地形适宜的双向分离式道路相交

7.3.4 匝道设计

1. 匝道分类与特性

匝道是互通式立交必不可少的组成部分。匝道设计的合理与否，直接关系到立交枢纽的功能、营运及安全等，因此，匝道的合理布置及使用合适的线形非常重要。

(1) 匝道的组成。对于一条匝道来说，无论是左转匝道还是右转匝道，一般可将匝道划分为三部分，即驶出道口部分、中间匝道路段部分和驶入道口部分，如图 7.18 所示。其中驶出道口和驶入道口又称为匝道的端部。

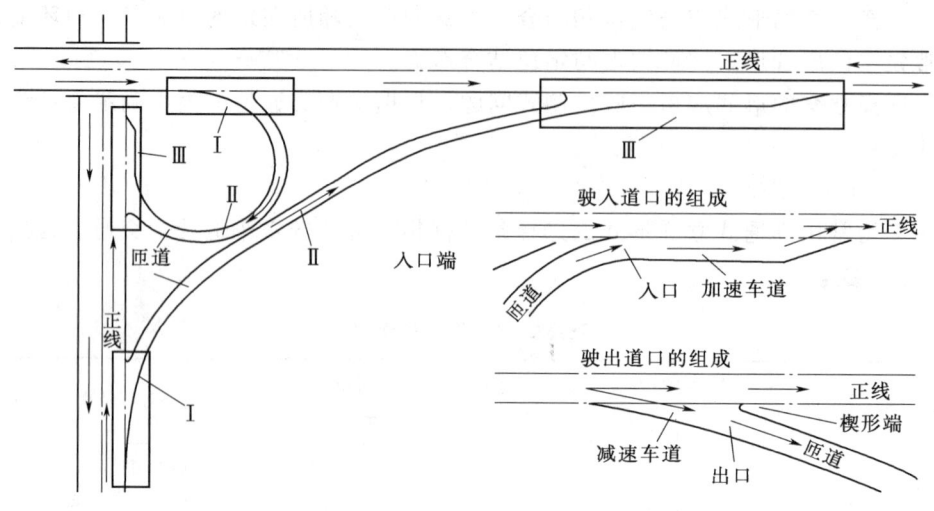

图 7.18 匝道的组成

Ⅰ—驶出道口；Ⅱ—中间匝道路段；Ⅲ—驶入道口

1) 驶出道口：驶出道口由减速车道、出口和楔形端三部分组成。当不设减速车道时，出口是指由正线驶出，进入匝道的道口；当设减速车道时，出口特指正线与匝道的分岔口。

2) 中间匝道路段：中间匝道路段为匝道的主体，其组成单一。匝道有时是用土方填筑的路堤道路，有时是路堑或高架桥形式，应视具体情况而定。

3) 驶入道口：驶入道口由入口端、入口和加速车道三部分组成。当不设加速车道时，入口是由匝道驶出，进入正线的道口；而当设加速车道时，入口特指匝道与正线的汇合口。

(2) 匝道的基本形式。按匝道的功能及其与相交道路的关系，可将匝道分为右转匝道和左转匝道两大类。

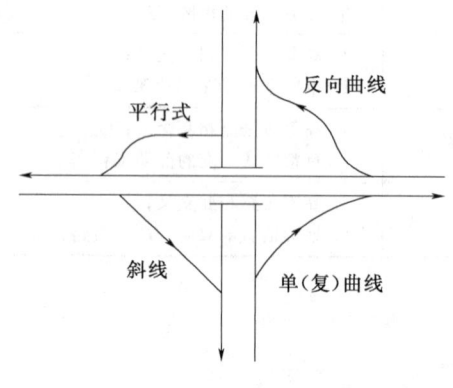

图 7.19 右转匝道示意

1) 右转匝道。车辆从正线右侧驶出后，直接右转约 90°到另一正线的右侧，一般不设跨线构造物，如图 7.19 所示。根据立体交叉的形式和用地限制条件，右转匝道可以布设为单（或复）曲线、反向曲线、平行线或斜线四种。右转匝道属右出右进的直接式匝道，其特点是形式简单，直接顺当，行车安全。

2) 左转匝道。车辆须转约 90°～270°越过对向车道到另一正线的右侧。除环圈式左转匝道外，匝道上至少需要一座跨线构造物。按匝道与正线的关系，左转匝道有直接式、半直接式和间接式三种类型。

a. 直接式（又称左出左进式）：如图 7.20 所示，左转弯车辆直接从正线行车道左侧驶出，左转约 90°，到另一正线行车道的左侧驶入。直接式左转匝道的优点是匝道长度最短，可降低营运费用；没有反向迂回运行，自然顺畅；适应车速高，通行能力较大。其缺点是跨线构造物较多，单行跨线桥二层式二座或三层式一座；正线双向行车之间须有足够间距来设置匝道以及桥墩等构造物；对重型车和慢速车左侧高速驶出困难，左侧高速驶入困难且不安全。

b. 半直接式：按车辆由正线驶入匝道的进出方式可分为三种基本形式。

左出右进式：如图 7.21 所示，左转车辆从正线行车道左侧直接驶出后左转弯，到另一正线时由行车道右侧驶入。与定向式匝道相比，右进改变了左进的缺点，但存在左出的问题，匝道略绕行；驶出道路双向车道之间需有足够的间距；对应图示的三种情况，需设置二层式单行和双向跨线桥各一座，或三层式双向一座，或二层式单向一座。

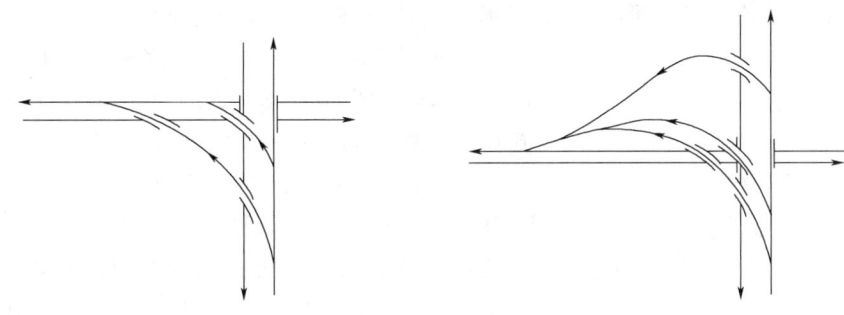

图 7.20　左出左进式　　　　　图 7.21　左出右进式

右出左进式：如图 7.22 所示，左转车辆从正线行车道右侧右转弯驶出，在匝道上左转弯，到另一正线后直接由行车道左侧驶入。改善了左出的缺点，但存在左进的问题；驶入道路双向车道之间需有足够间距，其余同上。

右出右进式：如图 7.23 所示，左转车辆从正线行车道右侧右转弯驶出并从右侧驶入另一正线，在匝道上左转改变方向。完全消除了左出、左进的缺点，行车安全，但匝道绕行最长，构造物最多。图中五种形式应视地形、地物及线形等条件而定。

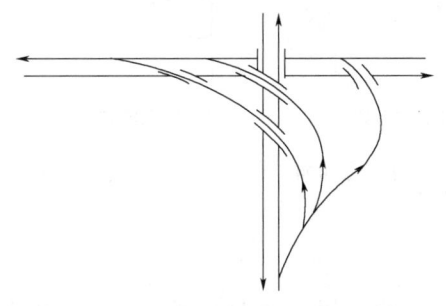 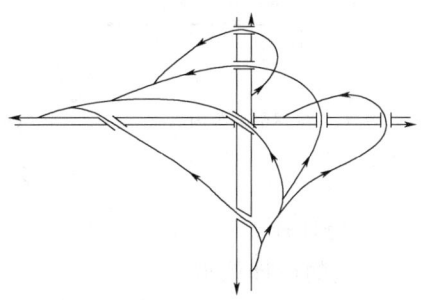

图 7.22　右出左进式　　　　　图 7.23　右出右进式

c. 间接式（又称环圈式）如图 7.24 所示，左转弯车辆驶过跨线构造物后向右回转约 270°达到左转的目的，在行车道的右侧驶入。环圈式左转匝道的特点是右出右进，行车安全，匝道上不需设跨线构造物，造价最低。匝道线形指标差，适于车速低、通行能力较小、占地面积大、左转绕行距离长的道路。

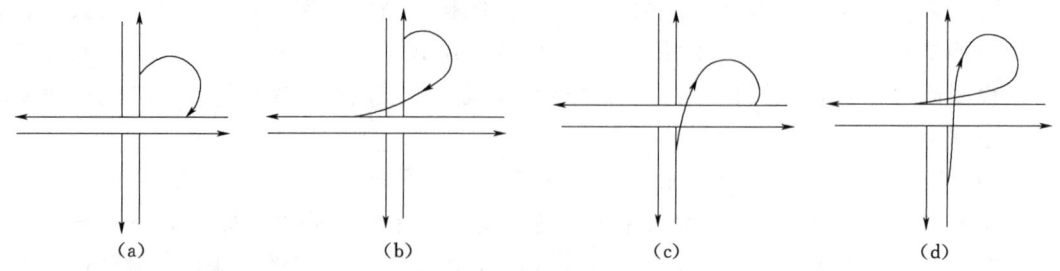

图 7.24　间接式（环圈式）左转匝道

（3）匝道的特性。上述的多种匝道中，右转匝道在不设跨线构造物的前提下是定型的，几乎都采用右出右进的形式，其线形在具体方案中根据场地条件而定。

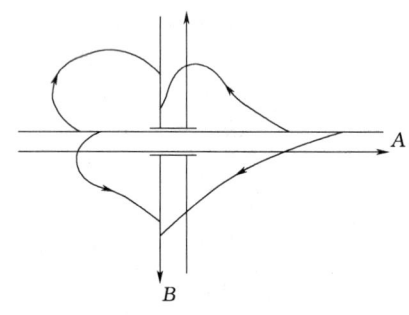

图 7.25　一个方向左转匝道布置

左转匝道的基本形式变化多端，各种匝道可以单独或组合使用形成许多不同类型的立交方案。左转匝道有一些独特的性质在设计时要善于利用。

1）任何一个方向的左转车辆，均可在所有的象限内完成左转运行。如图 7.25 所示，若 A 方向来车拟左转到 B 方向时，可在四个象限内布置左转匝道。

2）所有行驶方向的左转车辆，均可在部分象限内完成左转弯运行。如图 7.26（a）所示为一个象限内集中布置，图 7.26（b）、（c）分别在两个和三个象限内布置。

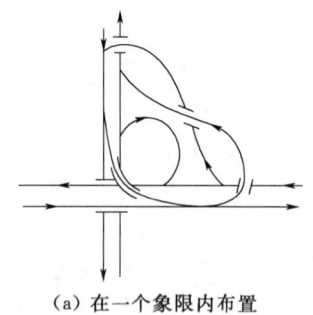
(a) 在一个象限内布置

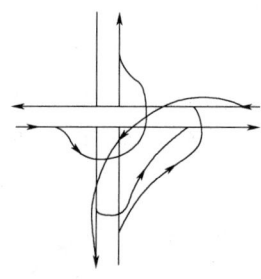
(b) 在两个象限内布置　　(c) 在三个象限内布置

图 7.26　部分象限所有左转匝道布置

2. 匝道的设计

（1）匝道的设计依据。

1）设计速度。匝道的设计速度主要是根据立交的等级、转弯交通量的大小以及用地和建设费用等条件选定。匝道的设计速度通常都较正线低，但降低不得过大，以免车辆在离开或进入正线时产生急剧的减速或加速，导致行车危险和不顺畅。期望值以接近主线平均行驶速度为宜。当受用地或其他条件限制时，匝道设计速度可适当降低。公路立交匝道的设计速度见表 7.3。

表 7.3　　　　　　　　　　　公路立交匝道的设计速度

匝道形式		直接式	半直接式	环形匝道
匝道设计速度/(km/h)	枢纽互通式立交	80、60、50	80、60、50、40	40
	一般互通式立交	60、50、40	60、50、40	40、35、30

选用匝道设计速度时应注意以下几点：

a. 满足最佳车速要求：匝道采用较主线低的车速不一定意味着会降低立交的通行能力，因为车速高时由于制动距离增加而使车头间距变大，使通行能力降低。所以，为确保行车安全和通行能力要求，并考虑占地及行驶条件，匝道设计速度宜接近最大通行能力时的车速，即最佳车速。

b. 按匝道的不同形式选用：同一座立交各条匝道的设计速度应当不同，原则上应根据匝道的形式选用。通常，右转匝道宜采用上限或中间值；定向式左转匝道宜采用上限或接近上限值；半定向式宜采用中间或接近中间值；环圈式宜采用下限值。

c. 适应出、入口行驶状态需要：驶出匝道分流端的设计速度不能小于主线设计速度的 50%～60%；驶入匝道与加速车道连接处的设计速度应保证车辆驶至加速车道末端的速度能达到主线的 70%；接近收费站或次要道路的匝道末端，设计速度可酌情降低。

d. 考虑匝道的交通组织：双向无分隔带的匝道应取同一设计速度；双向独立的匝道依交通量的不同而分别选用。

2) 设计交通量。匝道设计交通量是确定匝道类型、设计速度、车道数、几何线形、平交或立交及是否分期修建等的基本依据。设计交通量主要根据相交道路的基本交通量，结合交通资料推算出远景年的交叉口各个转向的交通量来确定。

3) 通行能力。匝道的通行能力包括匝道段的通行能力与匝道出入口的交织路段通行能力，是立交匝道设计的重要依据。

(2) 匝道的平面线形设计。互通式立体交叉匝道的平面线形设计，应根据互通式立交的重要程度、地形、用地条件以及匝道的布设形式等因素确定，保证车辆能连续、安全地运行，力求达到工程及运营经济。

1) 一般要求如下：

a. 汽车在匝道上的行驶速度是由高到低再到高逐渐变化的过程，在匝道平面线形设计中，平曲线的曲率变化也应与此变速行驶状态相适应。

b. 匝道平面线形应与其交通量相适应。转弯交通量大的匝道，通行能力较大，行车速度要求高一些，线形应采用较高的技术指标，行车路径应尽量短捷。

c. 出口匝道的平面线形指标应高于入口匝道。

d. 分、合流处应具有良好的平面线形和通视条件。

e. 匝道平面线形在满足交通条件、场地条件和技术指标的前提下，各条匝道应合理组合，尽量减少占地面积和拆迁量。

f. 当匝道上设置有收费站、停靠站、停车场和服务区等交通和服务设施时，匝道线形设计应考虑这些设施的用处和保证足够的变速至停车的行驶条件。

2) 匝道平面线形。

a. 匝道平面线形要素。匝道的平面线形要素仍然是直线、圆曲线和缓和曲线，但因匝道通常较短，难以争取到较长的直线段，故多以曲线为主。

匝道圆曲线半径的大小，在考虑立交形式、用地规模、拆迁数量和工程造价等条件下，应与设计速度、超高横坡度以及行车安全性和舒适性相适应，表 7.4 为公路立交匝道圆曲线最小半径。

表 7.4　　　　　　　　　　　匝道圆曲线最小半径

匝道设计速度/(km/h)		80	70	60	50	40	35	30
匝道圆曲线最小半径/m	一般值	280	210	150	100	60	40	30
	极限值	230	175	120	80	45	35	25

对以曲线为主的匝道来说，在匝道平面线形设计中应以回旋线作为主要的线形要素加以灵活应用。直线与圆曲线之间、圆曲线与圆曲线（同向曲线或反向曲线）之间均应以回旋线平顺连接。回旋线的参数和长度，以及相邻回旋线参数的比值应满足技术标准要求，其参数以 $A \leqslant 1.5R$ 为宜，并不小于表 7.5 所列数值。反向曲线的两个回旋线参数宜相等，不等时其比例不小于 1.5。在一般情况下应尽量采用较大的回旋线参数或较长的回旋线长度，只有在条件受限时方可采用最小值。

表 7.5　　　　　　　　　　　匝道回旋线参数

匝道设计速度/(km/h)	80	70	60	50	40	35	30
回旋线参数 A/m	140	100	70	50	35	30	20
回旋线长度/m	70	60	50	40	35	30	25

在分流鼻处，匝道平曲线的最小曲率半径应满足表 7.6 的规定。

表 7.6　　　　　　　　　分流鼻处匝道平曲线的最小曲率半径

主线设计速度/(km/h)		120	100	80
最小曲率半径/m	一般值	350	300	250
	极限值	300	250	200

b. 匝道平面线形布设。根据汽车在匝道上的行驶特性及匝道平面线形的构成，对右转匝道和直接式左转匝道，一般宜采用单曲线成多心复曲线、同向曲线、卵形曲线。城市附近立交的匝道有时采用反向曲线组成的右转匝道，以减少占地面积或拆迁工程数量。

对半直接式左转匝道，其平面线形可由反向曲线与单曲线或卵形曲线等组合而成。

对环圈式左转匝道，最简单的平面线形是采用单曲线，它设计简便，但与匝道上行车速度的变化不适应。最好采用曲率半径由大到小再到大的水滴形或卵形曲线，可满足车速变化的要求，但设计计算比较复杂。另外，为减少占地和工程造价，环圈式左转匝道常采用较小圆曲线半径。

（3）匝道的纵断面线形设计。

1）一般要求。

a. 匝道与正线连接处，纵断面线形应尽量连续，避免线形的突变。

b. 匝道尽量采用较缓的纵坡，尽量不采用最大纵坡值，以保证行车的舒适与安全。特别是加速上坡匝道和减速下坡匝道应采用较缓的纵坡，严禁采用等于或接近于最大纵坡值。

c. 匝道及端部纵坡变化处应采用较大半径的竖曲线，以保证足够的停车视距。分、合流点及其附近的竖曲线还应满足识别视距要求，以保证能看清前方的路况。

2）匝道纵断面线形。匝道纵断面线形多受其两端相连接正线的纵坡大小及坡向的限制，当匝道跨越匝道或正线时，还要受跨线处高程的控制。右转匝道纵断面线形常由一个以上竖曲线组合而成，仅纵坡较小，起伏不大，竖曲线半径较大。左转匝道一般由反向或同向竖曲线组成。反向竖曲线的上端多为凸形，下端多为凹形，中间宜插入直坡段，也可直接相连；同向竖曲线宜加大半径，连成一个竖曲线或复合竖曲线。

3）匝道纵断面设计。匝道纵断面主要问题在纵坡设置上，匝道因受上下线高程的限制，为克服高差、节省用地和减少拆迁，并考虑匝道上车速较低，故匝道的纵坡一般比正线大。各种设计速度所对应的最大纵坡见表 7.7。若机动车与非机动车混行时，考虑非机动车的行车要求，其纵坡不宜大于 3%。

表 7.7　　　　　　　　　　　匝道的最大纵坡

	匝道设计速度/(km/h)		80、70	60、50	40、35、30
最大纵坡/%	出口匝道	上坡	3	4	5
		下坡	3	3	4
	入口匝道	上坡	3	3	4
		下坡	3	4	5

设计纵坡应尽量平缓，最好只有一次起伏，避免多次变坡。出口处竖曲线半径应尽可能大一些，以便误行或其他原因要倒车时不致造成危险或引起阻塞。入口附近的纵断面线形必须有同正线一致的平行区段，以看清正线上交通情况，以便安全驶入。

（4）匝道平、纵线形组合设计。匝道平、纵线形组合设计的基本要求是使匝道立体线形平顺无扭曲，视野开阔，行车安全舒适，路容美观，并与周围环境相协调。设计的原则和要点与正线基本相同，但应注意进、出口处平、纵组合的处理。

在出口处，若是越过凸形竖曲线下坡驶向匝道时，坡顶之后的平曲线不应突然出现在驾驶员眼前，应使凸形竖曲线加长以增大视距，使驾驶员能及早发现平曲线的起点和方向，并有足够的安全运行时间。在入口处，若由匝道上坡驶入道口时，应使连接道口的匝道（一般长度至少 60m）纵断面与连接的正线基本一致，以便驾驶员能对正线前后道路状况一目了然。

（5）匝道平曲线的加宽。匝道平曲线的加宽过渡方式与正线是相同的。立体交叉单向单车道匝道圆曲线半径小于 72m，单向双车道或全向双车道匝道圆曲线半径小于 47m 时应设置加宽。

1）加宽缓和段。设置回旋线或超高缓和段时，加宽缓和段长度应采用与回旋线或超高缓和段长度相同的数值；如果不设回旋线或超高缓和段时，加宽缓和段长度应按渐变率 1∶15 且长度不小于 10m 的要求设置。

2）加宽过渡方法。从直线上的不加宽到圆曲线上规定加宽值的过渡是在加宽缓和段内完成的。加宽过渡的方法一般有两种：一是在加宽缓和段全长范围内按直线比例加宽过渡；二是在加宽缓和段全长范围内采用高次抛物线加宽过渡。

上述两种方法中，当匝道路段为桥梁、挡土墙以及其他对路容有一定要求的路段，可采用高次抛物线过渡的方法。

3）匝道加宽的位置。按照规定，圆曲线上的路面加宽处设置在曲线的内侧。对于互通式立交匝道，因其具有长度短、以曲线为主、圆曲线半径小、加宽值大、构造物多等特殊性，如果匝道加宽位置仍然在圆曲线的内侧，对连续的反向曲线或 S 形曲线，将沿着匝道加宽忽左忽右，匝道宽度变化频繁，而导致匝道桥梁上部结构布置困难，路容不美观。对相距不远的同向曲线或 C 形曲线，在用地困难的城市附近也会采用，尽管圆曲线加宽是在同侧，但也存在匝道宽度反复变化，对桥梁布置和路容美观都不利。

根据以上的分析，在对匝道桥梁布置和路容美观影响不大的情况下，尽量按规定在圆曲线的内侧加宽，在加宽缓和段内进行加宽过渡；在影响较大时，可按照一条匝道或局部区段内某一圆曲线所对应的最大加宽值，使该条匝道或该区段匝道采用此最大加宽值对应的路面宽度和路基宽段，也就是采用等宽的匝道断面，这样处理便于匝道桥梁布置，也改善了路容。

（6）匝道平曲线的超高。匝道超高过渡应平顺和缓，不产生扭曲突变。一般以正线边线不动并作为匝道超高的旋转轴，沿超高缓和段逐渐变化，直至达到圆曲线内的全超高。

1）超高缓和段。超高缓和段长度应根据匝道设计速度、匝道断面类型、旋转轴位置及规定的超高渐变率等计算确定。

2）超高缓和段的设置方式。超高缓和段设置方法应视匝道平面线形而定。有缓和曲线时，超高过渡在缓和曲线的全长或部分范围内进行；当匝道上无缓和曲线时，可将所需过渡段长度的 1/3～1/2 插入圆曲线，其余设在直线上；当两圆曲线径相连接时，可将超高缓和段的两端分别置于两圆曲线内。

3. 匝道端部设计

端部是指匝道两端分别与正线或匝道相连接的道口，它包括出、入口，变速车道及辅助车道等。两端的道口和中间部分匝道共同组成一条完整的匝道。从主要道路出入的道口都应是自由流畅式，而次要道路上的道口有时则是信号控制的平交口。端部设计的一般原则是：出入顺适、安全，线形与正线或匝道协调一致；出、入口应视认方便；正线与匝道间应能相互通视。

（1）出口与入口设计。

1）主线出、入口。一般情况下主线出、入口应设在主线行车道的外侧，出口位置应易于识别，一般设在路线构造物之前。若在其后时，应与构造物保持 150m 以上的距离为宜。为便于车辆减速，出口最好位于上坡路段。入口最好位于下坡路段，以利于重型车辆加速，并在匝道汇入正线之前保持正线100m和匝道60m的三角形区域内通视无阻，如图7.27所示。

正线与匝道分流处，为给误行车辆提供返回的余地，行车道边缘应加宽一定偏离值，加宽后正线和匝道的路面边缘用圆弧连接，并用路面标线引导行驶方向，如图7.28所示。偏离值和楔形端半径规定见表7.8。楔形端端部后的过渡长度 Z_1 和 Z_2 可按表7.9的渐变率计算。

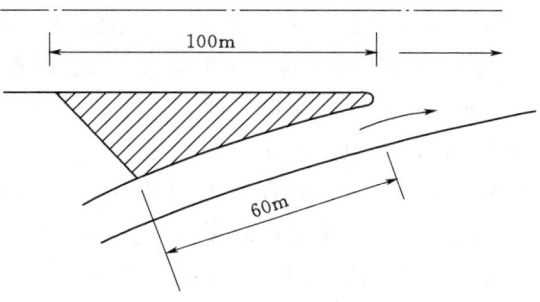

图7.27 入口处通视区域

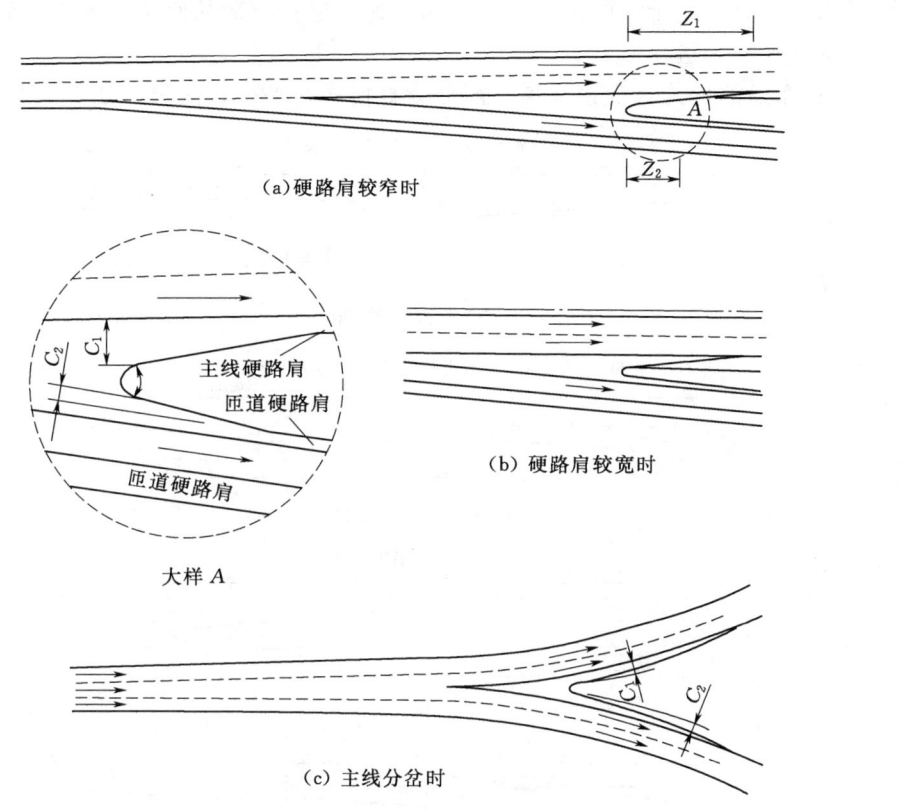

图7.28 分流鼻处的铺面偏离加宽

表7.8　　　　　　　　　分流处偏离值与端部半径

主线偏离值 C_1/m	匝道偏离值/m	端部半径 r/m
≥3.0	0.6~1.0	0.6~1.0

表7.9　　　　　　　　　分流处楔形端的渐变率

设计速度/(km/h)	120	100	80	60	40
渐变率	1/12	1/11	1/10	1/8	1/7

2) 互通式立交的平面交叉口。互通式立交在次要道路或匝道上可设置平面交叉口。这种平交口往往决定整个立体交叉的通行能力、服务水平和交通安全,设计时应予以充分重视。

在选定互通式立交形式时,应考虑所含平面交叉的必要性与合理性;设计中应将匝道布置在合适的象限内,使冲突点尽可能少。对平面交叉应根据交通量、交通组成和行驶速度等作出合理布置,并设置必要的标志、标线、分隔带、交通岛、变速车道、转弯车道等。行人与非机动车交通对平面交叉影响很大,必要时应采取专用车道、渠化或立交等措施,与机动车分离行驶。互通式立交中的平面交叉设计应符合前面章节有关要求及规定。

(2) 变速车道设计。在匝道与正线连接的路段,为适应车辆变速行驶的需要,而不致影响正线交通所设置的附加车道称为变速车道。变速车道包括减速车道和加速车道。车辆由正线驶入匝道时减速所需的附加车道称为减速车道;车辆从匝道驶入正线时加速所需的附加车道称为加速车道。

1) 变速车道的形式。变速车道一般分为直接式与平行式两种,如图 7.29 所示。

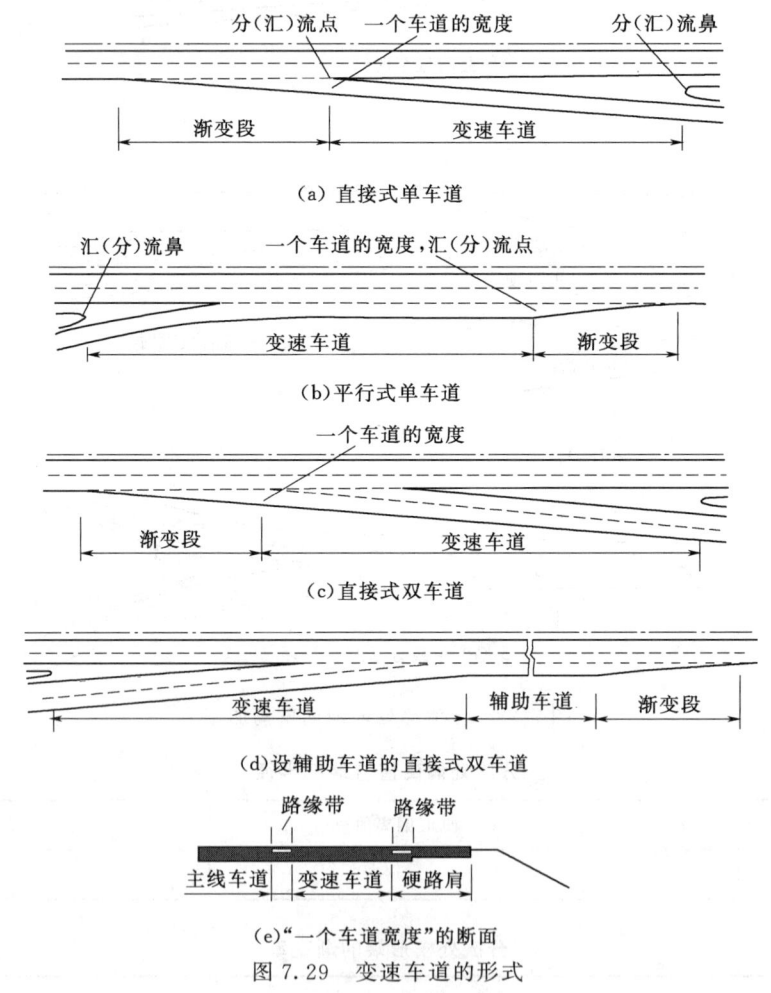

图 7.29 变速车道的形式

a. 直接式:不设平行路段,由正线斜向渐变加宽,形成一条与匝道连接的附加车道。其特点是线形平顺与行车轨迹吻合,对行车有利,但起点不易识别。减速车道原则上采用

7.3 公路与公路立体交叉

直接式。

b. 平行式：是在正线外侧平行增设的一条附加车道。其特点是车道划分明确，行车容易辨认，但车辆行驶轨迹呈反向曲线，对行车不利。加速车道原则上采用平行式，因为加速车道较长，平行式容易布置，设计简单；但当正线交通量较小而设计车速较高时，加速车道也可采用直接式。

2) 变速车道长度。变速车道长度为加速或减速车道长度与渐变段长度之和。

a. 加、减速车道长度：是指渐变段车道宽达一个车道宽的位置与分流或合流端之间的距离。其计算公式为

$$L = \frac{V_1^2 - V_2^2}{26a} \tag{7.2}$$

式中 V_1——正线平均行驶速度，km/h；

V_2——匝道平均行驶速度，km/h；

a——汽车平均加（减）速度，m/s²，加速时 $a=0.8 \sim 1.2$ m/s²，减速时 $a=2 \sim 3$ m/s²。

b. 渐变段：平行式变速车道渐变段的长度不应小于表 7.10 所列数值。直接式变速车道渐变段按外边缘渐变率控制，出口端和入口端渐变率规定见表 7.10。

表 7.10　　　　　　　变速车道长度及有关参数

变速车道类别		主线设计速度 /(km/h)	变速车道长度 /m	渐变率 /(1/m)	渐变段长度 /m	主线硬路肩或其加宽后的宽度 C_1 /m	分、汇流鼻端半径 r /m	分流鼻处匝道左侧硬路肩加宽 C_2 /m
出口	单车道	120	145	1/25	100	3.5	0.6	0.60
		100	125	1/22.5	90	3.0	0.6	0.80
		80	110	1/20	80	3.0	0.6	0.80
		60	95	1/17.5	70	3.0	0.6	0.70
	双车道	120	225	1/22.5	90	3.5	0.7	0.70
		100	190	1/20	80	3.0	0.7	0.70
		80	170	1/17.2	70	3.0	0.7	0.90
		60	140	1/15	60	3.0	0.6	0.60
入口	单车道	120	230	−1/45	90 (180)	3.5	0.6 (0.55)	—
		100	200	−1/40	80 (160)	3.0	0.6 (0.75)	—
		80	180	−1/40	70 (160)	2.5	0.6 (0.75)	—
		60	155	−1/35	60 (140)	2.5	0.6 (0.70)	—
	双车道	120	400	−1/45	180	3.5	0.63	—
		100	350	−1/40	160	3.0	0.63	—
		80	310	−1/37.5	150	2.5	0.67	—
		60	270	−1/35	140	2.5	0.50	—

（3）辅助车道。在高等级道路的全长或较长路段内，必须保持一定基本车道数。同时

在正线与匝道的分、合流处必须保持车道数的平衡，二者之间是通过辅助车道来协调的。

1) 基本车道数。是指一条道路或其某一区段内，根据交通量和通行能力的要求所必需的一定数量的车道数。基本车道数在相当长的路段内不应变动，不因通过互通式立交而改变基本车道数，目的是防止因修建立体交叉而可能形成瓶颈或导致不必要的浪费。

2) 车道平衡原则。正线的车流量必然会因分、合流的存在而发生变化，分流减少，合流增大。为适应这种车流量的变化，保证车流畅通和工程经济，在分、合流处的车道数应保持平衡，如图 7.30 所示。

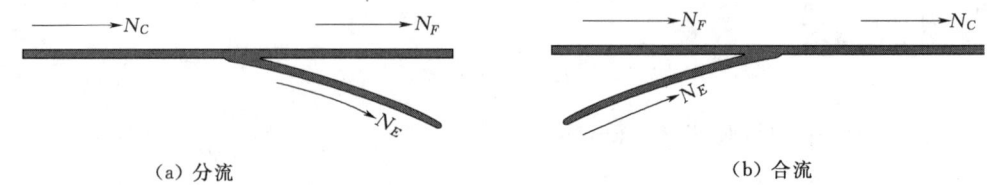

图 7.30 分、合流处车道数的平衡

7.4 公路与其他路线交叉

7.4.1 公路与铁路交叉

公路与铁路平面交叉时，交叉路线两侧应各有不小于 30m 的直线路段，并尽量正交；当必须斜交时，交叉角应大于 45°。

根据交叉道口铁路等级，平面交叉道口应设置在汽车瞭望视距不小于表 7.11 规定的地点。瞭望视距为汽车驾驶者在距道口相当于该级公路停车视距并不小于 50m 处，能看到两侧铁路上火车的范围。当受条件限制时，汽车应在距铁路轨道外侧 5m 处停车。能看到两侧各不小于表 7.11 规定的距离以外的火车，以确保安全。当不能保证上述规定的要求时，应按有关规定设置看守。

表 7.11　　　　　　　　　　汽 车 瞭 望 距 离

路段旅客列车设计行车速度/(km/h)	140	120	100	80
汽车瞭望视距/m	470	400	340	270

公路在交叉道口两端钢轨的外侧，应有不小于 16m 的水平路段，该水平路段不包括竖曲线在内。紧接水平路段的纵坡，一般不大于 3%，困难地段应不大于 5%。

交叉道口应设置易于翻修的铺砌层，如钢筋混凝土预制块等，其长度应延至钢轨以外 2m。交叉道口垂直于公路的宽度，不应小于交叉公路路基宽度。

道路与铁路交叉不存在互通问题，所以无须设置连接道，形式简单。道路与铁路交叉分为平面交叉（又称道口）和立体交叉两种。

1. 设置条件与位置选择

(1) 设置条件：一般根据道路等级与性质、道路与铁路的交通量以及道口封闭延误损失等因素确定采用平交还是立交。

高速公路、一级公路和快速路与铁路交叉时，必须设置立体交叉。其他各级道路与铁路交叉，符合下列情况之一者，应设置立体交叉。

1) 与国家干线铁路交叉时。
2) 与有大量调车作业的铁路交叉时。
3) 行驶无轨电车的道路与铁路交叉时。
4) 地形适宜而不需过多增加工程数量时。
5) 受环境、地形等限制采用平交会危及安全时。
6) 有其他特殊需要时。

（2）位置选择：交叉位置应按以下原则选定。

1) 应选在铁路轨线最少的地段。
2) 道路、铁路路线以直线为宜，并尽量正交，当必须斜交时，交叉角不应小于45°。
3) 尽量利用高路堤或深路堑作为立交。
4) 不应设在铁路站场、道岔等范围内。

2. 公路与铁路立体交叉设计要点

道路与铁路立交形式有道路上跨式或下穿式两种，应根据总体规划，并考虑瞭望条件、地下设施、地形、地质、水文、环境、施工等因素综合比较后确定。

（1）平面要求：立交范围内，平面线形及与桥头直线距离应分别符合公路与铁路设计的要求，并以直线为宜；可不考虑道路超车视距要求；道路引道范围内不得有其他平面交叉。

（2）纵断面要求：道路上跨时，其桥上和引道纵坡应符合道路有关规定。道路下穿时，纵坡不宜大于4%；当非机动车多时不得大于3%；当机、非分离行驶时，二者可在不同标高上；道路最低点要求与道口相同。

（3）横断面要求：无论道路上跨或下穿，行车道宽度都不应缩减；人行道宽度可视人流量而定，但每侧不应小于1.5m。各组成部分宽度发生变更时应在引道上设置过渡段，其外边缘渐变率为1/15~1/30。

（4）净空要求：道路上跨时，路线桥的孔径应根据地形、地质情况和桥下净空要求等确定。桥下净空高度应符合铁路建筑限界有关规定。

当道路下穿时，铁路跨线桥桥下净空的宽度应包括该道路横断面的所有组成部分。净高应符合道路有关规定，并预留路面改建高度。

（5）路基路面要求：道路的路面应铺筑次高级以上路面。下穿的道路应考虑地面水、地下水、毛细水和冰冻作用对路基强度和稳定性的影响，并采取相应措施。

（6）排水要求：立交范围内的排水设计，应对铁路的排水系统和公路的排水系统进行综合考虑，合理设置，不得妨碍既有排水系统的功能。道路下穿时排水要求与互通式立交相同。

7.4.2 公路与乡村公路交叉

乡村道路泛指位于村镇之间供机动车、非机动车及行人通行的非等级道路。乡村道路分为机动车通行道路和非机动车与行人通行道路两类，其中前一类又可分为通行汽车道路和通行农机的机耕道路两种。与乡村道路交叉的主要是公路，城市道路一般不与其交叉。

1. 交叉间距

各级公路与乡村道路交叉，其间距应对地方道路现状和规划及经济发展进行认真调查后确定。一般应根据公路等级对交叉有所控制，充分考虑沿线土地开发、群众生产和生活需要，兼顾交叉对公路通行能力、服务水平和投资的影响，确定合适的交叉间距。

高速公路、一级公路与乡村道路交叉时，其间距应根据路线总体设计而定。必要时合并相邻乡村道路，减少交叉数量。在乡村道路密集地区，当公路交通量较大时，可采取设置分隔带和辅道等必要措施，减少交叉的数量及隔离非机动车交通，提高公路的通行能力和服务水平。

2. 交叉形式

高速公路与乡村道路交叉时，必须采用分离式立交；一级公路与乡村道路交叉时，应尽量采用立交；其余各级公路与乡村道路交叉时，可采用平面交叉。

3. 立体交叉构造

（1）交叉方式：应根据地形及公路纵断面设计等情况而定。平原地区一般以乡村道路下穿（又称通道）公路为宜；丘陵和山区则应利用有利地形，合理确定上跨或下穿方式。当条件适宜时，也可利用平时无水或流量很小的桥涵作通道。

（2）横断面及净空：乡村道路横断面宽度、组成和净空应根据通行种类和实际需要确定。当乡村道路通行汽车或农机时，交叉处路基宽度应根据交通量和农机类型，而采用四级公路的单车道或双车道路基宽度。通道或跨线桥净宽为4～6m，且应考虑排水设施所需宽度。

汽车通道的净高不得小于3.2m；机耕通道不得小于2.7m。当乡村道路仅通行非机动车和行人时，通道或天桥净宽不得小于4m，通道净高不小于2.2m。无论通行何类交通，乡村道路上跨公路时，桥下净宽和净高应符合公路等级相关规定。

（3）排水与标志：交叉处排水应通畅，当以下挖方式修建通道时，应使纵断面最低处高于地下水位0.5m，并使暴雨时的积水能向低洼处或河流排泄，以免通道积水。公路与乡村道路交叉处应设置必要的交通标志。

7.4.3 公路与管线交叉

各种管线如电信线、电力线、电缆、管道、渠道等均不得侵入公路限界，也不得妨害公路交通安全，并不得损害公路的构造和设施。

随着我国工农业生产的发展，公路建设遇到管线越来越多。因此，在公路选线时应根据管线的性质、地形和地物条件，使公路和管线相隔必要的距离，以保证平时维修或发生事故时，不会相互干扰。

1. 公路与地面杆线交叉

地面上的杆线有电信线和电力线。电信线（包括电话线、电报线、广播线等）在公路上空越过时，其悬挂高度应不小于5.5m。当电信线与公路平行时，电杆和公路边缘的最小间距（水平距离）为一根线杆的长度，以保证线杆倾倒时不影响交通。电力线按电压大小，又可分为高压线（大于500V）和低压线（小于500V）两种。各种电力线与公路交叉时，必须满足技术上和安全上的要求，一般可参考表7.12的数值与要求。

表 7.12 公路与电力线交叉的要求

电压/V	最小垂直高度/m	最小水平距离/m		其他
		一级公路	二级、三级、四级公路	
<500	6.0	大于杆高	2.0	1. 与一级、二级公路交叉时的导线或避雷线在跨越档内不准有接头。 2. 配电线路与一级、二级公路交叉时，导线应采用双固定
500～10000	7.0	大于杆高	3.0	
3500～110000	7.0	大于杆高	5.0	
154000～220000	8.0	大于杆高	5.0	
330000	8.0	大于杆高	6.0	

最小水平距离是指路面边缘到线杆中心的距离。配电线路与二级、三级、四级公路平行时，如考虑公路的照明线路与配电线路同杆架设时，根据照明的需要，最小水平距离可采用 0.75m。

2. 公路与地下管线交叉

地下管线包括直埋电缆，天然气管，输油管，热力管，排水管等，这些管线的用途、性质、材料差异很大，与公路交叉时要求也不一样，因此，在进行公路测设时，应和有关单位联系，依照有关规定办理。

(1) 一般要求。公路与地下管线交叉宜采用正交，必须斜交时，交叉角不宜小于 45°，以免管道维修时，大量开挖路基。管线在路面下的埋设深度，一般不小于 0.7m，但对一些输送高压、易燃、有毒、易爆炸的管道应做特殊处理。

(2) 公路与直埋电缆交叉。直埋电缆有直埋电力电缆和直埋电信电缆两种。

公路与直埋电力电缆交叉时，电缆应用管道保护，管顶到路面的深度应不小于 1.0m，距排水沟底应不小于 0.5m。一级、二级公路与直埋电信电缆交叉时，应用管道保护，管顶到路面的深度一般为 1.0m，特殊情况下不得小于 0.8m，三级、四级公路与直埋电信电缆交叉时，一般不需管道保护，缆顶至路面的深度为 0.8m，特殊情况下不得小于 0.7m。直埋电缆与公路平行时，电缆应离开路基边缘 1.0m 以外。

(3) 公路与天然气管、输油管交叉。公路与天然气管、输油管交叉时，交角不小于 60°，路面至管顶的深度不小于 1.0m。冰冻地区管道应埋在冰冻线以下；交叉口的管道应加大管道的深度，并加设套管或其他加固防护措施。

公路与天然气管、输油管平行时，路基边缘与管道应保持不小于 20m 的距离。在管道两侧 5～10m 范围内不得取土、打桩、植树或埋置其他构造物。

一、填空题

1. 减少或消灭冲突点的方法有_____、_____、_____三种方法。
2. 机动车辆的交通组织有_____、_____、_____、_____四种方法。
3. 平面交叉口的形式按交叉口的几何形状可分为_____、_____、_____、

_____、_____等类型。

4. 立体交叉按相交道路结构物形式可分为_____、_____两类。

5. 立体交叉按交通功能可分为_____、_____两类。

二、选择题

1. 完全互通式立交的代表形式不包括（　　）。
   A. 喇叭形　　　　B. 苜蓿叶形　　　　C. Y形　　　　D. 圆形

2. 以下属于部分互通式立交的有（　　）。
   A. 菱形立交　　　B. A形　　　　　　C. B形　　　　D. 双喇叭形

3. 交织形立交的形式有（　　）。
   A. 菱形立交　　　B. A形　　　　　　C. B形　　　　D. 三路交织

三、问答题

1. 简述渠化交通的主要作用。
2. 交叉口形式选择有哪些要求？
3. 公路交叉口布置时应注意哪些问题？
4. 道路立体交叉规划设计中主要注意哪些问题？
5. 选用匝道设计速度时应注意哪些问题？

第8章 公路外业勘测

【学习目标】
(1) 了解公路初测的目的、任务及准备工作的内容。
(2) 掌握公路勘测的内容与步骤。
(3) 了解公路定测的任务、内容及准备工作的内容。
(4) 掌握定测各组的工作内容。

【技能目标】
(1) 掌握公路初测的内容与步骤,能对公路进行初测。
(2) 掌握定测的工作内容,能对公路进行定测。

8.1 概　　述

公路勘测工作是公路工程设计的基础,而公路工程设计又是施工的依据和基础,公路勘测质量的好坏对整个公路建设质量起着决定性的作用。因此在公路勘测中,必须深入全面地进行调查研究,实事求是,精心勘测,注重技术经济效益,同时考虑环境和社会的影响,为设计提供准确、完整的数据和资料,以保证设计文件的高质量,为施工奠定坚实的基础。

为确保公路工程勘测设计的质量,交通部2002年颁布了《公路工程勘察设计招标投标管理办法》,办法规定公路建设项目的勘察、设计单项合同估算价50万元人民币以上,或者建设项目总投资额在3000万元人民币以上的,必须进行勘测设计招标。

8.2 公 路 初 测

8.2.1 目的、任务及准备工作

8.2.1.1 目的和任务

初测是两阶段设计和三阶段设计中第一阶段(初步设计阶段)的外业勘测工作。

初测的目的是根据批复的《工程项目可行性研究报告》所拟定的修建原则和路线基本走向方案,通过现场对各比选方案的勘测,从中确定采用方案,并搜集编制初步设计文件所需的勘测资料。

初测的任务则是要对路线方案作进一步的核查落实,并进行导线、高程、地形、桥涵、隧道、路线交叉和其他资料的测量、调查工作,进行纸上定线和有关的内业工作。

8.2.1.2 准备工作

1. 搜集资料

为满足初测和初步设计的需要,初测前应搜集和掌握以下基本资料:

(1) 可供利用的各种比例地形图、航测图，国家及有关部门设置的三角点、导线点、水准点资料。

(2) 搜集沿线自然地理概况、工程地质、水文、气象、地震基本烈度等资料。

(3) 搜集沿线农林、水利、铁路、公路、航运、城建、电力、通信、文物、环保等有关部门与本公路有关系的规划、设计、规定及科研成果等资料。

(4) 对于改建公路还应收集原路的测设、施工、养护及路况等档案资料。

2．室内研究路线方案

根据工程可行性研究报告拟定的路线基本走向方案，在地形图上进行各可行方案的研究，经过对路线方案的初步比选，拟定出需要勘测的方案（包括比较线）及现场需要重点调查和落实的问题。

3．现场踏勘

初测前，应组织路线、地质、桥隧等主要专业人员，必要时，邀请当地政府和有关部门派人员参加现场路线方案的核实工作。核查的主要内容和要求有以下几点。

(1) 核查所搜集的地形图与沿线地形、地物有无变化，对拟定的路线方案有无干扰，并研究相应的路线调整方案。

(2) 核查沿线居民的分布、农田水利设施、主要建筑设施并研究相应的路线调整方案。

(3) 核查各种地上、地下管线、重要历史文物、名胜古迹、旅游风景区、自然保护区、景观区点等，应注意路线布设后，对环境和景观的影响。

(4) 对沿线重点工程和复杂的大桥、中桥、隧道、互通式立体交叉等，应逐一核查落实其位置与设置条件。

(5) 了解沿线主要建筑材料的产地、质量、储量和采运条件，对缺乏的筑路材料应提出解决的途径。

(6) 核查工作应与当地政府或主管部门取得联系，对重要的路线方案、同地方规划或设施有干扰的方案，应征求相关部门的意见。

4．其他资料调查

(1) 了解沿线地形情况，拟定路线方案的地形分界位置。

(2) 了解沿线涉及测量现场的地形、地貌、地物、通视、通行等情况。拟定勘测工作的困难类别。

(3) 调查沿线生活供应、交通条件等情况。

5．资料整理

通过收集资料和现场的核实调查，应提出如下资料。

(1) 根据已掌握的资料，概略说明沿线的地形、河流、工程地质、水文地质、气象等情况，指出采用路线方案的理由，提供沿线主要工程和主要建筑材料情况，提出勘测中应注意的事项，需要进一步解决的问题等。

(2) 估计野外工作的困难程度和工作量，确定初测队伍的组织及必需的仪器工具和其他装备，并编制野外工作计划和日程安排。

(3) 提出主要工程（如桥涵、隧道、立交等）的工程地质勘察工作量和要求。

8.2 公 路 初 测

8.2.2 初测的内容与步骤

初测由初测的外业测量队分组进行,主要内容、步骤及要求有以下几点。

8.2.2.1 平面控制测量

(1) 公路平面控制测量,包括路线、桥梁、隧道及其他大型建筑物的平面控制测量。平面控制网的布设应符合因地制宜、技术先进、经济合理,确保质量的原则。

(2) 路线平面控制网是公路平面控制测量的主控制网,沿线各种工点平面控制网应联系于主控制网上,主控制网宜全线贯通,统一平差。

(3) 平面控制网的建立,可采用全球定位系统(GPS)测量、三角测量、三边测量和导线测量等方法。平面控制测量的等级,采用三角测量、三边测量时依次为二等、三等、四等和一级小三角、二级小三角;当采用导线测量时依次为三等、四等和一级、二级导线。

(4) 各级公路、桥梁、隧道及其他建筑物的平面控制测量等级的确定,应符合表 8.1 的规定。

表 8.1 平面控制测量等级

等 级	公路路线控制测量	桥梁桥位控制测量	隧道洞外控制测量
二等三角	—	>5000m 特大桥	>6000m 特长隧道
三等三角、导线	—	2000~5000m 特大桥	4000~6000m 特长隧道
四等三角、导线	—	1000~2000m 特大桥	2000~4000m 特长隧道
一级小三角、导线	高速公路、一级公路	500~1000m 特大桥	1000~2000m 中长隧道
二级小三角、导线	二级及二级以下公路	<500m 大中桥	<1000m 隧道
三级导线	三级及三级以下公路	—	—

(5) 采用"现场定线法"进行初测的导线或中线,应根据地形变化钉设加桩,以供测绘地图使用。

(6) 应利用路线经过地区已有国家或其他有关部门的平面控制资料,但应进行以下工作:

1) 对原有控制点进行检测。
2) 控制测量的坐标系统与本路线的坐标系统不一致时,应进行换算。
3) 原有平面控制点不能满足公路放线要求,应按规定予以加密。

8.2.2.2 高程测量

(1) 公路高程系统,宜采用 1985 国家高程基准。同一条公路应采用同一个高程系统,不能采用同一系统时,应给定高程系统的转换关系。独立工程或三级以下公路联测有困难时,可采用假定高程。

(2) 公路高程测量采用水准测量。在进行水准测量确有困难的山岭地带以及沼泽、水网地区,四、五等水准测量可用光电测距三角高程测量。

(3) 各级公路及构造物的水准测量等级应按表 8.2 选定。

(4) 水准测量的精度应符合表 8.3 的规定。

表 8.2　　　　　　　　　公路及构造物的水准测量等级

测 量 项 目	等级	水准路线最大长度/km
4000m 以上特长隧道、2000m 以上特大桥	三等	50
高速公路、一级公路、1000～2000m 特大桥、2000～4000m 特长隧道	四等	16
二级及二级以下公路、1000m 以下桥梁、2000m 以下隧道	五等	10

表 8.3　　　　　　　　　水 准 测 量 的 精 度

等级	每公里高差中数误差/mm		往返较附合或环线闭合差/mm		检查已测测段高差之差 /mm
	偶然中误差	全中误差 M_w	平原微丘区	山岭重丘区	
三等	±3	±6	±12$\sqrt{L}$	±3.5$\sqrt{n}$或±15$\sqrt{L}$	±20$\sqrt{L_i}$
四等	±5	±10	±20$\sqrt{L}$	±6.0$\sqrt{n}$或±25$\sqrt{L}$	±30$\sqrt{L_i}$
五等	±8	±16	±30$\sqrt{L}$	±45$\sqrt{L}$	±24$\sqrt{L_i}$

注　计算往返较差时，L 为标准点间的路线长度（km）；计算附合或环线闭合差时，L 为附合或环线的路线长度（km）；n 为测站数；L_i 为检测段长度（km）。

（5）水准点的布设。水准点应沿公路布设，水准点宜设于公路中心线两侧 50～300m 范围之内。水准点间距宜为 1～1.5km；山岭重丘区可根据需要适当加密；大桥、隧道口及其他大型构造物两端，应增设水准点。

（6）应利用路线经过地区已有国家或其他部门设置水准点，但应进行下列工作：

1）对原水准点应进行逐一检测。

2）原高程系统与本路使用的高程系统不一致时，应进行换算。

（7）路线上设置的平面控制桩、中线桩和设计需要高程控制的点，如干渠、水坝、河堤、管线、铁路等都应测量其高程。

8.2.2.3　地形测量

（1）路线地形图的测绘宽度，当采用"纸上定线法"初测时，路线中线两测各测绘 200～400m；采用"现场定线法"初测时，路线中线两侧测绘宽度可减窄为 150～250m。

（2）路线地形测绘的图根点，应利用已有的平面控制点或中线控制桩作测站，当不能满足要求时，应按规定进行图根控制测量。地形测绘的技术要求，应符合《公路勘测规范》(JTG C10—2007) 的有关规定。

（3）采用"现场定线法"初测时，可采用小平板配合经纬仪或大平板仪测量；也可利用纵、横断面资料，配合仪器测量现场勾绘。

（4）应利用国家或其他有关部门所测绘的地形图，但使用时应进行现场核查，对有变化的地形地物进行补测。

（5）高速公路和一级公路采用分离式路基时，地形图测绘宽度应覆盖两条分离路线及中间带的全部地形；当两条路线相距很远或中间带为大河与高山时，中间地带的地形可不测。

8.2.2.4　路线测量

（1）各级公路应在地形测量之后，进行纸上定线；受条件限制或地形、方案较简单，也可以采用现场定线。

(2) 路线定线应符合《标准》及《公路勘测规范》(JTG C10—2007) 的规定，正确掌握和运用技术标准。定线工作应作好总体布局，根据各类地形特点，结合人工构造物的布设，进行路线平、纵、横面的协调布置，定出合理的线位。对地形、地质、水文条件复杂、工程艰巨的路段，应拟定可能的比较方案，进行反复推敲、比较，确定采用方案。

(3) 纸上定线。

1) 应将有特殊要求或控制的地点，必须避绕的建筑物或地质不良的地带，地下建筑或管线等标注于地形图上。

2) 山岭地区的越岭路线，需要进行纵坡控制的地段应在地形图上进行放坡，将放坡点标示于图上。

3) 在地形图上选定路线曲线与直线位置，定出交点，计算坐标和转角，计算平曲线要素，计算路线连续里程。

4) 沿路线中线按一定桩距从图上判读其高程，点绘纵断面图。河堤、铁路、立体交叉等需要重点控制的地段或地点，应实测高程点绘纵断面图，并据以进行纵坡设计。

5) 应根据路线中线线位，在地形图上测绘控制性横断面，并按纵坡设计的填挖高度进行横断面设计，作为中线横向检验和计算路基土石方数量的依据。

6) 依据纸上定线的线位及实地调查资料，初步确定人工构造物的位置、交角、类型与尺寸。

7) 综合检查路线线形设计及有关构造物的配合情况与合理性。线形设计可采用透视图法检验平、纵、横组合情况。

8) 纸上定线后，对高填深挖地段、大型桥梁、隧道、立体交叉以及需要特殊控制的地段，应进行实地放线、核对，并作为各专业工程勘测调查的依据。

9) 所确定的线位应总体配合恰当、工程经济合理、线形连续顺适。对需进行比较的方案，应按上述步骤方法定出线位、计算工程量，进行技术经济比较。

(4) 现场定线。

1) 现场踏勘前应在 1/50000 地形图上对路线进行总体布局，拟定主要技术措施，确定控制点、绕避点，选择路线合适通过最佳位置。

2) 越岭路线或受纵坡控制的路段，应选择好坡面与展线方式，进行放坡试线，做出分段安排。

3) 根据《公路勘测规范》(JTG C10—2007) 中各种地形的定线要点和放坡点进行布线，穿线定点钉设交点和转点。

4) 测定交角，进行中桩、水准、横断面和地形线等测量。

5) 通过内业工作，对路线进行平、纵、横面综合检查，确定线位。

8.2.2.5 其他勘测与调查

初测除上述四项测量内容外还应包括以下勘测与调查的内容：

(1) 路基、路面及排水勘测与调查。

(2) 小桥涵勘测。

(3) 大、中桥勘测。

(4) 隧道勘测。

(5) 路线交叉勘测与调查。
(6) 沿线设施勘测与调查。
(7) 环境保护勘测与调查。
(8) 沿线筑路材料调查。
(9) 渡口码头勘测与调查。
(10) 改移公路、铺道、连接线的勘测与调查。
(11) 占用地、拆迁建筑、构筑物调查。
(12) 临时工程调查。
(13) 伐树、挖根、除草的调查。
(14) 概算资料调查。
上述勘测与调查不属本书内容,故不赘述。

8.2.2.6 初测的内业工作

(1) 初测内业工作主要内容。

1) 复核、检查、整理外业资料。
2) 进行纸上定线或移线及局部方案比选。
3) 初步拟定各种构造物设计方案,并综合检查定线成果。
4) 编制勘测报告及有关图表制作与汇总。
5) 应逐日复核、检查外业中原始记录资料,如有差错、遗漏,必须及时纠正或弥补;对于向其他部门搜集的资料,应根据测设需要,检查、分析其是否齐全、可靠和适用,做到正确取用。
6) 综合检查、协调路线设计与有关专业及结构物布设的合理性,并进行现场核对。

(2) 初测应提交的成果。

1) 各种调查、勘测原始记录及检验资料。
2) 纸上定线或移线成果及方案比较资料。
3) 各种主要构造物设计方案及计算资料。
4) 路基、路面、桥梁、交叉、隧道等工程设计方案图及比较方案图。
5) 沿线设施、环境保护、筑路材料等设计方案。
6) 平纵面缩图,主要技术指标表,勘测报告及有关协议、纪要文件。

8.3 公 路 定 测

8.3.1 任务、内容及准备工作

1. 任务

公路定测即定线测量,是指施工图设计阶段的外业勘测和调查工作。其具体任务是:根据上级批准的初步设计,具体核实路线方案,现场确定路线或放线,并进行详细测量和调查工作,其目的是为施工图设计和编制工程预算提供资料。

2. 内容

(1) 对初步设计方案进行补充勘察,如有方案变化应及时与有关主管部门联系,并报

8.3 公 路 定 测

上级批准。

(2) 实地选定路线或实地放线（纸上定线时），进行测角、量距、中线测设、桩志固定等工作。

(3) 引设水准点，并进行路线水准测量。

(4) 路线横断面测量。

(5) 测绘或勾绘路线沿线的带状地形图；对有大型构造物，如大中桥桥位、隧道、大型防护工程、交叉口等工程的地段，应测绘局部大比例地形图。

(6) 进行桥、涵、隧道的勘测与水文资料的调查。

(7) 进行路基路面调查。

(8) 占地、拆迁及预算资料调查。

(9) 沿线土壤地质调查及筑路材料调查。

(10) 征询有关部门对路线方案及征地拆迁等方面的意见，并签订必要的协议。

(11) 检查及整理外业资料，并完成外业期间所规定的内业设计工作。

3. 定测队的组织

定测分为选线组、测角组、中桩组、水平组、横断面组、调查组、地形组、桥涵组、内业组共九个作业组进行。如果定线采用纸上定线方法进行，则此时可将选线和测角组合并成一个放线组。

8.3.2 定测时各组的任务与工作内容

8.3.2.1 选线组

1. 任务

选线组亦称大旗组，它是整个外业勘测的核心，其他作业组都是根据它所插定的路线位置开展测量工作的，所以选线在整个公路勘测设计中起着主导作用，是最关键的一环。

选线是公路定线的第一步，其主要任务是：实地确定中线位置。其主要工作就是进行路线察看，并进一步确定路线布局方案；清除中线附近的测设障碍物；确定路线交点及转角并钉桩，初拟曲线半径，会同桥涵组确定大、中桥桥位，会同内业组进行纵坡设计等工作。在越岭线地带，还需进行放坡定线工作。

2. 分工及工作内容

(1) 前点放坡插点。前点一般由1~2人担任（需要放坡时两人）。其主要工作是：在全面勘查的基础上，结合当地自然条件，研究路线布局，合理地运用技术标准，通过实测，选定路线方案，进一步加密小控制点，插上标旗（一般可用红白纸旗），供后面定线参考。

(2) 中点穿线定点。中点一般由2人担任。其主要工作是：根据技术标准，结合地形及其他条件，修正路线方案，用花杆穿直线的办法，反复插试，穿线定交点，并在长直线或在相邻两互不通视的交点间增设转点，最后初拟曲线半径及其有关元素。

(3) 后点钉桩。后点1人。其主要工作是钉桩插标旗；并给后面的作业组留下初拟半径及其他有关控制条件的纸条。

8.3.2.2 导线测角组

1. 任务

导线测角组紧跟选线组工作。其主要任务是：标定直线与修正点位、测角及转角计

算；测量交点间距；平曲线要素计算；导线磁方位角观测及复核；交点及转点桩固定；作分角桩；协助中桩组敷设难度大的曲线等工作。

为确保测设质量和进度，定线与导线测角应紧密配合，互相协作。作为后继作业的导线测角组，要注意领会选线意图，发现问题及时予以建议并修正补充，使之完善。

2. 分工及工作内容

导线测角组一般由 4 人组成，其中司仪 1 人，记录计算 1 人，插杆跑点 1 人，固桩 1 人。其主要工作内容如下：

(1) 标定直线及修正点位。对于相互通视的交点，如果定线无误，就不存在点位修正问题，可以直接引用，当交点相距太远，或地形起伏较大，为了便于中桩组穿杆定向，测角组应用测量仪器在其间插设若干个导向桩，供中桩组穿线使用。

(2) 测角计算。

1) 测右角。路线测角一般规定为测右角（即前进方向右侧路线的夹角）。右角按式（8.1）计算：

$$右角 = 后视读数 - 前视读数 \tag{8.1}$$

当后视读数小于前视读数时，应将后视读数加上 360°，然后再减去前视读数。

2) 计算转角。转角系指后视导线的延长线与前视导线的水平夹角，根据右角计算，如图 8.1 所示。

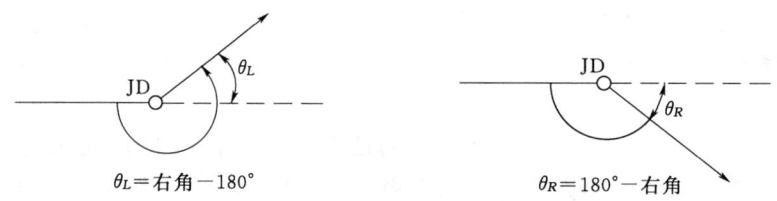

图 8.1 路线转角的计算

(3) 距离测量。距离测量通常多用红外测距仪或全站仪测定两相邻交点间的平距。当交点较远时，可利用其间转点分段测距的方法。如公路等级较低且无全站仪或红外测距仪时，可利用经纬仪进行视距测量，视距测量的方法和步骤详见《工程测量》。

(4) 作分角桩。为便于中桩组敷设平曲线中点桩（QZ），在测角的同时需做转角的分角线方向桩。分角桩方向的水平度盘读数按式（8.2）计算：

$$分角读数 = (前视读数 + 后视读数)/2 \quad (右转角)$$
$$分角读数 = (前视读数 + 后视读数)/2 + 180° \quad (左转角) \tag{8.2}$$

(5) 方位角观测与校核。观测磁方位角的目的是为了校核测角组测角的精度和展绘平面路线图时检查展线的精度。定测计算所得的磁方位角与观测磁方位角的校差不超过 2°。

磁方位角每天至少应该观测一次（一般在出工或收工时进行观测）。

假定路线起始边的磁方位角为 θ_0，则任意导线边的磁方位角

$$\theta_n = \theta_0 + \sum \Delta_R - \sum \Delta_L \tag{8.3}$$

即任意导线边的磁方位角等于起始边磁方位角加上从起始边到该边路线的所有右转角之和再减去所有的左转角之和。

(6) 交点桩、转点桩的保护和固定。在测设过程中，为避免交点桩、转点桩的丢失及方便以后施工时寻找，交点桩及转点桩在定测时必须加以固定和保护。

交点桩的保护，一般采用灌注水泥混凝土的办法进行。水泥混凝土的尺寸一般深30～40cm，直径15～20cm 或 10～20cm 见方。

固桩则是将交点桩与周围固定物（如房角、电杆、基岩、孤石等）上某一个不易破坏（损坏）的点联系起来，通过测定该点与交点桩的直线距离，将桩的位置确定下来，以便桩丢失时及时恢复该桩。

用作交点、转点桩固定的地物点应稳定可靠，各地物点与保护桩连接之间的夹角一般不宜小于90°，固定点个数一般应在两个以上，如图8.2所示。

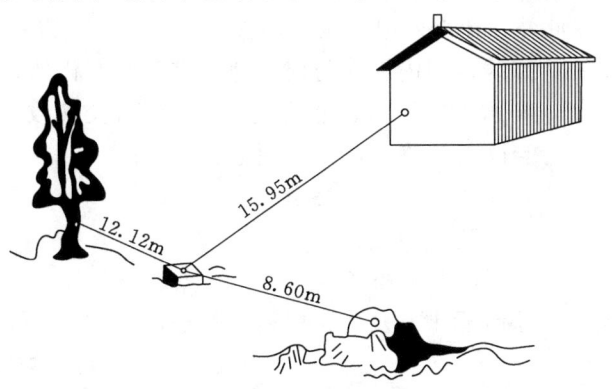

图 8.2 固桩示意

固桩完毕后，应及时画出固桩草图，草图上应绘出路线前进方向、地物名称、距离等。以备将来编制路线固定表之用。

8.3.2.3 中桩组

1. 任务

中桩组的主要任务是：根据选线组选定的交点位置、曲线半径、缓和曲线参数（或缓和曲线长度）及导线测角组所测得的路线转角。进行量距、钉桩、敷设曲线及桩号计算，并负责编制《直线、曲线及转角一览表》。

2. 分工及工作内容

(1) 分工。

中桩组作业内容较多，一般由7人组成，其中：

前点：1人，负责寻找前方交点，并插前点花杆。

拉链：2人，分别为前链手和后链手，其中后链手还负责指挥前链手进行穿线工作。

卡链：1人，负责卡定路线中桩的具体位置。

记录计算：1人，负责进行桩号及敷设数据计算。并记录中桩编号，累计链距等工作。

写桩：1人，负责中桩的具体书写工作。

背桩及打桩：1人。

(2) 工作内容。

1) 中线丈量。中线丈量是指丈量路线的里程，通常情况下把路线的起点作为零点，以后逐链累加计算。

量距应采用水平距离，量距时一般采用钢卷尺进行。公路等级较高时，最好采用光电测距仪和钢卷尺进行。

2) 中桩钉设。中桩钉设与中线丈量是同时进行的。

需要钉设的中桩包括：路线的起终点桩、公里桩、百米桩、平曲线控制（主点桩）、桥梁或隧道中轴线控制桩以及按桩距要求根据地形、地物、地质需要设置的加桩等。

直线路线上中桩的桩距一般为20m，在平坦地段桩距一般为50m。位于曲线上的中桩间距一般为：$R>50m$，桩距为20m；$20m \leqslant R \leqslant 50m$，桩距为10m；$R<20m$，桩距为5m。

此外，在下列地点应设加桩，加桩一般应设在整米上。

a. 路线范围内纵向与横向地形有显著变化处。

b. 与水渠、管道、电信线、电力线等交叉或干扰地段起、终点。

c. 与既有公路、铁路、便道交叉处。

d. 病害地段的起、终点。

e. 拆迁建筑物处。

f. 占用耕地及经济林的起、终点。

g. 小桥涵中心及大、中桥、隧道的两端。

3) 写桩与钉桩。所有中桩应写明桩号，转点及曲线主点桩还应写桩名，桩志的尺寸如图8.3所示。为了便于找桩和避免漏桩，所有中桩应按0~9的循环序号在背面编号。中桩的书写常用红油漆或红油笔。

4) 断链及处理。在丈量过程中，出现桩号与实际里程不符的现象叫断链。断链的原因较多，但主要指两种：一种是由于计算和丈量发生错误造成的；另一种则是由于局部改线、分段测量等客观原因造成的。

断链有"长链"和"短链"之分，当路线桩号长于地面实际里程时叫短链，反之则叫长链。其桩号写法举例如下：

长链：K3+110=K3+105.21　长链4.79m

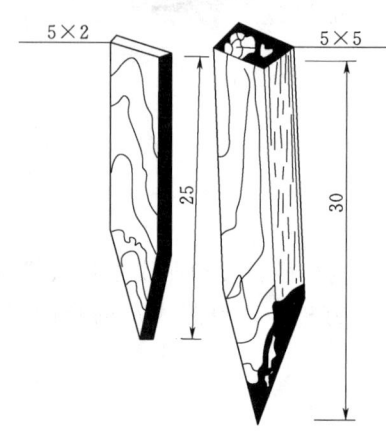

图8.3　桩志（单位：cm）

短链：K3+157=K3+207　短链50m

所有断链桩号应填在《总里程及断链桩号表》上，考虑断链桩号的影响，路线的总里程应为

$$\text{路线总里程} = \text{终点桩里程} - \text{起点桩里程} + \sum\text{长链} - \sum\text{短链} \tag{8.4}$$

8.3.2.4　水平组

1. 任务

水平组的任务是对线路中线各中桩高程进行测量，并沿线设置水准点，为路线纵断面和横断面设计和施工提供高程资料。

2. 分工及工作内容

水平组通常由6人组成，分基平和中平两个组。基平测量主要是设置临时水准点并进行水准点高程的测量，中平测量主要对各中桩进行水准测量。

(1) 水准点的设置。水准点的高程应引用国家水准点，并争取沿线联测，形成闭合导线。采用假定高程时，假定高程应尽量与实际接近，可借助于1:10000或1:50000地图进行假定。

水准点沿线布设，应有足够的数量，平原微丘区间距为 1~2km；山岭重丘间距为 0.5~1.0km。在大桥、隧道、垭口及其他大型构造物所在处应增设水准点。水准点应设在测设方便、牢固可靠的地点。设置的水准点应在记录本上绘出草图，并记录位置及所对应的路线的桩号，以便编制"水准点表"。

(2) 基平测量。基平测量一般采用一组仪器，在两水准点间往返各观测一次。也可用两组仪器各作一次单程观测进行附合。水准点距定测中线应为 50~200m，过小或过大应迁移设置。其测量精度为：高等级公路容许闭合差平原区 $\pm 20\sqrt{L}$ mm（L 的单位为 km），山岭区 $\pm 6\sqrt{n}$（n 为测站数）；低等级公路容许闭合差平原区 $\pm 30\sqrt{L}$ mm（L 的单位为 km），山岭区 $\pm 9\sqrt{n}$（n 为测站数）；其中 L 为单程水准路线长度。如实测高程在容许的闭合差范围内，则取其平均值为两水准基点的高差，否则应重测，直到闭合为止。基平测量读数应精确到 mm。

(3) 中平测量。中平测量一般采用单程法，用水准仪以相邻两水准基点为一测段，从前一水准点引测，并对测段范围所有路线中桩逐一测量其地面高程，然后附合到下一水准基点，如果与基平附合，即可计算测段内全部中桩地面高程，否则应重测。中平要求附合基平精度为高速、一级公路 $\pm 30\sqrt{L}$ mm，二级及二级以下公路 $\pm 50\sqrt{L}$ mm。中桩高程其检测限差为：高速、一级公路 ± 5cm。二级及二级以下公路检测限差为 ± 10cm。中平读数精度转点尺读至 mm，中桩尺则读至 cm。

8.3.2.5 横断面组

1. 任务

横断面组作业的主要任务是：在实地测量每个中桩在路线横向（法线方向）的地面起伏变化情况，并画出横断面的地面线。

路线横断面测量主要是为路基横断面设计、计算土石方数量及今后的施工放样提供资料。

2. 工作内容

(1) 横断面方向的确定。要进行横断面测量，必须首先确定横断面的方向。在直线路段，横断面的方向与路线垂直，而在曲线段，横断面的方向与该点处切线相垂直，即法线方向。

直线上的横断面方向，用方向架或经纬仪作垂线确定。曲线上的横断面方向，根据计算的弦偏角，用弯道求心方向架或经纬仪来确定。具体方法详见《工程测量》。

(2) 测量方法。横断面测量以中线地面点即中桩位置为直角坐标原点，分别沿断面方向向两侧施测地面各地形变化特征点间的相对平距和高差，由此点绘出横断面的地面线。

1) 常用施测方法。图 8.4 是利用花杆直接

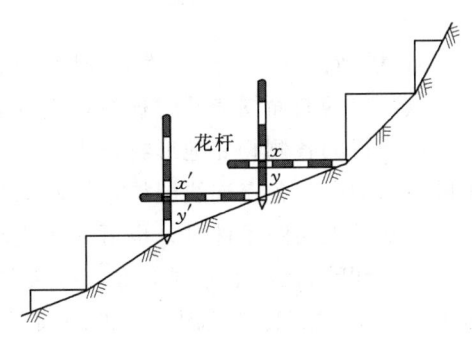

图 8.4 抬杆法

测得平距和高差,称为抬杆法。

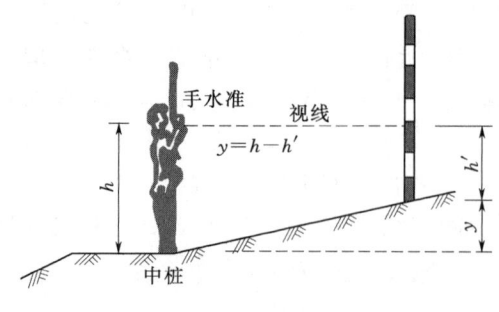

图 8.5 手水准法

此法简便、易行,所以被经常采用,它适用于横向地面变化较多较大的地段,但由于测站较多,测量和积累误差较大。

手水准法与抬杆法相同,仅在测高差时用水平花杆测量,量距仍用皮尺,如图 8.5 所示。与抬杆法相比,此法精度较高,但不如抬杆法简便,一般多适用于横坡较缓的地段。

2) 特殊断面的施测方法。在不良地质地段需作大断面图时,可用经纬仪作视距测量和三角高程测量施测断面。对于一些陡岩地段,如图 8.6 所示,在已知定点 A、B,用经纬仪或带角手水准测出 α_A、α_B 和 L,图解交会出 C 点。交会时交角不宜太小,距离 L 应有足够的长度。

对于深沟路段可用钓鱼法施测,如图 8.7 所示。

对于高等级公路,应采用经纬仪皮尺法、经纬仪视距法等方法施测。

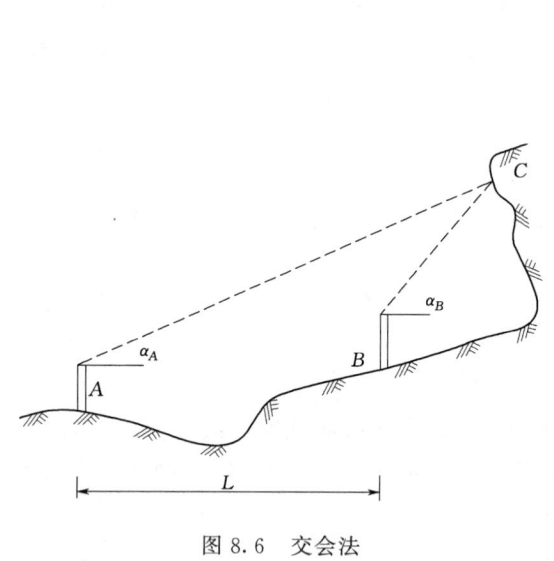

图 8.6 交会法

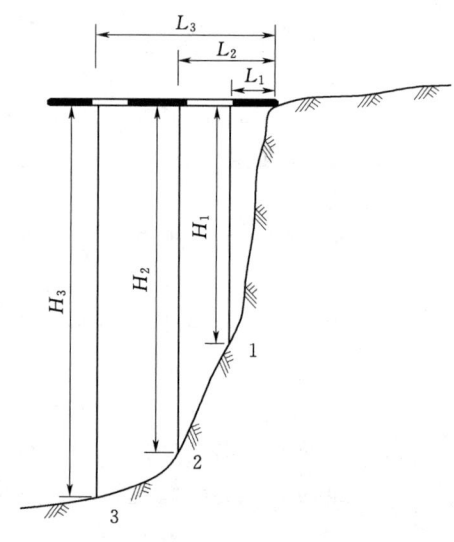

图 8.7 钓鱼法

3) 横断面图的点绘。横断面图的点绘,一般采用现场边记录边点绘的方法。其优点是:点绘出的断面图能及时核对,消除差错。点绘的方法是:以中桩点为中心,分左右两侧,按测得的各侧相邻地形特征点之间的平距与高差或倾角与斜距等逐一将各特征点点绘在横断面图上,各点连线即构成横断面地面线。

当现场无绘图条件时,也可采用现场记录、室内整理绘图的方法,其记录的方式见表 8.4。点绘断面是由下方到上方,再从左侧到右侧的原则安排断面位置。绘图的比例一般为 1:200,对有特殊情况需要的断面可采用 1:100,每个断面的地物情况应用文字在适当位置进行简要说明,如图 8.8 所示。

8.3 公 路 定 测

表 8.4　　　　　　　　　　　　横 断 面 记 录 格 式

左侧	桩号	右侧
$\dfrac{+0.2\ +0.4\ \ 0\ \ -0.7}{1.6\ \ 2.2\ \ 1.7\ \ 2.0}$	K1+240	$\dfrac{+1.0\ +0.3\ +1.3\ +1.6}{1.5\ \ 2.0\ \ 1.8\ \ 2.0}$
……	K1+260	……

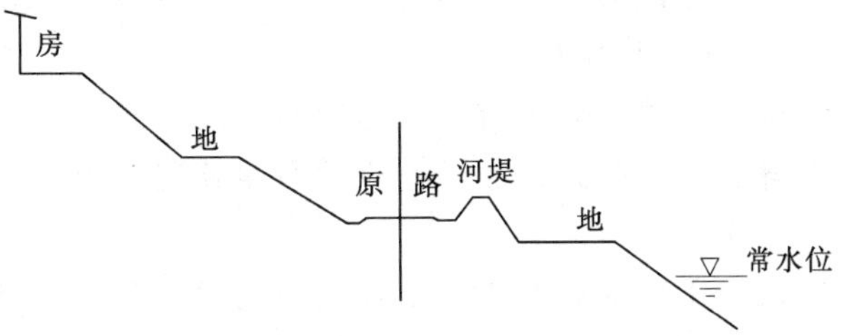

4）测量精度及测图范围。横断面的检测应用高精度方法进行，其限差规定如下：

高速公路、一级公路：

高程：$\pm\left(\dfrac{h}{100}+\dfrac{l}{200}+0.1\right)$

水平距离：$\pm\left(\dfrac{l}{100}+0.1\right)$　　　(8.5)

图 8.8　横断面

二级、三级、四级公路：

高程：$\pm\left(\dfrac{h}{50}+\dfrac{l}{100}+0.1\right)$

水平距离：$\pm\left(\dfrac{l}{50}+0.1\right)$　　　(8.6)

式中　h——检测点与路线中桩的高差，m；

　　　l——检测点到路线中桩的水平距离，m。

横断面的测量范围，应根据地形、地质、地物及设计需要确定，一般要求中线左右宽度不小于 20m。在回头曲线有干扰时，应连通施测。

8.3.2.6　地形组

平面地形图是设计文件中主要的图纸之一，地形测量的方法在《测量学》中已讲述，本节着重介绍公路地形测量的任务与要求。

1. 任务

地形组的任务就是根据设计的需要，按一定比例测绘出沿线一定宽度范围内的带状地形图（或局部范围的专用地形图），供设计和施工使用。

地形图分为路线地形图和工点地形图两种。路线地形图是以导线（或路线）为依据的带状地形图，主要供纸上定线或路线设计之用。工点地形图是利用导线（或路线）或与其取得联系的支导线，为特殊工程（如大中桥、隧道和复杂排水、防护、改河、交叉口等工程）进行测量的专用地形图。

2. 测设要求

（1）比例及范围。路线地形图常用比例尺为 1∶2000；测绘宽度两侧各为 100～200m；对于地物、地貌简单，地势平坦的地区，比例可采用 1∶5000；测绘宽度每侧不应小于 250m。

（2）等高距。规定如下：

比例 1∶500，等高距为 0.5m、1.0m；

比例 1∶1000，等高距为 1.0m；

比例 1∶2000，等高距为 1.0m、2.0m；

比例 1∶5000，等高距为 2.0m、5.0m。

8.3.2.7 调查组

1. 任务

调查组的工作主要是根据测设任务的要求，通过对公路所经地区的自然条件和技术经济条件进行调查，为公路选线和内业设计收集原始资料。

2. 分工及调查内容

调查的主要内容有：工程地质情况、筑路材料料场情况、桥涵情况、预算资料及杂项情况等。对于旧路改建，还应对原路路况进行调查。调查组可由 2～3 人组成综合调查组，也可分小组同时调查。

（1）工程地质调查。工程地质资料是公路设计的重要资料，通过调查、观测和必要的勘探、试验，进一步掌握与评价路线通过地带的工程地质和水文地质情况，为正确选定路线位置、合理进行纵坡、路基、路面、小桥涵及其构造物的设计提供充分准确的工程地质依据。

工程地质调查的主要内容有以下几点。

1）路线方面。

a. 在工程地质复杂和工程艰巨地段，会同选线人员研究路线布设及所采取的工程措施。

b. 调查沿线范围的地貌单元和地貌特征、地质构造、岩石、水文地质、植被、土壤种类、地面径流及不良地质现象情况，并分段进行工程地质评价。

c. 分段测绘代表性工程地质横断面，标明土、石分类界限，并划分土、石等级。

d. 调查气象、地震及施工、养护经验等资料。

e. 编写道路地质说明书。

2）路基方面。

a. 调查分析自然山坡或路基边坡的稳定状况，根据地质构造、岩性及风化破碎程度以及其他影响边坡稳定的因素，提出路堑边坡或防护加固措施。

b. 沿溪线应查明河流的形态、水文条件、河岸的地貌、地质特征、河岸稳定情况、受冲刷程度等，进而提出防护类型、长度及基础埋置深度等意见。

c. 路基坡面及支挡构造物调查，提出路基土壤分类和水文地带类型。

3）路面方面。

a. 收集有关气象资料，研究地貌条件，划分路段的道路气候的区，并提出土基回弹模量建议值，供路面设计时采用。

b. 调查当地常用路面结构类型和经验厚度。

4）特殊不良地质地区如黄土、盐渍土、沙漠、沼泽以及滑坡、崩塌、岩溶、泥石流等的综合性地质调查与观测，为制定防治措施提供资料。

（2）筑路材料料场调查。筑路材料质量、数量及运距，直接影响工程的质量和造价。进行筑路材料调查的任务就是根据适用、经济和就地取材的原则，对沿线料场的分布情况进行广泛调查，以探明数量、质量及开采条件，为施工提供符合要求的料场，主要有三个

方面内容:

1) 料场使用条件调查。主要对自采加工材料如块石、片石、料石、砾石、砂、黏土料源的质量和数量进行勘探,以必要的取样试验决定料场的开采价值。

2) 料场开采条件调查。主要对矿层的产状条件、水文地质条件、开采季节、工作面大小、废土堆置场地等方面展开调查。

3) 运输条件调查。

(3) 小桥涵调查。小桥涵调查的主要任务是:调查与搜集沿线小桥涵水文、地质、地形资料,配合路线总体布设,进行实地勘测,提供小桥涵及其他排水构造物的技术要求,研究决定小桥涵的位置、结构形式、孔径大小以及上下游的防护处理等。

1) 桥涵水文资料调查。水文资料调查的目的在于提供为确定设计流量和孔径所必需的资料。调查内容应采用水文计算的方法确定。方法有:形态调查法、径流形成法、直接类比法。当跨径在 1.5m 以下时,可不进行孔径计算,通过实地勘测用目估法确定孔径。

2) 小桥涵位置的选定及测量。小桥涵的位置,原则上应服从路线走向,通常情况下是由选线组根据最佳路线位置确定下来的。但是,桥涵如何布置,则由桥涵设计人员根据实地地形、地质水文条件综合考虑,然后进行桥址或涵址测量。

3) 桥涵结构类型的确定。小桥涵类型的选择,应结合路线的等级和性质,根据适用、经济和就地取材的原则,结合其他情况综合考虑,使所选定的形式具有施工快、造价低、便于行车和利于养护的优点。

4) 小桥涵地质调查。小桥涵地质调查的目的在于摸清桥涵基底工程地质及水文地质情况,为正确选定桥涵及附属构造物的基础埋深及有关尺寸、类型等提供资料。调查的内容包括:基底与土壤地质类型及特征、有无地质不良情况、土壤冰结深度及水文地质对基础和施工的影响等。

(4) 预算资料调查。施工预算是公路设计文件的重要组成部分,进行预算资料调查的目的就是要为编制施工预算提供资料。调查应按《公路工程基本建设项目概算预算编制办法》(JTG B06—2007)的有关规定进行。调查的主要内容有以下几点。

1) 施工组织形式调查。主要调查施工单位的组织形式、机械化程度和生产能力以及施工企业的等级等。当施工单位不明确时,应由建设单位提供上述可能的情况及编制原则。

2) 工资标准。包括工人基本工资标准和工资性津贴(附加工资、粮价补贴、副食补贴)、其他地区性津贴及工人工资计算办法等的调查。

3) 调拨或外购材料及交通运输调查。包括材料的出厂价格、可能发生的包装费和手续费、可能供应数量、运输方式、运距、中转情况、运输能力、运杂费(包括运费、装卸费、囤存、过渡、过磅等)、水价格、电价格等内容。

4) 征用土地和拆迁补偿费。按国务院公布的《国家建设征用土地条例》和当地政府有关补偿费用标准和办法进行补偿。

5) 施工机构迁移和主副食运费补贴调查。

6) 气温、雨量、施工季节调查。

7) 其他可能费用资料调查。

(5) 杂项调查。杂项调查主要是指占地、拆迁及有关项目的情况和数量调查，为编制设计文件的杂项表格提供资料。主要内容有以下几点。

1) 占用土地的测绘和调查。
2) 拆迁建筑物、构造物（包括水井、坟墓等）调查。
3) 拆迁管理、电力、电信设施调查。
4) 排水、防护、改河以及临时工程（便道、便桥等）的调查。

8.3.2.8 内业组

定测内业工作的复核、检查、整理外业资料和图表制作、汇总等要求，同初测内业工作要求相同。

定测内业工作随工程进程及时进行路线设计和局部方案的取舍工作，外业期间宜达到做出全部路基横断面设计，并结合沿线构造物的布设，逐段综合检查所定路线位置的技术经济合理性，同时应进行必要的现场核对。

1. 可行性研究的目的和任务是什么？
2. 可行性研究报告应包含哪些主要内容？
3. 什么是公路初测？初测的外业工作的主要任务是什么？
4. 什么是公路定测？定测的外业工作的主要任务是什么？
5. 水准点的设置有何要求？

第9章 公路现代测设技术

【学习目标】
(1) 了解公路 CAD 技术。
(2) 了解数字地面模型。
(3) 了解公路透视图。
(4) 熟悉公路勘测设计中的"3S"技术。

【技能目标】
(1) 能利用计算机 CAD 软件技术对公路进行路线几何设计和公路结构设计。
(2) 能利用计算机 CAD 软件技术对公路进行公路横断面工程量计算。

利用计算机 CAD 系统辅助设计进行路线设计,在数字地形模型支持下,借助数学方法,由计算机初定平面位置,利用计算机辅助设计,在荧光屏上通过人机对话对设计方案进行修改;通过不断地人机交互作用,进行优化设计,根据计算机选择的最优方案和地形数字模型提供的地形资料完成整个路线平面、纵断面和横断面设计,以获得切合实际的最优方案,在设计完成时可以利用绘图机输出各设计阶段所需的相应的图纸。

9.1 公路路线 CAD 技术

9.1.1 CAD 技术简介
9.1.1.1 CAD 的概念
计算机辅助设计(Computer Aided Design,CAD)是近年来工程技术领域中发展最迅速、最引人注目的高技术之一。它将计算机迅速、准确地处理信息的特点与人类的创造性思维相结合,为现代设计提供了理想手段。

9.1.1.2 CAD 系统的组成
CAD 系统由软件系统和硬件系统组成。

1. CAD 软件系统

软件系统由数据库、图形系统、科学计算三部分组成。

(1) 数据库:是一个通用性的、综合性的以及减少数据重复存储的"数据集合"。它按照信息的自然联系来构成数据,即把数据本身和实体之间的描述都存入数据库,用各种方法来对数据进行各种组合,以满足各种需要,使设计所需的数据便于提取,新的数据便于补充。它的内容包括设计原始资料、设计标准与规范数据、中间结果、最终结果等。

(2) 图形系统:包括几何构型、绘制工程设计图、绘制各种函数曲线、绘制各种数据表格、在图形显示装置上进行图形变换以及分析和模拟等。图形系统是 CAD 技术的基础。

(3) 科学计算：包括通用的数学函数和计算程序，以及在设计中所包括的常规设计和优化设计等，即CAD的应用软件包，是实现工程设计、计算、分析、绘图等具体专用功能的程序，是CAD技术应用于工程实践的保证。

2. CAD硬件系统

硬件系统由计算机、显示器、打印机及绘图机四大件组成。计算机进行数据的处理，其处理的结果由显示器进行显示，供设计者判断、修改，最后由绘图机输出所需的图形，由打印机输出数据处理的结果。

9.1.1.3 CAD技术在工程上的应用

20世纪80年代，国内高等院校和生产单位在计算机辅助公路路线方面开展研究，开发和引进了一些辅助设计系统，该系统软件由数字地面模型子系统，路线平、纵优化子系统，路线设计子系统，立体交叉口设计子系统，公路中、小桥涵设计子系统，公路工程造价分析子系统六大专业设计子系统组成。该系统覆盖了地形数据采集，建立数据地面模型，人机交互地进行路线平、纵、横设计，线形优化设计和人工构造物的设计及图表的屏幕编辑，并最终完成图纸的绘制以及工程造价分析等成套CAD技术。这些技术一经推出，便得到大力推广，取得了显著的工程效益。

9.1.2 公路CAD组成系统

9.1.2.1 公路CAD系统总体结构

公路CAD系统总体结构如图9.1所示。

9.1.2.2 数据采集

公路路线设计必须依靠大量的地面信息和地形数据。数据的采集可采用的方法如图9.2所示。

(1) 用现代化的手段航空摄影测量建立数字地面模型，该方法快速、自动化水平高，但采用专摄航片，需委托航测部门按数据采集的要求订立合同，这种专摄航片受到时间、费用等因素的限制，除非对重点工程项目，在目前条件下对一般公路建设项目工程尚难以推广。

(2) 用全站仪或红外线测距仪地面实测的方法，直接建立三维的数字地面模型。该方法在工程上普遍采用。

(3) 用传统的经纬仪、水准仪和小平板实测。

9.1.2.3 路线优化设计

要使公路计算机辅助设计系统具备经济效益和获得质量较高的设计方案，必须包含有优化技术。在进行优化设计时，应根据不同设计阶段，有不同的重点要求，建立一个从粗到细逐级优化的思路。还应注意到多种复杂因素的干扰，在优化设计过程中，可不断发挥人机交互作用，以获得切合实际的最优方案。如表9.1为公路CAD系统的人机分工。从确定路线最优方案的角度出发，进行路线最优化设计的方法可分为两类：

第一类：对于平面或纵断面各种比较方案，快速准确地完成路线设计，并计算出各方案的总费用和各项比较指标，由设计者根据自己的经验选出最佳方案。

第二类：根据路线的初始方案，利用最优化理论的数字方案方法，由计算机寻找最优

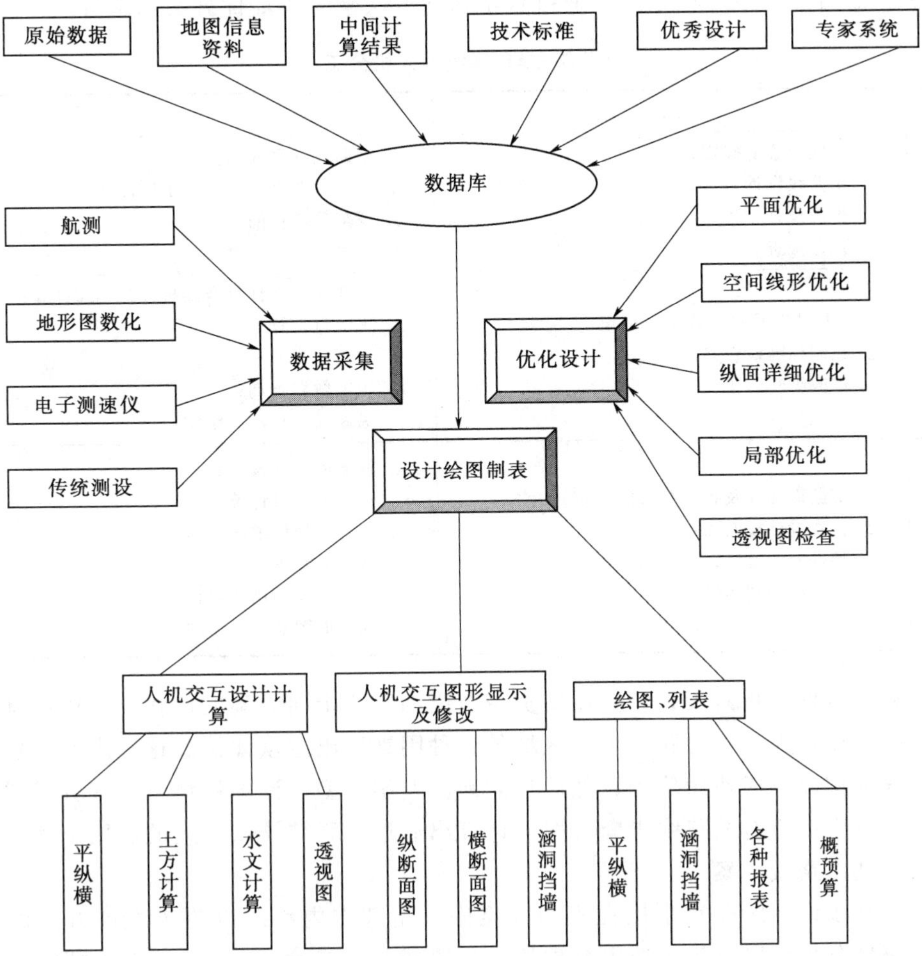

9.1 公路路线 CAD 技术

图 9.1 公路 CAD 系统总体结构

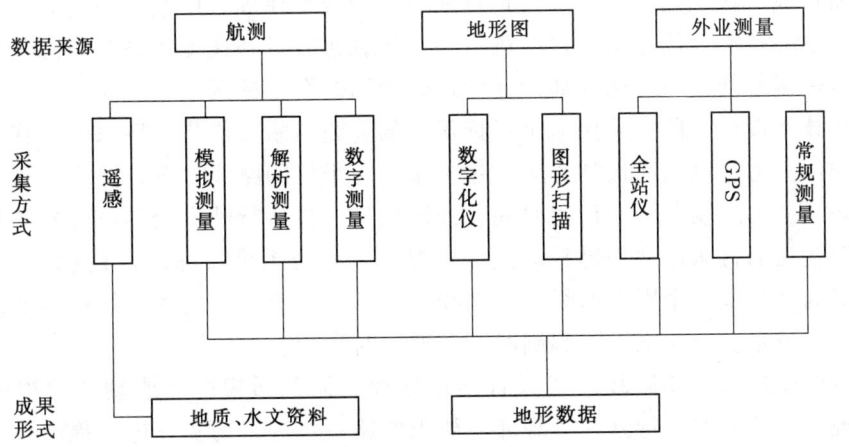

图 9.2 数据采集方法分类

设计方案。即输入一个可行方案,通过数字迭代方法来完成最优方案的求解。

表 9.1　　　　　　　　　　　公路 CAD 系统的人机分工

子系统	人	机
平面	1. 导线位置的确定; 2. 平曲线设计参数; 3. 平面设计中各细部的修改; 4. 规范检查	1. 平曲线计算或验算; 2. 桩号自动生成及逐桩坐标计算; 3. 规范数据查询; 4. 平面图显示与绘图
纵断面	1. "拉坡"及竖曲线半径确定; 2. 控制标高检查; 3. 修改纵断面图	1. 竖曲线要素计算及逐桩设计标高计算; 2. 工程量估算; 3. 控制高程验算; 4. 规范数据查询; 5. 纵断面图显示与绘图
横断面	1. 横断面形式及各部分参数确定; 2. 检查设计横断面; 3. 特殊断面设计; 4. 旧路结构利用设计	1. 横断面自动设计; 2. 土石方数量计算; 3. 防护结构标准图检索; 4. 规范数据查询; 5. 旧路结构利用数量计算; 6. 横断面图显示与绘图

(1) 在可行性分析阶段,宜采用在宽带范围内路线走向方案的优化。利用研制的计算机程序系统,设计人员可对路线可行区域的各种因素做出定量评价。这些定量评价值可以按点、按线或按面列成费用值表,然后建立地面费用模型。计算机将可行区分成联结的网络结点,自动生成所有的路线走向方案,计算出通过各联结结点方案的费用总和,采用动态规划法优选出路线方案。

(2) 在初步设计阶段宜采用在平面或空间一定范围内移线以改善设计方案的优化技术。在可行性分析阶段已经优选出合理的最佳路线带(走廊),并通过工程师的经验选定合适的转折点和曲线要素(也可在计算机上以人机对话的方式进行),然后在窄带范围内实现小距离移线(在小范围内移动转折点或改变曲线半径等)以获取最优方案,在优化平面方案时,也必须平纵优化交叉多次进行。在计算机容量和速度容许时,除采用造价或工程量作为目标函数外,尚可选择如运营费用作为第二个目标函数。

(3) 在技术设计阶段宜采用多个目标函数的公路纵断面优化程序系统。在技术设计阶段,应集中注意力把纵断面最佳方案优选出来。一个好的路线方案,除土石方量和造价较小外,还必须考虑运输经济、行程时间、线形质量(包括行驶安全和舒适)等指标,研究沿线随线形变化的行车速度和燃料消耗等,建立具备若干个目标函数的优化程序。此外,还可建立对局部路段、个别平曲线或竖曲线(包括半径改变和缓和曲线段改变)优化技术程序,以便在技术设计与施工图编制时视需要随时采用。

(4) 对已完成的公路路线技术设计运用连续绘制的透视图(或动态透视图)进行评价,如发现有不符合安全行驶和景观环境要求的路段,进行切实改进,提高设计质量。

在公路路线辅助设计的软件系统中如能按各个不同设计阶段纳入如上的优化技术内容,可以有把握地使设计方案的土石方、小桥涵、挡土墙、道路用地等工程费用降低

10%左右，并可提高公路线形质量，明显降低营运费用，使路线更加安全、舒适，景观更加优美。

9.1.2.4 计算机辅助设计、绘图和制表

现代计算机辅助设计一般均可在荧光屏上显示内容，并可通过人机对话方式对设计方案进行修改；通过不断地人机交互作用，以获得切合实际的最优方案，在设计完成时可以利用绘图机输出各设计阶段所需的相应的图纸，并由打印机输出工程量和概预算等设计资料。

公路 CAD 系统总体结构如图 9.1 所示由四个部分组成，即数据采集、优化设计、设计绘图制表三个子系统及一个数据库。系统采用模块技术，各自系统及子系统内的各个程序都成为单独的模块。在系统使用时，运用菜单技术，通过数据库，采用数据通信的方式，有机地将各模块联系起来，在此数据库起到了桥梁的作用。这种模块化了的程序系统，不仅节省了有限的计算机内存空间，而且还增添了系统的灵活性，即可以不断地把新模块增添到系统内，加强系统功能。

9.2 数字地形模型

9.2.1 数字地形模型及其应用

利用计算机进行公路设计，就要让计算机认识地形图并处理地形资料，为此必须用数字的方式来表示地形。数字地形模型（DTM）就是将地形按照某种数字模型对已知平面坐标的地形点进行高程计算，是一个表示地形特征的、空间分布的、由许许多多有规则或无规则的数字阵列，也就是将地形表面用密集的三维地形点坐标（X，Y，Z）组成。对于呈带状的公路来说，需要的是公路左右一定范围内的地形资料，它所对应的数字地形模型，则为带状数字模型。有了数字地形模型，就可以采用一种数学内插方法，把这种地形信息拟合成一个表面，以便在公路设计时根据已知点的坐标计算出它的高程来，利用航测像片形成的不同比例的数字地面模型可分别进行公路的方案比选、初步设计和技术设计。

数字地面模型不同于地形图、地形立体模型等直观地表示地形的方法，而是以抽象的数字阵列表示地貌起伏、地表形态的。虽然数字地面模型是一种不直观的、抽象的地表形态表示，人眼不能观察，但这种形态对计算机的处理很有利，计算机可以从中直接、快捷、准确地识别，进行数据处理，提供出方便的地形数据，以实现各项作业的自动化。

由于采用了数字地形模型，设计人员几乎只要根据地形图资料而不必进行极为艰苦的外业测量，或者只需要做一些必要的外业资料调查，便能既保证精度也能高效地完成各个阶段的设计工作。如果配有计算机绘图设备，同时还可绘出包括平、纵、横三方面的设计图纸，甚至公路透视图。如图 9.3 所示，说明了数字地形模型的应用。

9.2.2 地形模型的种类

1. 方格网式数字地形模型

对于这种形式的模型，只要将工程用地的一定范围划分成相等大小的方格或长方格，按一定次序读取网格点的高程即可。作为公路设计用的带状方格网数字地形模型，常可根

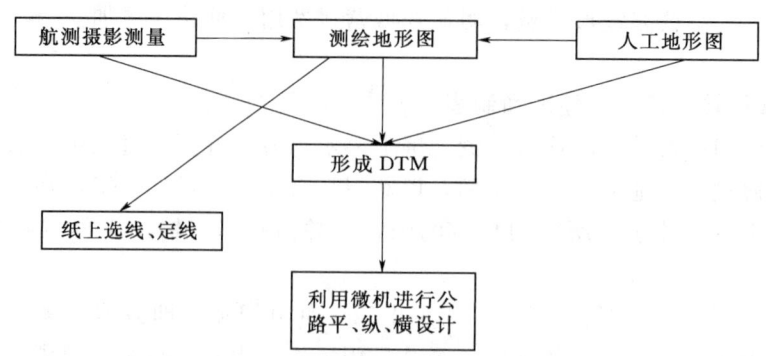

图 9.3 数字地形模型的应用

据地形类别的变化，在不同区段选用不同的方格大小，以提高它的使用精度。

这种数字地形模型的优点是只需要储存网格点的高程值而无需储存平面坐标值，内插和检索简单，节省计算机时，采集数据方便，选点不依赖经验。缺点则是地形变化大的地方精度较低，因为这时常常漏掉了地形的真正变化点。

2. 三角网式数字地形模型

这种数字地形模型由所有三角形顶点的三维坐标组成，并把每个三角形看成是由三顶点高程构成的一个平面，因而划分三角网时，应尽量使三角形的周边以内所有等高线都呈直线，而且相互平行，间距相等。

这种数字地形模型虽然要储存各三角形顶点的三维坐标，但为了达到同样的使用精度，其网点数可以远小于方格网数字地形模型所需要的网点数，因而能节省很多的计算机内存。如果是采用数字化仪等自动坐标输入装置，获取原始数据亦颇为方便，只是要求操作者应有一定的工作经验，以免取点不当，降低计算精度。此外，为了有效地查询，还应将所有三角形按一定规律编号排列起来。

9.2.3 数字地形模型数据点的获取

（1）从现有的地形图上获取是对现有的地形图进行数字化。除了可以人工读取数据外，目前最常用的是手扶跟踪式坐标读取装置图形数字化仪。

（2）利用自动记录的测距仪（或全站仪）在野外实测，获取原始数据。

（3）摄影测量方法可以利用带有自动记录设备的立体测量仪，对立体模型进行断面扫描或勾绘等高线，将坐标记录在纸带或磁带上。

9.3 公路透视图

现代公路除要能满足交通要求外，还要求行车舒适安全，线形和谐优美，与环境相互融合；乘客的视觉良好，心旷神怡，即使长途旅行也不感到疲劳和厌倦，良好的公路线形应该在行车安全和乘客舒适两方面获得最大限度的满足。透视图技术是评价公路线形质量的主要手段之一，也是当今进行招标、投标时显现设计效果的重要手段。

某一点（视点）和被视物体的各点（物点）相连的射线（视线）与画面产生一系列交

点，连接这些交点所产生的被视物体的图像即该物体的透视图。与画面垂直的视线称为视轴，视轴与画面的交点称为主点，视线与物体的交点称为物点，视线与画面的交点叫迹点。首先应计算道路各点的大地坐标，接着要确定视点、视轴及视轴坐标系，这样也就确定了透视图的基本参数，然后确定透视断面和透视物点，最后进行坐标计算转换，经过消隐等手段绘制出透视图。

透视图的运行设计是通过设计者设置有关透视参数，然后显示或输出透视图的模型，也可以直接在计算机屏幕上观看动态透视图。通过透视图的检查，对道路平面、纵断面、横断面设计进行分析，对线形存在的问题，进行修改，然后再绘出透视图进行分析研究，直至满意为止。

9.4 "3S"技术在公路勘测设计中的应用

在大规模进行高速公路建设的今天，公路勘测质量的好坏以及设计水平的高低直接影响着整个工程的质量。因为一个公路建设项目质量的好坏、投资的多少以及运营的完善与否，直接取决于勘测工作是否周全，设计方案是否合理，二者是相辅相成，互为影响的。但目前的公路勘测设计仍然没有完全摆脱传统的勘测设计模式和方法，技术含量低，特别是高科技含量不足，制约了高速公路建设的发展。如何有效地加快勘测速度，缩短设计周期，优化设计方案，提高设计质量是公路设计人员面临的重要任务。

（1）目前已提出了"数字化地球"概念，并通过"3S计划"来实现，即：①丰富的全球地理信息系统（GIS）；②精确的全球卫星定位系统（GPS）；③先进的遥感测设系统（RS）。

（2）未来的世界将是"数字化的世界"，数字化的概念将渗透到各行各业。公路行业的数字化也是最近几年才提出来的概念。它也包括三个部分。

1）公路的数字化地理信息系统。
2）公路的全球卫星定位系统。
3）公路的遥感测设系统。

9.4.1 地理信息系统

公路 GIS 是综合处理三维公路信息的一个计算机软硬件系统，它是 GIS 技术在公路领域的发展，是 GIS 与多种公路信息分析和处理技术的集成。GIS 信息系统自 20 世纪 70 年代末引入中国后，发展极为迅速，目前已深入到各个应用领域。数字化地理信息系统应该具备详细的地形数据资料，包括平面点的坐标、高程，已建道路和桥梁的位置、名称，道路沿线的民宅、工矿、企事业单位、田地、果林、鱼塘、水渠、河流、电力管线等详细的地面资料。建立一个庞大的 GIS，单靠公路部门一家是无法实现的，还需与其他单位通力合作，如测绘部门、航测部门、规划部门、地勘部门。系统完成以后，完全可以实现资源共享，具有较大的经济效益和社会效益。应用 GIS，可以方便打开某一个区域或某设计路段数字化地形图，通过鼠标在地形图上选取控制点，控制点的属性也同时显示（包括点的坐标、高程），控制点连线后，路线的走向就基本确定，输入一些平曲线要素，一条路线方案很快就被选定。如果对所选路线方案不满意，可随时用鼠标修改，同时地形图比例也可以根据需要随时调节。在路线方案选定的同时，可以从地理信息系统数据库中获取其他相关信息资料，如最佳路径、最短出行时间、交通流量、道路沿线地区人口数量、经济状况、建材分布与储量、运输条件、土壤、地质和植被情况等。同时设计人员对于同一起终点的路线，可以选取不同的路线方案进行分析、对比、筛选直至获得最佳满意方案为止。

GIS 在道路前期规划中发挥了巨大作用。占地拆迁作为前期规划工作中的一项重要工作，它的估算准确与否直接影响到工程总造价的高低和经济评价的好坏。在 GIS 电子地图上准确定出占地线宽度，自动算出占地面积，算出占地线范围内的鱼塘、田地、果树、电线杆、水井和电力管线等分项拆迁工程量，减轻了前期规划人员外业工作强度，提高了工作效率。且可以随时到现场进行碎部测量并采集数据，以补充更新原有的 GIS 数据库。GIS 系统因其强大的地理信息空间分析能力，不但可以实现公路路径的优化，在公路勘测工作上也发挥了重大作用。目前，美国、英国、瑞典等国家已经把 GIS 技术引入到施工图设计阶段，开发和推出了不少软件，如 INROADS 和 MOSS、CARD/1。

9.4.2　全球卫星定位系统

全球卫星定位系统（GPS）作为新一代的卫星导航和定位系统，不仅具有全球性、全天候、连续性、实时性的精密三维导航与定位能力，而且具有良好的抗干扰性和保密性。相对于经典测量学说，GPS 定位技术具有观测点之间无需通视、定位精度高、观测时间短、提供三维坐标、操作简便以及全天候作业等主要特点。由于其高度自动化及其所达到的精度和具有的巨大潜力，GPS 一问世就广泛渗透到经济建设和科学技术的许多领域，如无线电导航、地震网监测、大坝变形监测、大陆板块飘移监测和大地测量。随着 GPS 技术的快速发展，产品的更新换代，新一代具备实时动态定位（RTK）系统功能双频 GPS 接收机的诞生，给当今公路测设事业注入了新的活力。最新的 RTK 技术在公路测设中具备以下几个功能和作用。

9.4.2.1　绘制大比例尺地形图

公路选线多是在大比例尺（1∶1000 或 1∶2000）带状地形图上进行。用传统方法测图，先要建立控制点，然后进行碎部测量，绘制成大比例尺地形图。这种方法工作量大，速度慢，花费时间长。用实时 GPS 动态测量可以完全克服这个缺点，只需在沿线每个碎部点上停留一两分钟，即可获得每点的坐标、高程。结合输入点的特征编码及属性信息，构成带状所有碎部点的数据，在室内即可用绘图软件成图。由于只需要采集碎部点的坐标和输入其属性信息，而且采集速度快，因此大大降低了测图难度。

9.4.2.2　公路中线放样

设计人员在大比例尺带状地形图上定线后，需将公路中线在地面上标定出来。采用实时 GPS 测量，只需将中桩点坐标输入到 GPS 电子手簿中，系统软件就会自动定出放样点的点位。由于每个点测量都是独立完成的，不会产生累计误差，各点放样精度趋于一致。

公路路线主要是由直线、缓和曲线、圆曲线构成。放样时，只要先输入各主点桩号（ZH、HY、QZ、YH、HZ），然后输入起终点的方位角 α_1、α_2，直线段距离 D_1、D_2，缓

和曲线长度 Ls_1、Ls_2，圆曲线半径 R，即可进行放样操作。这种方法简单实用，比起传统的弦线拨角法要快速得多。另外，如果需要在各直线段和曲线段间加桩，只需输入加桩点的桩号就能自动计算放样元素。

9.4.2.3 公路的横、纵断面放样和土石方数量计算

（1）纵断面放样时，先把需要放样的数据输入到电子手簿中（如各变坡点桩号、直线正负坡度值、竖曲线半径），生成一个施工测设放样点文件，并储存起来，随时可以到现场放样测设。

（2）横断面放样时，先确定出横断面形式（填、挖、半填半挖），然后把横断面设计数据输入到电子手簿中（如边坡坡度、路肩宽度、路幅宽度、超高、加宽、设计高），生成一个施工测设放样点文件，储存起来，并随时可以到现场放样测设。同时软件可以自动与地面线衔接进行"戴帽"工作，并利用"断面法"进行土石方数量计算。通过绘图软件，可绘出沿线的纵断面和各点的横断面图。因为所用数据都是测绘地形图时采集而来的，不需要到现场进行纵、横断面测量，大大减少了外业工作。必要时可用动态 GPS 到现场检测复合，这与传统方法相比，既经济又实用，应用前景广阔。

9.4.2.4 桥梁结构物放样

对于在江河上修建的大跨径桥梁，采用传统光学仪器和全站仪来定位是比较困难的，因为江面过宽、雾气较大，易造成仪器读数误差。另外，江面情况变化多端、观测浮标位置飘浮不定，影响定位精度。而 GPS 克服了以上问题，因为 GPS 采用的是空间三点后方距离交会法原理来定位，不受江面外界情况干扰，点与点之间不要求必须通视，简捷方便，精度高，大大提高了作业效率。它的平面坐标定位精度在 $5mm\pm1ppm$ 左右，基线长度有几米到几十千米，符合桥梁控制网的精度要求。同样对隧道控制网、立体交叉控制网也可以采用 GPS 的方法进行精确定位。

9.4.3 遥感技术

遥感（RS）是利用航片或卫星照片上含有的丰富地表信息，通过立体观察和相片判释并经过计算机的自动处理、自动识别，获得与路线相关的各种地质、水文、建材等资料的一个计算机软硬件系统。

遥感技术在公路勘测设计中有以下优点：

（1）遥感技术可以帮助设计人员对路线所经区域的地形、地貌、河流、居民点以及交通网系等进行概要判读，以了解其对路线的影响，有助于对路线方案的优化。

（2）同时遥感技术提供详细的地质、水文、植被资料，帮助设计人员了解不良工程地质现象对路线的影响程度，以便提早改线，避免不必要的损害和事故的发生。

（3）遥感资料可以帮助设计人员了解沿线土壤和植被类型，了解农作物及经济作物的分布情况，以便为绿化设计做准备。

（4）遥感资料还可以帮助设计人员了解沿线建筑材料的分布、储量、开挖、运输条件，为施工创造良好便利条件。

（5）遥感资料可以对所选路线线形进行三维透视，帮助设计人员了解路线线形是否顺畅，行车视距是否良好，与周围景观是否协调一致。

 思 考 题 及 习 题

1. CAD 的含义是什么？
2. 试述 CAD 的组成系统。
3. 什么是数字地形模型？数字地形模型有哪几种类型？
4. 试述公路透视图设计流程。
5. 什么是"3S"技术？
6. 查阅相关资料，了解"3S"技术在公路勘测设计中的具体应用。

参 考 文 献

［1］ 中交第一公路勘察设计研究院. 公路路线设计规范：JTG D20—2006［S］. 北京：人民交通出版社，2006.
［2］ 吴万平. 公路路基设计规范：JTG D30—2015［S］. 北京：人民交通出版社，2004.
［3］ 交通运输部公路局，中交第一公路勘察设计研究院有限公司. 公路工程技术标准：JTG B01—2014［S］. 北京：人民交通出版社，2014.
［4］ 中华人民共和国国家质量监督检验检疫总局，中国国家标准化管理委员会. 道路车辆外廓尺寸、轴荷及质量限值：GB 1589—2004［S］. 北京：中国标准出版社，2004.
［5］ 中国有色金属工业总公司. 工程测量规范：GB 50026—2007［S］. 北京：中国计划出版社，2008.
［6］ 中交第一公路勘察设计研究院有限公司. 公路勘测细则：JTG/T C10—2007［S］. 北京：人民交通出版社，2007.
［7］ 中交第一公路勘察设计研究院有限公司. 公路工程地质勘察规范：JTG C20—2011［S］. 北京：人民交通出版社，2011.
［8］ 胡晓敏，赵阳，张晓磊. 公路勘测设计［M］. 哈尔滨：哈尔滨工业大学出版社，2016.
［9］ 凌平平，余婵娟. 道路勘测与设计［M］. 北京：北京大学出版社，2016.
［10］ 吴瑞麟，李亚梅，张先勇. 公路勘测设计［M］. 北京：华中科技大学出版社，2015.
［11］ 陈方晔，李绪梅. 公路勘测设计［M］. 北京：人民交通出版社，2015.
［12］ 王学民，李燕飞，任国志. 公路勘测设计［M］. 郑州：黄河水利出版社，2013.
［13］ 许金良. 道路勘测设计［M］. 重庆：重庆大学出版社，2013.
［14］ 张向东. 道路勘测设计［M］. 北京：机械工业出版社，2011.
［15］ 田万涛. 道路勘测设计［M］. 北京：高等教育出版社，2010.
［16］ 郭兰英. 道路勘测设计［M］. 北京：化学工业出版社，2011.
［17］ 王建林. 公路勘测设计［M］. 北京：人民交通出版社，2011.
［18］ 杨少伟. 道路勘测设计［M］. 北京：人民交通出版社，2009.
［19］ 中交第一公路勘察设计研究院有限公司. 公路工程基本建设项目设计文件编制办法：交公路发［2007］358号［S］. 北京：人民交通出版社，2007.
［20］ 蔡龙成，刘雨. 公路勘测设计［M］. 郑州：黄河水利出版社，2012.
［21］ 周世红，李月姝. 公路勘测技术［M］. 北京：北京邮电大学出版社，2014.
［22］ 田平. 道路勘测设计［M］. 北京：机械工业出版社，2013.
［23］ 金仲秋，夏连学. 公路设计技［M］. 2版. 北京：人民交通出版社，2012.